史料로 본 檀君論

-사료로 본 단군론-

梁泰鎭

백산출판사

머리말

역사는 국가의 정신이다

역사는 국가의 정신이요 얼임과 동시에 발자취이며, 거울이다. 다시 말해 당해 국가의 흥망성쇠 내지 투쟁에 관한 기록이요, 역대조상들의 발자취이기도 하다. 이러한 과정을 살핀다는 것은 지극히 당연한 일이요, 후손된 자의 도리이고, 의무인 것이다.

이에 선사(禪師) 일연(一然)이 쓴 삼국유사(三國遺事)[1]와 제왕운기(帝王韻紀)[2]의 기록인 고조선(古朝鮮)에 관한 기록인 "以唐高(堯)

---

1) 삼국유사(三國遺事)의 원판(原板)은 현재 전해지지 않고 있으나 1512년(조선조 중종 7년)에 재간하였는데 이마저도 매우 희귀하다. 내용은 삼국의 연표, 기이(紀異), 흥법(興法), 의해(義解), 신주(神呪), 감통(感通), 피은(避隱), 효선(孝善)의 항목으로 나누어 수집하였다.
신이영묘(神異靈妙)한 사적을 수집하였는데 불교에 관한 기록이 가장 많으며, 단군조선, 위만조선, 삼한, 사군, 낙랑, 대방, 말갈, 발해, 양부여(兩夫餘), 후백제, 가락(駕洛) 등의 일도 실었다. 단군설화를 비롯하여 고대의 신화, 전설, 민속, 사회, 옛 어휘(古語彙), 성씨록(姓氏錄), 지명기원(地名起源), 사상, 신앙, 일사(逸事) 등으로 대부분 금석(金石) 및 고적(古蹟)의 인용과 극소수의 견문으로 이루어졌다. 여기에 인용된 전적(典籍)은 당시의 전적명을 아는 데 좋은 참고자료가 되고 있다. 또한 鄕歌 14首가 실려 있어 國文學연구에 좋은 자료가 되고 있다. 특히 균여전에 11수가 수록되어 있다.
일제 시 고전간행회본과 조선사학회본, 啓明俱樂部刊本, 광복 후 삼중당 발행본 등이 유포되어 있으며 번역본도 다수 있다.

卽位五十年庚寅"이라는 기록에 눈을 돌리지 않을 수 없다(단군왕검이 당요가 즉위한 50년이 되는 경인년(庚寅年)이 아닌 정사년(丁巳年)이라 하더라도). 건국자(建國者)에 의해 세워진 국호(國號), 수도(首都)의 위치, 건국시기(建國時期) 등 단군조선과 관련된 역사적 주요 기록들이 결코 외면되어서는 안 된다.

위에 실린 내용이 위서(魏書)[3]의 기록과 내용, 간지(干支) 등의 연대가 맞지 않는다 하여 唐高(堯)卽位五十年庚寅의 기록이 왜곡되어서도 안 된다. 3세기 중엽 진인(晉人)인 진수(陳壽)가 쓴 삼국지(三國志)의 위서(魏書)나, 6세기 중엽 북제(北齊)의 위수(魏收)가 편찬한 위서(魏書) 2종이 남아 있는데, 위의 두 기사에 단군관련 사실이 전해지지 않고 있음을 보고 일본인 학자 이마니시(今西龍)는 일연(一然)이 꾸며낸 것이라 반박하면서, 인용한 고기(古記)의 전체를 부정하려 하고 있다.

중국 사서에는 위서(魏書)라는 정식 책명을 단 것과, 세칭 위서(魏書)라 불리는 책명(册名)이 무수히 많다. 즉 위(魏)라 불리는 주(周)의 제후국(諸侯國) 중 하나인 전국시대 칠웅(七雄) 중 위(魏)를 비롯한 기원전 3세기 말 진·초(晉·楚) 사이에 있었던 위(魏)와 삼국시

---

2) 제왕운기(帝王韻紀)는 고려 충렬왕 때 처음으로 간행되었으며 공민왕 때 경주(慶州)에서 重刊한 것인데, 조선조(朝鮮朝)에 들어와서 태종 17년(1417년)에 세 번째 간행되었다. 현재 유포되고 있는 책은 상·하 2권으로 3간본(三刊本)을 영인(影印)한 것이다.

3) 위서(魏書)라는 정식 책명을 가진 수는 무수히 많다. 조위(曹魏)의 위서(魏書)들 가운데, 3세기 중엽 위의 학자 어환(魚豢)의 위략에는 조선 고대역사와 관련된 자료들을 비교적 상세히 싣고 있고, 심지어는 부여의 건국전설까지 전할 정도이다. 〈李弘稙編 새국사사전, 교학사, 1983, p. 893 참조〉

대의 위(魏) 등 대체로 위서(魏書)가 무려 20여 권에 달한다. 이렇듯 삼국유사에 인용한 위서의 기록이 믿기지 않는다는 주장을 결코 받아들여서는 안 된다.

일연은 삼국시대의 위(魏)나, 남북조시대의 위(魏) 등은 모두 우리의 고대사를 쉽게 취득할 수 있는 위치에 있었으며, 기원 246년 위(魏)의 관구검(毌丘儉)[4]이 고구려를 침략하면서 약탈해 간 유기(留記)[5] 100권도 이 가운데 끼워 있었음직하다.

또한 고려왕조 때인 수서원(修書院)을 비롯해 청연각(淸讌閣), 임천각(臨川閣) 등 중요 수장처(收藏處)에 수없이 많은 고서(古書)와 중국에서조차 전해지지 않고 있던 서적들도 선사(禪師) 일연(一然)이 쉽게 접근할 수 있었기 때문이다.

이에 대해 송(宋)나라 선종(宣宗) 9년(1091년)에, 사신으로 가 있던 이진(李瑱)편에 간행서들을 보내줄 것을 요청하고 있을 정도였다. 이 요청서 가운데 손성(孫成)의 위씨춘추(魏氏春秋), 어환(魚豢)의 위략(魏略) 등 상당량의 위서(魏書)들도 끼워 있었음직하다. 당시 일연은 국사(國師)로 있었던 만큼, 고기(古記)의 단군사를 고증할 목적에서 위서(魏書) 중 단군관련 기사를 인용했으리라 쉽게 짐작이 된다.

---

4) 毌丘儉은 중국 魏나라 무왕으로, 東川王 16년(242년) 요동지방을 공략할 때 毌丘儉이 정벌군의 장군이 되어 침입 비류수(沸流水)에서 방어군을 무찌르고, 국내성을 함락시킨 인물이다.

5) 유기(留記)는 고구려의 역사서로 영양왕(王 11년) 태학박사(太學博士) 이문진(李文眞)으로 하여금 이를 요약하여 신집(新集) 5권을 짓게 하였다는 기록이 있을 뿐 전하지 아니한다.

위서(魏書)는 북위(北魏)의 정사(正史)로 총 114권에 달하며, 기원 551년 천보(天寶 2年)에 북제(北齊)의 위수(魏收)가 칙명(勅命)을 받고 편찬에 착수해 기원 554년에 완성한 제기(帝記) 12권, 열전(列傳) 92권, 지(志) 10권 등이 있었으며, 위(魏)의 사관(史官) 등연(鄧淵) 등이 국기(國記) 10권을 지었는가 하면, 이후 최호(崔浩)가 역사를 주관하여 국서(國書) 30권을 편찬하기도 하였다.

또 문성제(文成帝) 때 고윤(高允) 역시 역사편찬을 계속했으나 이 모두가 하나같이 편년체(編年體)로 내용을 알기에는 불편한 점이 많았다. 이에 효문제(孝文帝)는 이표(李彪)로 하여금 기(記)와 전(傳)을 나누게 하였다. 이후 형만(刑巒)이 효문기거주(孝文起居注)를 추찬(追撰), 최광(崔光)이 이를 속찬(續撰), 명제(明帝)에 이르기까지에 위서에 대해 언급하고 있다.

이후 위수(魏收)는 이들을 근거로 없어진 자료들을 더 수집하고 후사(後事)를 계속 보완 · 완성하였다. 그 후 수많은 사람들이 기술에 부실함이 있다고 지적하여, 예사(穢史)라고까지 혹평한 바 있기는 하나, 이러한 위수(魏收)가 수회(收賄), 은원(恩寃)에 따라 곡필(曲筆)했음을 스스로 북사(北史)에 기록되어 있으나 믿기지 않으며, 후대에 와전되었음직하다.

현 위서(魏書)의 기술이 동 시대의 타 사료들과 검토해 볼 때, 북제(北齊)의 황실(皇室) 고씨(高氏) 및 그 친족에 대한 직필(直筆) 이외에는 곡필(曲筆)이라 단정하기는 어렵다. 후세의 기술이 동위(東魏)를 정통으로 한 것, 진조(晉朝)의 잠진(僭晉), 도이(島夷) 등이라 부른 것이 틀렸다는 견해도 있으나, 위수가 동위계(東魏系)로 북제

(北齊) 신하(臣下)였다는 점을 감안하면 이 같은 기술은 무리라 보기 어렵다.

수(隋)대에 이르러 문제(文帝)는 저작랑(著作郎) 위담(魏澹)에게 명해 위서 92권을 편찬, 위수가 유실한 것을 교정케 하였으나, 양제(楊帝)는 이에 만족치 않고 좌복야(左僕射) 양소(楊素)에 명해, 따로 위사(魏史)를 편찬하기도 하였다.

양소(楊素) 사후(死後) 이 일은 중단되고 당나라가 일어남에 장대소(張大素)가 후위서(後魏書) 100권을 편찬했으나, 이 책들이 모두 없어져 전하지 못하고 있다. 그러나 단지 위수의 것만이 남아 있어 유일하게 정사본(正史本)이 되고 있는 것이다.

여기에 고구려, 백제의 두 전(傳)이 있고 본기(本紀)에 관련되어 있는 기사(記事)가 많아 삼국사기(三國史記)[6]는 이들을 모두 수록하고 있으며, 특히 백제전(百濟傳) 같은 것은 거의 전문을 전사(轉寫)하다시피 하고 있다.

즉 조위(曹魏)의 위서(魏書)들 가운데, 3세기 중엽 위(魏)의 학자 어환(魚豢)의 위략에는 조선 고대역사와 관련된 자료들을 비교적 상세히 싣고 있고, 심지어는 부여의 건국전설까지 전할 정도이다. 이를 근거로 할 때 이마니시(今西龍) 등 일제어용자들의 주장인 "일연의 조작된 것"이라 함은 단군사를 말살하기 위한 궤변(詭辯)에 불과

6) 三國史記는 金富軾이 지은 것으로 삼국인 신라, 백제, 고구려 등에 대한 현존 最古의 史書이다. 총 50권의 印本으로 司馬遷의 史記를 본떠서 쓴 史書로 古記 遺籍과 中國諸史에서 뽑아 편찬 간행한 책이다. 1~13권은 신라본기, 13~22권은 고구려본기, 23~28권은 백제본기, 29~31권은 年表, 32~40권은 志類, 41~50권은 列傳이다.

하다.

이렇듯 우리 민족은 단군의 건국사적을 오랜 기간 믿어왔고, 이에 대한 근거로 고유한 글자가 있었다고 기록상 전해지고 있다. 단군신화(檀君神話)나 고조선의 개국사실을 알려주고 있는 현전(現傳) 단군고기(檀君古記) 관련 기록인 삼국유사 권일(卷一) 기이편(紀異篇)이나, 제왕운기(帝王韻紀), 응제시주(應製詩註), 세종실록지리지(世宗實錄地理志)[7]에도 꼭 같다고 할 수 없으나 비슷하게 인용되고 있다.

참고로 일연 선사가 쓴 삼국유사라는 책명은 저자 자신이 붙인 것이며, 그가 세상을 떠난 후 무극(無極)이라는 제자에 의해 간행되었는데 무극기(無極記)에도 뚜렷하게 남아 있다. 이러한 일연은 찬왈(讚曰)이라 하는 평문(評文)에, 편찬취지에 대해 말하기를 삼국사기 이면에 가려져 있는 왕권중심의 유교적 통치이념과 신이적(神異迹) 차원의 기록서인 천일합일설(天一合一說)을 남기려 한 듯하다. 이때가 충렬왕 때이다.[8]

특히 우리나라 전래 자료인 고기(古記)를 비롯하여 비문, 전각, 고문서 등 다양하게 인용하고 있어, 이는 삼국유사가 삼국시대 이전의 역사를 중국사료에만 의존하지 않고 우리 민족의 신화, 전설, 일화, 사상, 종교 등의 자료들을 섭렵하였다는 점 등은 높이 평가되어야

7) 世宗實錄地理志는 世宗實錄 가운데 실린 地理志로 그 후에 나온 東國輿地勝覽이 되었다. 1938년 中樞院에서 校正世宗實錄志라는 이름으로 출판되었다. 조선총독부 중추원, 교정세종실록지리지, 同院刊行.

8) 忠烈王은 고려 1275년 원(元)나라에 항복한 이래 충숙, 충선, 충목, 충정에 걸쳐 원나라에 매여 있었다. 충렬왕 때 처음 제왕운기가 간행되었다.

한다.

이러한 일연이 태어난 시기가 1206년 경상도 경산(慶山)이고, 속성은 김씨로, 본이름은 견명(見明)인데, 승려가 되었을 때는 회연(晦然)으로 하였으나, 일연(一然)으로 개명한 것은 말년이었다.

이러한 일연이 국사(國師)로 책봉되기는 당시 경주로 몽진해 있던 충렬왕 때이다. 삼국유사를 완성한 시기는 인각사(麟角寺)에 있을 때로 그의 나이 84세 때였다. 입적시 제자에게 북을 치게 하고 의자에 앉아 태연히 선문답(禪門答)을 하다가 세상을 떠났다고 하며, 고려국에서는 보각(普覺)이라는 시호(謚號)가 내려졌다.

일연이 살아온 인각사 인근에 깨진 채로 남아 있는 비문(碑文) 기록에는 그의 저서인 어록(語錄) 2권, 게송잡서(偈頌雜書) 3권, 조동오위(曺洞五位) 2권, 조도(祖圖) 2권, 대장수지록(大藏須知錄) 3권, 제승법수(諸乘法數) 7권, 조정사원(祖庭事苑) 30권, 선문점송사원(禪門拈頌事苑) 30권 등 오늘날 현존하는 것은 전무하며, 비문 속에 적혀 있지도 않은 삼국유사만이 남아 있어 단군관련 기록이 전해지고 있다.[9)]

9) 단군관련 기록은 이때부터 일어나기 시작한 이래 조선 세조(世祖), 예종(睿宗), 성종(成宗) 때만 하여도 전국 팔도관찰사에 지시를 내려 고조선비사(古朝鮮秘史)라 할 수 있는 대변설(大辯說), 조대기(朝代記), 지공기(誌公記), 표훈천사(表訓天詞), 삼성밀기(三聖密記), 안함로(安含老)와 원동중(元董仲)의 삼성기(三聖記), 도증기(道證記), 동천록(動天錄), 통천록(通天錄), 지화록(地華錄) 등의 문서(文書)에 대해 수거(收去)하기를 거듭하고 있다.

이러한 일들이 계속되어 예종 때에는 지공기(誌公記), 표훈천사(表訓天詞), 삼성밀기(三聖密記), 도증기(道證記), 지화록(地華錄) 등에 대해 10월 그믐으로 승정원에 납부하고 타도는 11월 그믐에, 서울에서 멀리 떨어진 지방은 12월 그믐으로 기일을 정하고 소속 읍에 납부하고 이를 시행한 자는 2계(階)를 올리고, 이 일연의 삶은 몽골의 침략기임과 동시에 이에 따른 내정간섭과 상당히 관련이 깊다고 본다. 그러기에 자주적 입장에서 우리나라가 중국에 버금갈 만한 상당히 오래된 문화민족임을 드러냈고, 삼국사기가 유교적·도덕적 사관(史觀)에 의한 편협된 시각에 의해 기술된 것으로 보고, 이 책에 빠지거나 생략된 부분을 보충한다는 자신의 취지를 그 나름대로 보여주려 했던 것이다.

이 같은 면모는 찬왈(讚曰)이라 하여 그의 평문(評文)을 통해 드러내고 있으며 삼국유사 후반에 항목별로 실려 있는 한 편의 시(詩)는 비록 산만하게 편찬된 체제이나 주(註)는 중요한 부분이라 하겠다.

이 같은 영향하에서 쓰여진 제왕운기(帝王韻紀) 속의 단군신화는 본기(本紀)를 인용하고 있는데, 상이한 점은 환웅천왕이 손녀로 하여금 약을 먹여 사람의 몸이 되게 하고 단수신(檀樹神)과 혼인시켜 단군을 낳은 것으로 되어 있어 삼국유사 속의 고기와 달리하고 있어 의문의 여지가 있기는 하다.

응제시주와 세종실록지리지는 단군을 부여계로 연결시키려 하고 있으나, 이 부분은 삼국유사에는 언급되어 있지 않고, 삼국유사 이전

를 어긴 자는 처참한다 하였다.
예종실록(睿宗實錄) 기축(己丑) 9月條에 의하면 가장자(家藏者)는 京中은 限十月晦日하야 승정원(承政院)에 납부하고, 외방(外方)의 근도(近道)는 十一月晦日로, 원도(遠道)는 十二月晦日로 납소거읍(納所居邑)하되, 납자(納者)는 초이계(超二階)하고 불납자(不納者)는 허인진고(許人陳告)하되, 고자(告者)는 의상정(依上頂)하야 논상(論賞)하고 익자(匿者)는 처참(處斬)한다 하였다. 성종 즉위년인 기축(己丑) 하순에는 지공기(誌公記), 표훈천사(表訓天詞), 삼성밀기(三聖密記), 도증기(道證記), 지화록(地華錄) 등의 제서(諸書)를 빠짐없이 상송(上送)하라 하였다. 그 후 단군관련 기록은 자취를 감추기 시작하였다.

의 그 어떤 기록에도 단군고기는 전해져 있지 않다. 삼국유사에 재록되어 있는 고기(古記)에는 일연이 스스로 기록한 것이 아니요, 기존 문헌을 인용한 데 불과한 것이라 여겨진다.

한민족의 역사를 삼국유사가 "석유환국(昔有桓國)으로 시작하여 한사군(漢四郡)"에 이르기까지의 역사를 기록한 것으로 보아 그 당시까지 관련기록물들이 있었음을 말해주고 있다. 즉 2200년간의 위서에 기록되어 있는 고조선기(古朝鮮記)의 역사를 인용 천명함으로써 이를 입증케 하고 있으며, 15세기 후반기 이래로 금서(禁書)로 알려진 삼성기(三聖記)에 신전(神篆)이 있었다고 하고, 16세기 초 이맥(李陌)[10]의 태백일사(太白逸史) 혹은 태백유사라 하는 책 속에 단군조선 때 쓰였던 신지전서(神誌篆書)가 있었음을 말해주고 있는데, 이 글자는 태백산(太白山), 흑룡강(黑龍江) 유역, 청구(青丘), 구려(句麗) 등지에 널리 쓰였음이 전해지고 있음을 말해주고 있다.

이맥(李陌)의 태백일사(太白逸史) 혹은 태백유사는 6세기 말에 편찬된 평양지(平壤誌)[11]에서도 평양 법수교(法首橋) 다리에 옛날 옛적 비가 있었다 하는데, 범자(梵字)나 전자(篆字)도 아닌 것으로 보인다.

혹시 단군조선 때 신지(神誌)가 쓴 것이 아닌가 여겼다고 하는데, 세월이 오래되어 없어졌다는 것이다. 17세기 북애(北崖)[12]가 쓴 규

10) 이맥(李陌)은 조선시대 초기의 문신으로 1498년(연산군 4년) 문과에 급제한 인물로 사헌부 장령을 거쳐 벼슬이 同知敦寧府事에 이르렀다.

11) 평양의 지지로 원지(原志) 9권과 속지(續志) 5권, 후속지(後續志) 2권으로 되어 있다. 평안도 관찰사를 지낸 윤두수(尹斗壽)가 1730년에 편집하고 간행한 것을 1837년 윤유(尹遊)가 원집과 속집을 합간한 것으로 되어 있다.

원사화에도 신지가 사냥을 하다 사슴발자국을 보고 글자를 만들었다고 하며, 육진(六鎭)지방에 진(秦)나라 이전 시기의 바윗돌에 때로 글자를 새긴 것이 나타나고 있는데, 범자(梵字)나 전자(篆字)[13]도 아니어서 사람들이 그 뜻을 알지 못했다고 하며, 북애(北厓)는 이 글이 신지씨의 옛 글자가 아니겠는가 하였다.

또 이맥의 태백일사 대변설(大辯說) 주(註)에 남해안 양하리(郎河里) 계곡에 있는 바위에 신시(神市) 글자의 옛 새김이 있는데, 그 글은 "환웅이 사냥을 가서 세 신(神)에게 제사를 지내다"라는 내용이 담겨 있는 것이라 혹자는 말하기도 한다.

그런가 하면 이 바윗글은 서불(徐市: 徐福)[14]의 글이라고도 전해오는데, 원래 옛조선의 글을 가리킨다 하였다. 이렇게 볼 때 북쪽 육진 지역에서 남해안지방은 물론 압록강 · 두만강 이북 드넓은 지대에서 옛 글자가 쓰여왔음을 알 수 있다. 신지(神誌: 神志: 臣智: 臣芝)는 신시(神市)라고 표기하였는데 큰 사람이란 뜻을 가진 것으로, 처음에는 임금을 가리키는 말이었으나, 나중에 높은 벼슬이름으로 되어 지배자인 통치자를 말하게끔 바뀌었다.

또한 고려 충렬왕 때 이승휴(李承休)[15]가 지은 칠언시(七言詩)로

---

12) 북애(北厓)는 규원사화(揆園史話)의 저자로 알려지고 있다.

13) 전자(篆字)는 한자(漢字)의 한 書體로 대전(大篆)과 소전(小篆)의 두 가지가 있다. 이를 줄여서 전서(篆書)라 하기도 한다.

14) 서불제명각자(徐市題名刻字)는 경남 남해 二東面 良阿里에 있는 畵象文字인데, 전설에 의하면 중국 진시황이 보낸 徐市이 동정녀 500을 거느리고 삼신산에 불로초를 구하러 왔다가 이곳에 새겨놓고 간 동양 최고의 畵象文字라 알려지고 있다. 또 다른 설로는 훈민정음 발표 이전의 고대문자로 그 뜻은 사냥하러 이곳에 물을 건너와 기를 꽂다라고 해석하기도 한다.

엮은 책, 상권에는 중국의 신화시대(神話時代)로부터 삼황오제(三皇

15) 어려서 아버지를 여의고 고려 고종 때 등과했으나 출세의 뜻을 접고 구동(龜洞)에 있는 두타산(頭陀山)에 들어가 홀로 된 어머니를 모시고 밭을 갈며 학문을 닦았다. 그 후 李深敦의 권유로 書狀官에 취임하고 元나라에 가서 문명을 떨쳤다. 1298년(충렬왕 24년) 詞林侍讀左諫議大夫 史館修撰官知制誥의 직위에 있었고 2년 뒤에는 밀직부사(密直副使), 감찰대부가 되었다가 벼슬에서 물러나 만년에는 다시 구동(龜洞)에 은퇴하였다. 그는 일생 동안 정치와 문학에 힘썼으며, 종교적 교양도 풍부하였다고 고려사에 전하고 있다.
그는 1224년(고종 11년)~1301년(충렬왕 26년)까지 산 고려 후기의 학자로 자(字)를 휴휴(休休)라 하였으며 호를 동안거사(動安居士)라 칭하였다. 경산부 가리현(京山府 加利縣) 사람으로 가리이씨(加利李氏) 시조(始祖)가 되었다.
12살에 圓靜國師의 方丈으로 들어가 신서(申諝)에게 左傳과 周易 등을 익혔고 1252년에 문과에 급제하였다. 그는 홀어머니가 계시는 삼척현에 갔다가 몽골의 침략으로 길이 막혀 그곳 頭陀山 龜洞에서 농사를 지으며 홀어머니를 봉양하였다. 아들 李衍宗이 편집한 動安居士集이 전하여지고 있다. 1263년(원종 4년) 이장용(李藏用), 유경(柳璥), 유천우(兪千遇), 원부(元傅), 허공(許珙), 박항(朴恒) 등에게 구관시(求官詩)를 지어 보내고 다음 해에 이장용(李藏用), 유경(柳璥)의 薦擧를 받아 경흥부서기(慶興府書記)에 補任되었다. 1273년 식목록사(式目錄事)로 있으면서 당시 功이 없는 사람들이 官職에 超拜되는 上疏文을 草案하였다가 罷職되었다.
그해에 書狀官으로 발탁되어 元나라에 다녀왔다. 당시 상복을 고려식으로 권유, 右正言이 된 후 時政의 잘잘못을 15조로 나누어 간쟁하였다. 堂號를 容安堂이라 하고 여기서 帝王韻紀와 內典錄을 著述하였다. 이러한 제왕운기는 중국과 우리나라 역사를 칠언시와 오언시로 엮은 서사시로 당대의 신진사류들의 역사의식을 보여주는 귀중한 자료이다. 원나라의 정치적 간섭을 받는 속에서 민족문화의 우월성과 역사전통에 대한 강렬한 자부심을 깔고 있는 자주적인 역사서라는 것에서부터 유교사관을 내세워 원나라에 대한 사대를 합리화하는 사대적 · 비자주적 성격을 가지고 있다는 다양한 평가가 내려지고 있다. 이 같은 사실들은 다음과 같은 기록에 나타나고 있다.
〈한국민족문화대백과사전 20권, 민족문화대백과사전, 1991, pp. 186~187.〉
〈조선총독부 중추원, 교정세종실록지리지, 同院刊行.〉
〈일연 삼국유사, 김원중 옮김, 을유문화사, 2002, pp. 9~12.〉
〈李承休의 生涯와 歷史認識 - 帝王韻紀를 中心으로 〈高麗史의 諸問題〉, 柳璟娥, 三英社, 1986 참조.〉

五帝) 하(夏), 은(殷), 주(周) 삼대(三代)와 진한(秦漢) 등을 거쳐 원(元)의 홍기(興起)에 이르기까지 칠언고시(七言古詩) 264구(句)로 반고(班固)에서 금(金)까지의 역대사적(歷代事迹)을 읊었고, 하권(下卷)에는 우리나라에 대해, 2부로 나누고 제1부에 동국군왕개국연대(東國君王開國年代)라 하여 서(序)에 이어 지리기(地理記), 단군전조선(檀君前朝鮮), 기자(箕子)의 후조선(後朝鮮), 위만(衛滿)의 찬탈(簒奪), 삼한(三韓)을 계승(繼承)한 신라(新羅), 고구려(高句麗), 부여(扶餘), 후고구려(後高句麗), 백제(百濟), 후백제(後百濟), 발해(渤海)가 고려(高麗)로 통일되는 과정까지를 7언고시(七言古詩) 264구(句), 1460자(字)로 서영(敍詠)하였고, 제2부는 고려 태조 세계설화(世系說話)에서 당대(當代)인 충렬왕대(忠烈王代)까지 5언(五言)으로 읊고 있다.

시가체제상(詩歌體制上)으로 볼 때 5언(五言), 7언(七言), 영사시(詠史詩)이다. 장체(長體)의 영사시(詠史詩)는 가사문학(歌辭文學)의 원초적(原初的) 형태(形態)로서 고대소설에도 많은 영향을 끼쳤다. 본조군왕세계연대(本朝君王世系年代)라 하여 고려 시조로부터 충렬왕 때까지의 사실을 5언시(五言詩)로 엮어 700자(字)로 만들었다.

특히 하권의 단군관련 기록은 삼국유사의 단군 기록과 관련해 크게 기여하고 있다. 초간은 충렬왕 때, 공민왕 때 경주에서 중간, 1417년(태종 17년) 3간행하였다. 보물 제418호인 목판본으로 상하권 2권 1책에 규격은 세로 29cm, 가로 18cm이며 8행 16자씩 판각되어 있다. 자양(字樣)이나 판식(板式) 등으로 보아 여말선초(麗末鮮初)의 것으로 보여진다. 이상으로 단군관련 옛 기록을 살펴보았다.

이 기회에 덧붙이고 싶은 말은 백산출판사 진욱상 회장님을 비롯한 여러 직원들에게 진심으로 감사를 표하고자 합니다.

차 례

一

한국고대사(韓國古代史), 중국 사서(史書)로부터의 영향

一. 한국고대사(韓國古代史), 중국 사서(史書)로 부터의 영향

우리나라 고대사는 중국의 사료(史料)에서 벗어날 수 없다. 한국 고대사를 논함에 있어 중국인들이 쓴 고대사를 검토하지 않을 수 없다는 점을 절감하지 않을 수 없다. 사기(史記) 첫 장(章)에 나오는 제이(諸夷) 왕대를 살펴보면, 헌원(軒轅)이 염제(炎帝) 신농씨(神農氏)를 뒤이어 치우(蚩尤)[1]와 싸워 황제(皇帝)에 추대되고, 그 이후로 오제(五帝)[2]가 등장한다.

황제(黃帝)는 소전(小典)의 아들로 전욱(顓頊: 高陽氏)황제 둘째인 창의(昌意)의 아들인데, 곡(嚳: 高辛氏)황제의 첫 아들로 둔갑된 소호(小昊)의 손자이기도 하다. 즉 도당씨(陶唐氏) 곡(嚳)의 셋째 비 소생이다. 순(舜)인 유우씨(有虞氏), 전욱대(顓頊代)인 손(孫)과 삼대인 진(秦)으로 망명한 자와 연결된다.

전욱(顓頊)의 아들인 곤(鯀), 은(殷)의 시조인 상설(商契)도 곡

1) 치우(蚩尤)를 蚩尤天王이라 부르며 銅頭鐵額이라 하여 구리로 된 머리와 쇠로 된 이마를 가지고 모래와 쇠가루를 먹고 산다는 전설을 낳고 있다. 이 時期가 鐵器나 銅器時代였음을 말해주고 있다.

2) 오제(五帝)는 소호(小昊), 전욱(顓頊), 제곡(帝嚳), 요(堯), 순(舜)의 5聖君을 일컫는데, 이는 전설상의 이름에 불과하다.

(嚳)의 차비소생(次妃所生)이다. 주기(周棄)인 후직(后稷)은 곡(嚳)의 원비(元妃) 소생(所生)으로 진백익(秦伯益)인 전욱(顓頊) 후예로 진(秦)·조(趙)의 조선(祖先)가 된다. 즉 오제(五帝)이다.

삼황(三皇)[3]에 대해서는 전국시대(戰國時代) 이래 수인 복희 신농[4] 외에 영와와 유소를 포함한 가운데 셋을 골라 삼황이라 하다가 진시황(秦始皇) 때의 천황(天皇), 지황(地皇), 인황(人皇) 등 삼황(三皇)으로 굳힌 것이 가장 오래된 설(說)로 여겨진다.

이들 이전 단계는 불을 사용하게 한 수인씨(燧人氏), 목축(牧畜)을 시작한 복희(伏犧)씨, 농사일에 필수적인 쟁기와 괭이를 만들어 이에 대한 사용법 등을 가르친 신농씨(神農氏) 등을 삼황시대(三皇時代)로 설정하고 있다. 여기서 중국의 사필(史筆)이 이른바 춘추필법(春秋筆法)[5]이라 세 가지 원칙을 들지 않을 수 없는데, 이러한 설들은 동이계(東夷系)의 삼신사상(三神思想)의 잔재라 할 수 있으며, 사회구성 초기단계인 선주사회(先住社會)였던 동이적(東夷的) 전통(傳統)을 많이 흡수(吸收)하고, 주(周)나라 초(初)까지는 중국사회(中國社會) 형성사(形成史)에 기저(基底)를 이루고 있다. 동이(東夷)[6]와

---

3) 삼황(三皇)은 黃帝有 二十五子 得姓 十四人: 五帝에 대한 개념은 사기에 따르면 前漢代에 굳혀졌다고 볼 수 있다. 〈진순신, 이야기 중국사, 박현석 옮김, 살림출판사, 1981, pp. 14~21 참조.〉

4) 신농씨(神農氏)는 중국 전설상의 제왕으로 삼황의 한 사람이다. 염제(炎帝)라 하기도 한다. 形象은 人身 人身牛首 火德으로써 농업, 의료, 약사의 신이다. 또 뒤에 8괘(卦)를 겹쳐서 64괘를 만들어 역자(易者)의 신이라 지칭한다. 주조(鑄造)와 신 교역(交易)의 법(法)을 가르친 상업(商業)의 신(神)으로 되어 있음.

5) 위중국휘취(爲中國諱恥)라 수치를 숨기고(矜鞘而陋夷) 이른바 大義名分을 내세우는 수법을 말한다.

6) 동이(東夷)는 중국 동쪽에 있는 사람을 멸시하여 일컫는 말이다.

의 연구는 전사년(傳斯年) 서량지(徐亮之) 등의 중국통사(中國通史)를 보면 알 수 있다. 산해경(山海經)[7]에는 “군자 나라는 동방(東方)에 있다 하고, 설문(說文)에 이(夷)는 대인(大人)이고 인(仁)이며, 인(仁)은 수(壽)로 즉 군자불사지국(君子不死之國)이라 하였고, 이(夷)가 저(柢, 뿌리 저)라는 것은 중국역사의 근기(根基)는 동방으로부터라는 것이 된다.

이(夷)는 구이(九夷)로 표현되는데 구이(九夷)[8]는 다음과 같다. 견이(畎夷), 어이(於夷), 방이(方夷), 백이(白夷), 풍이(風夷), 황이(黃夷), 적이(赤夷), 현이(玄夷), 양이(陽夷) 등을 후한서(後漢書)에 전하고 있다. 이들 동이와 한족 간의 쟁투는 치열하였다. 먼저 제(齊)나라와 내이(萊夷)와의 쟁투는 제(齊)나라와 동북방에 웅거한 내이(萊夷)가 제(齊)나라를 인정하지 않고 북방의 고죽(孤竹), 영지(令支) 등의 도움을 받아 제(齊)나라를 압박하였다. 그 후 540년이 지나 제(齊)의 임금 환공(桓公)에게 기원전 200년경 멸망당하고 만다.

동이족인 산융(山戎)은 주실(周室)의 장수 윤길보(尹吉甫)와 대결한 후 멸망당하였다. 강성한 동이족은 노국(魯國) 240년간의 기록은 없으나, 춘추시대에 들어서면서 노국(魯國)의 활동은 활발해져 장공(章公) 30년, 제(齊)나라와 협력, 동이족에 포위당한 연(燕)나라를 구

---

7) 산해경(山海經)은 중국 上古의 地理書로 산과 바다에 사는 異物, 禽獸의 종류를 서술하고 그 범위를 荒唐無稽한 것까지 언급하고 있다. 그 海內北經에 朝鮮在列陽東海北山列陽屬燕이라는 文句가 있어 古朝鮮의 位置를 決定하는 데 중요한 자료가 되며, 解釋上 구구한 설이 있다.

8) 구이(九夷)에 대해 後漢書에는 이상과 같은 9종의 이(夷)를 기록하고 있으며, 論語正義와 爾雅의 李巡 註에는 玄菟, 樂浪, 高麗, 滿飾, 九臾, 東屠, 素家, 倭人, 天鄙 등으로 되어 있다.

출하였고, 소강이후(小康以後)로 이(夷)의 승복(承服)과 반거(反拒)가 끊이지 않음에 무을(武乙) 때 침략이 몹시 심해지자 회(淮) 대(岱)[9]의 동해안 땅을 떼어주었다고 사마상여전(司馬相如傳)[10]에 전하고 있다.

이러한 와중에 서이(徐夷)가 왕이라 칭하면서 구이(九夷)를 이끌고 종주(宗周)를 벌(伐)함에 주목왕(周穆王)이 몹시 두려워해 동방제후(東方諸侯)들을 모두 서언왕(徐偃王)[11]이 다스리도록 땅을 떼어주었다. 이 무렵의 사정을 한서지리지(漢書地理志)[12]인 연조(燕條)에 이르기를 "연(燕)의 땅은 미(尾), 기(箕)의 유주(幽州)지방인데 주나라 무왕이 은(殷)을 평정한 후 소공(召公)을 연(燕)에 봉(封)한 이래 왕이라 칭했다." 전국시대(戰國時代)에 들어서면서 구이(九夷)의 활동은 크게 위축되었다. 진(秦)이 전국시대말(戰國時代末)에 육국(六國)을 통일했으나, 한(漢)의 최대명장이던 한신(韓信)과 장량(張良)

---

9) 회(淮), 대(垈)는 淮水와 岱山의 땅인데 中原大陸에서 가장 기름진 땅이다. 淮水는 四瀆의 하나로 江의 근원은 하남성 남쪽 桐白山이다. 회(淮), 대(岱)지방에 徐偃王의 터가 바로 회(淮), 대(岱)지방이다.

10) 사마상여(司馬相如)의 출생연대는 미상이나 기원전 118년(元狩 5년)에 죽은 학자로 사천(四川) 출신이며 한나라 景帝時 武騎常侍가 되었다. 이후 相如는 宮廷文學者로 活躍, 漢代에 相如를 第一의 文士로 認定, 定評이 나 있다. 相如는 蜀出身으로 西南夷의 實情에 精通해 있어 中郎將이 되어 貴州省 三合縣을 나와 茂陵에 살다 죽었다.

11) 서언왕(徐偃王)에 의해 徐國이 세워진 곳으로 安徽省 泗縣 땅이다. 한서지리지(漢書地理志) 연조(燕條)에 이르기를 중국 前漢 高祖에서 王莽까지 229년간의 역사를 기록한 책이다. 이 가운데 班彪가 시작한 것을 班固가 이룩하고 그의 누이동생 班昭가 보완한 것으로 紀傳體 12, 帝紀 8, 표 10, 志 70, 列傳으로 되어 있다.

12) 한서지리지(漢書地理志)는 반고의 독창(獨創)으로 후세의 사료적 가치가 크다. 藝文志와 함께 높은 평가를 받고 있다. 보통 전한서, 후한서로 나누는데, 이 가운데 지리지인 연조(燕條)를 말한다.

역시 동이 출신이었는데, 동이(東夷)를 요순 때에는 산융(山戎) 숙신(肅愼)이라 불렀으며, 하은주(夏殷周) 춘추전국시대에는 동이(東夷)라 불렀다. 전국시대에 들어서면서 사이(四夷)는 한대(漢代)에는 동호(東胡) 또는 예맥(濊貊)이라 칭했다.

예맥족(濊貊族)[13]은 대륙북방에서 오랫동안 생활해 온 선민(先民)들의 총칭으로, 단군이 개국한 고대조선이나 기자조선도 예맥조선의 일부라고 생각한다.

---

13) 예맥족은 한민족(韓民族)의 근원(根源)이 되는 민족의 옛 명칭으로, 일명 맥(貊, 貉, 貘) 혹은 예(濊, 穢, 獩)로, 문헌상으로 시경 노송(詩經 魯頌), 논어 위령공(論語 衛靈公), 맹자 고자편(孟子 告子篇), 중용(中庸) 등에 나타난다. 이보다 훨씬 뒤인 사기(史記), 흉노전(匈奴傳), 화식전(貨殖傳) 등에도 등장한다. 이후 기록에는 간혹 예(濊, 薉)라고 칭하기도 하는데, 이에 대해 예와 맥이 동일한 것이 아닌가 하는 의문에 대한 학설이 구구했으나, 두 명칭을 달리 보는 것은 잘못이라는 설도 있다.

이들 원주지(原住地)에 대해서 명확한 사료(史料)는 없으나 고전(古典)에 맥(貊)이 나타나는 방위를 현재의 중국 북방 혹은 동북방이라 기술하고 있는 것으로 보아 기원전 3~2세기경에 남쪽의 한족(漢族)과 서쪽으로부터의 몽골계(蒙古系) 유목민의 압박을 피해 시대에 따라 점차 이동해 오면서 만주 동부와 한국 땅으로 정착한 것이 아닌가 여겨진다.

오늘날의 강원도 대부분을 영토로 하고 함경도 남부지방에 미친 예(濊)가 예맥 계통임은 말할 것도 없으며, 백제가 부여에서 나왔다는 사실도 백제 역시 예맥족이라는 것을 말해주는 것이다. 이렇게 볼 때 예맥족은 그 옛날 숙신(肅愼)과 동호(東胡) 사이에 개재한 송화강(松花江), 흑룡강(黑龍江), 압록강(鴨綠江) 등의 유역과 함경도, 강원도 등 일대에 걸쳐 활동한 민족임을 알 수 있다.

예맥족이란 고구려, 옥저 등으로 불리는 여러 족속이 포괄된 명칭으로 본다. 예맥족이 어느 종족에 속하는가에 대해 여러 학설이 있기는 하다. 이러한 예맥족은 다음과 같은 자료들에 언급되어 있다.

〈國史大觀, 李丙燾, 普文閣, 第三改定版, 1955, pp. 11~15.〉

〈上古朝鮮三千年史, 崔在仁, 精神文化社, 1998, pp. 139~140.〉

〈일연 삼국유사, 김원중 옮김, 을유문화사, 2002, pp. 9~12.〉

〈환단고기, 양태진, 예나루, 2013, p. 200 참조.〉

二

고려 말(高麗末), 조선 초(朝鮮初) 단군사상(檀君思想)의 부활(復活)

二. 고려 말(高麗末), 조선 초(朝鮮初) 단군 사상(檀君思想)의 부활(復活)

1. 삼국유사(三國遺事)의 등장

김부식(金富軾)의 지나친 사대주의 편향에서 벗어나 민족자존(民族自尊)의 기틀에 정주(定住)하고자 한 노력의 일환(一環)으로 보여지는 관찬사료(官撰史料)인 삼국사기[1]에 언급한 것이 이를 뜻한다.

고려사(高麗史)에 一名 三郎城 世傳檀君祭天壇…… 世傳檀君使三子築之라는 기록 역시 같은 맥락이다. 백문보(白文寶)[2]에 대해 고려사는 吾東方 自檀君至今已三千六百年 乃爲周元之會 宜遵堯舜六經之道 不行功利禍福之說 如是則 本國與堯並立 周武王封箕子于朝鮮 而賜之履西至于遼河 世守疆域[3]이라 하였다.

---

1) 三國史記는 50卷 印本으로 司馬遷의 史記를 본떠 쓴 현존 最古의 正史이다.

2) 백문보전(白文寶傳)은 고려사[高麗史 卷一百十二 白文寶傳]에 高麗 恭愍王 때의 忠臣으로 禑王의 師傅였다. 이러한 백문보가 稷山君에 被封되었고, 태어난 時期는 未詳이나 恭愍王 23年(1374年)에 入寂하였다.
[高麗史 卷一百十二 白文寶傳]에 의하면, 後上疏言事曰 國家世守東社 文物禮樂有古遺風 不意寇患屢作 紅巾陷京乘輿南狩 言之可 謂痛心 今當喪亂之後 民不聊生 宜霈寬恩以惠遺藜 且天數循環周而復始 七百年爲一小元 積三千六百年 爲一大周元 此皇帝霸 理亂興衰之期에 吾東方 自檀君至今已三千六百年 乃爲周元之會 宜遵堯舜六經之道 不行功利禍福之說 如是則 上天純祐 陰陽順時 國祚延長이라 했다.

삼국유사(三國遺事)와 제왕운기(帝王韻紀)도 양촌(陽村), 권근(權近)의 응제시주(應製詩注)로 마무리되는 듯하였으나, 이 문제는 어수선한 조선 초(朝鮮初)에 들어서면서 오히려 부각(浮刻)되었다. 특히 세종조(世宗朝)에 민족자존의 기치(旗幟)를 높이면서 명실공히 정착되었을 뿐이다.

즉 몽골[4]의 외세침략과 주변정세의 변화에 따른 민족자존의 기치를 높이고자 하는 뜻과 맞물리면서 더욱 공고화되었다. 특히 삼국유사(三國遺事)와 제왕운기(帝王韻紀)가 일연(一然)이나 이승휴(李承休)에 의해 창작된 것이 아니고, 그 이전부터 전해져 내려오던 옛 문헌인 고기(古記)와 본기(本紀)라는 것을 인용한 것으로 되어 최소한 13세기 이전부터 정착된 단군관련 기록이 있었음을 알 수 있다.

주지하는 바와 같이 몽골과 40년간의 항쟁을 지속하면서 국기(國基)가 흔들리고 있을 때 고려인의 민족의식 가운데 중국과 맞먹는 유구한 역사적 전통을 가진 민족적 의식이 있었음을 알 수 있었다. 몽골족보다 우수하고 유구한 역사를 가진 우리 민족이 항복한다는 것은 민족적 자존심을 실추시킴과 동시에 민족 시조에 대한 숭앙심 또한 작용했으리라 보여진다.

---

3) 세수강역(世守疆域)이라 함은 祖上代代로 지켜온 땅이라는 뜻이다. [太祖實錄 卷一 總書] 참조.

4) 몽골(蒙固)의 위치는 만주의 서쪽에 있는 지역으로 지형은 험하고 비는 적게 온다. 한서(寒暑)의 변화가 많고 수렵이 성하나 경지가 적은 대신에 광산이 풍부하다. 주민은 중국인이 주이나 알마족, 터키족 등이 주이다. 철목진(鐵木眞)이 대한(大汗)이 되면서 성길사한(成吉思汗)이라 하였다. 뒤에 나라 이름을 원(元)이라 고쳤다. 몽골인은 몽골이라 부르며 내몽골은 중국에, 외몽골은 소련 세력에 속해 있었다.

조선왕조실록(朝鮮王朝實錄)[5]에 그 같은 현상은 두드러지게 나타나 있으며, 평양과 구월산에 실증적 근거를 설치하고 국가적인 행사인 전 국민을 대상으로 제사(祭祀)를 지내도록 하였다.

2. 제왕운기(帝王韻紀)의 등장(登場)

제왕운기(帝王韻紀)는 고려 말인 이승휴(李承休: 1224~1300)가 칠언한시(七言漢詩)[6]로 중국의 역사와 조선의 역사를 매우 간략하게 엮어놓은 것으로, 고조선에 관한 부분을 옮겨보면 아래와 같다.

初誰開國啓風雲 ■釋帝之孫名檀君(本紀曰 上帝桓因有庶子曰雄 云云 謂曰 下至三危太白 弘益人間歟 故雄受天符印三箇 率鬼三千而降

太白山頂神檀樹下 是謂檀雄天王也 云云 令孫女飮藥成人身與檀樹神婚而生男 名檀君 據朝鮮之域爲王 故尸羅高禮南北沃沮東北扶餘 穢與貊 皆檀君之壽也 理一千三十八年 入阿斯達山 爲神不死故也 並與帝高興戊辰 經虞歷夏居中宸 於殷虎丁八乙未入阿斯達山爲神(今九月山也 一名弓忽又名三危 祠堂猶在) 享國一千二十八 無奈變化傳桓因 却後一百六十四 仁人聊復開君臣(一作爾後一百六十四雖有父子無君臣) 隨時合散浮沈際 自然分

---

5) 太祖實錄, 太宗 12년 6월 禮曹河崙 亦嘗建議 請祀朝鮮檀君 禮曹參詳 箕子之祭宜載祀典 春秋致祭 以昭崇德之義 且檀君實吾東方始祖 宜與箕子竝祀一廟 從之. 〈檀君 그 이해와 자료, 李恩奉, 서울대출판부, 1994, pp. 300~301 참조.〉

6) 한 구(句)가 7字로 된 한시(漢詩)의 한 체(體)이다.

界成三韓 三韓各有幾州縣 蚩蚩散在湖山間 各自稱國相侵凌 數餘七十何足徵 於中何者是大國 先以扶餘(檀君本紀曰 與非西岬河伯之女婚而生男名夫婁) 金傳大王能遠計 後唐末帝淸泰二 乙未仲冬朝我陛(我太祖十八年也 自檀君元年戊辰 至此凡三千二百八十八年) 本國與堯並立 經虞歷夏居中晨 於殷虎丁八乙未 入阿斯達山爲神(今九月山也 一名弓忽 又名三危 祠堂猶存)享國一千二十八 無奈變化傳桓因 却後一百六十四 仁人卿復開君臣(一作爾後一百六十四 雖有父子無君臣) 隋時合散浮沈際 自然分界成三韓 三韓各有幾州縣 豈豈散在湖山間 各自稱國相侵凌 數餘七十何足徵 於中何者是大國 先以扶餘(檀君本紀曰 與非西岬河伯之女婚而生男名夫婁) 金傳大王能遠計 後唐末帝淸泰二乙未仲冬我陛(我太祖十八年也 自檀君元年戊辰 至此汎三千二百八十八年)

3. 조선 초(朝鮮初) 참성단(塹聖壇)[7]의 서고문(誓誥文)

세종 9년에는 단군을 제일 위에 올려놓고 고구려, 백제, 신라 시조

7) 塹城壇은 경기도 摩尼山 山頂에 있는 壇으로 摩尼山 祭天壇으로 알려지고 있다. 위치는 경기도 강화군 마니산 산정에 있는 단(壇)으로 사적(史蹟) 136號이다. 단군성조가 366가지에 이르는 치화(治化)의 공(功)을 세우면서 제천(祭天)의 대례(大禮)를 행하고 보본(報本)의 뜻을 드높인 우리 민족 제1의 성적(聖蹟)으로 이름하여 마니산 제천단(摩尼山 祭天壇)으로 불린다. 이에 대한 고려 때의 문헌이 여러 곳에서 보인다.
이종휘의 수산집인 동사에는 단의 높이가 17척인데 돌로 쌓아 위는 네모나고 아래는 둥글다 하고 있다. 위 변은 각각 6자 6치이며 그 아래는 둘레가 60자라 하고 있다. 그러나 여러 번 고쳐 쌓았기 때문에 현재로서는 그 본래의 모습을 찾아볼 수가 없다. 여기에서 서고문을 읽었다.

에게도 치제해야 한다고 하여 사당을 건립하도록 하였으며, 1454년(단종 2년)에 편찬하여 완성된 세종실록지리지[8]는 세종장헌대왕실록(世宗莊憲大王實錄) 148권과 155권에 실려 있는 전국의 지리지로 현존하는 조선 초기 최고(最古)의 전국지리서인데, 삼국사기의 지리지 체제를 탈피, 인문지리, 자연지리, 경제 · 군사적인 내용을 상세하게 기술하고 있다.

특히 인문지리서 속에 단군문제를 언급하였고, 또한 별개이기는 하나 이전 시기의 응제시주(應製詩註)와 같은 단군관련 기사가 있어 조선 초기의 단군사상을 엿볼 수 있게 하였다.

그 누가 개국하고 풍운을 일게 했는가? 석제라 하는 단군이로다.

---

8) 세종실록지리지는 앞서도 말했지만 자주 인용되는 것으로 여기서는 세종장헌대왕실록(世宗莊憲大王實錄) 148권과 155권에 실려 있는 전국의 지리지로 분량은 8권 8책이다. 현존하는 조선 초기 최고(最古)의 전국지리서로 알려지고 있다. 권근(權近)은 고려 공민왕 때 尹丞順과 같이 명나라에 사신으로 다녀왔다.1393년 이태조 등극 이후 中樞院使가 된 이래 1396년(태조 5년) 撰表를 잘못 쓴 鄭道傳을 대신해 자진 明에 가서 해명을 잘하여 명황제로부터 지극한 예우를 받고 돌아왔다. 조정에서 모든 글월을 찬술하였다. 참성단(塹城壇)은 경기도 강화군 마니산(摩尼山) 산정(山頂)에 있는 단(壇)으로 마니산(摩尼山) 祭天壇으로 알려지고 있다. 高麗史 卷五十六 地理志, 江華縣條 참조.

世宗大王은 태종의 셋째 아들로 태어났다. 1397년(태조 6년)~1450년(세종 38년)에 在位한 왕으로 왕이 되기 전의 이름은 도(祹)이다. 나이 22세에 등극하여 조선왕조의 기틀을 튼튼히 하였다. 그는 즉위 후 정음청(正音廳)을 두어 훈민정음을 창제케 하고 집현전을 설치하여 국내 우수한 학자들을 총망라하여 학문을 강론케 하고 활자를 개량하여 학자들을 지도해서 많은 책을 편찬케 하였다. 經濟六典을 반포하여 농업용 과학기구를 발명 제작케 하고 밖으로 두만강변에 6鎭을, 압록강 상류에 4郡을 설치토록 하여 국방을 튼튼히 하였다.

(본기에 말하되 상제 환인 서자를 두어 그 이름이 웅이라 하였다. 말하기를 삼위태백 밑으로 다달아 인간세계가 매우 유익할 것이다. 이에 천부인 셋을 가지고 무리 3천을 거느리고 태백산정에 내리니 이이가 곧 환웅천왕이시다. 손녀로 약을 먹고 인신으로 화해 단수신과 혼인하여 아들을 낳으니 단군이라 이름짓고 조선성에 머물고 왕이 되었다. 옛 尸羅, 高禮, 南北沃沮, 東北地域 扶餘, 濊·貊들이 모두 단군의 屬地였으며, 다스린 지 138년간 아사달산에 들어가 신이 되어 不死하였다.)

본국 요임금과 같이 일어나 우, 하를 거쳐 신(宸)국 중기에 이르니 호정(虎丁) 乙未라. 나라를 다스린 지 1천28년 어찌 변화하였는지 환인 전함이 없네. 물러난 지 164년간 어진이들이 군신의 의를 지켰네. (오로지 부자 간은 있으나 군신 간의 구별은 없네.)

수시로 합산, 부침할새 자연 분계되어 삼한이 되고, 삼한은 각기 주현을 이루었고 호수 산간으로 흩어졌다. 각기 자칭 나라라 하고 서로 침범하였다. 70여 호로 그중 자칭 대국이라 하니 앞선 나라가 부여이다. (단군본기에 비서갑 하백녀와 혼인하여 득남하여 이름을 부루라 하였다.)

〈참성단(塹聖壇) 서고문(誓誥文)〉

권근(權近)은 참성단에 제사를 올리도록 명함에 초헌(初獻)에 바다 위에 산은 높고(海上山高) 머리 허튼 세상 번요를 끊었나니(逈隔人寰之煩) 단 가운데 하늘 가까워(擾壇中天) 선인의 강림 맞을 즈음(近可邀仙 馭之降臨簿奠) 조촐한 공물을 진열하니 명신은 있는가 싶네(斯陳明神如在).

재배(再拜)에

신이 들으심에 미혹하지 않으사 사람들의 소원을 들으시며
(神聽不惑庇貺)
하늘의 덮으심은 사사로움 없이 땅을 덮으시니
(天覆無私照臨下土事之)
이를 예로써 섬기면 트일지니(以禮感而遂通)
생각건대 마리산은 단군을 제사지내던 곳(窃念摩利山檀君攸祀)
성조 때부터 백성들을 위해 최선을 다하고(自聖祖爲民立極)
옛것을 위해 휴식을 드리우네(俾纘舊而垂休暨)
뒤왕에 이르러 적을 피해 천도를 하였네(後王避狄遷都)
역시 여기를 의지하여 근본에 보답하였고 우리 가문은 대를 이을 수 있었네
(亦賴玆而保本故我家守之不墮)
짐은 작은 이를 계승 더욱 삼갔다(而朕小子承之益虔)
하늘이시여 개 같은 왜구들에 의해 백성들을 희생시킬 수 있겠는가?
(天何外寇之狗偷 以致我民之魚爛)
비록 멀리 떨어진 나라에 의해 수모를 받을지라도(雖遠疆之受侮)
우리의 표문을 막지 않으시고(尙許表聞)
하물며 궐읍에 침입하는 저들을 옳다고 참고 계실 것인가
(況厥邑之被侵胡然忍)
어찌 떨칠 효험이 없을 수 있으랴(視豈明滅之不驗)
덕이 부족함이로다(寔否德之無良)

남을 책하기 어렵고 오로지 자신의 잘못을 스스로 책함에 있나니

(實難求他惟在自責然人)

만일 그 업에 불안하여 신장이 돌려주려 해도 돌려줄 곳이 없으며

(若不安其業 則神將無所於歸)

이에 구전의 준법에 따라 삼가 당시의 우환을 고하니

(玆因舊典之遵敢告當時之患)

진실은 관관하며 보감은 명명이라(卑忱款款寶鑑明明)

바다에 파도가 일지 않게 하려면 제항의 폭주를 받으리라

(致令不海不揚波丕亨梯亨之幅湊)

하늘이시여 명을 밝히시어 사직의 반석을 이루게 하시옵소서!

(天其申命光膺社稷之安磐)

이후에 일이지만, 단군을 朝鮮始祖檀君之位로, 箕子를 後朝鮮始祖箕子之位로 놓아 역사의 정통성을 확립케 하였다. 이는 세종의 남다른 학구적인 성향의 탓도 있지만 선조(先祖)에 대한 지극한 관심을 나타낸 것으로 보여진다.

三

사료(史料)로 본 단군조선(檀君朝鮮)

三. 사료(史料)로 본 단군조선(檀君朝鮮)

1. 구분상(區分上)의 어려움과 왕명에 의한 단군사상 말살책동

관찬사료(官撰史料)와 사찬사료(私撰史料)를 구체적으로 구별한다는 것은 결코 쉬운 일이 아니다. 흔히 관찬(官撰)이란 관(官) 또는 왕명(王命)이거나, 신하들의 주청(奏請)에 의해 관리들이 엮은 문헌본으로 본다.

현전본(現傳本)에 따르면 삼국시대부터 조선조에 이르기까지 그 범위는 매우 넓으며 이를 편찬방법과 주제별(主題別)로 보면 편찬방법에 따라 국가가 분야별로 권위 있는 편찬책임을 위임하고, 부수적인 자료의 수집과 참고 등에 필요한 인원을 지원해 주고 있다.

그 대표적인 것이 삼국사기[1]의 편찬이다. 예컨대 민지(閔漬)가 펴낸 편년강목(編年綱目), 정초(鄭招)의 농사직설(農事直說), 서거정(徐居正)의 삼국사절요(三國史節要), 허준(許浚)의 동의보감(東醫寶鑑), 서유구(徐有榘)의 누판고(鏤板考) 등 이른바 관찬사료(官撰史料)들이다.

---

1) 三國史記는 官撰書이다. 야사(野史)는 민간에서 주로 저술한 역사서이며 말하자면 재야인이 저술한 역사서이다.
한국민족문화대백과사전 14권, 1991, 한국정신문화원, p. 626 참조.

이것은 분찬(分撰)과 대찬(代撰)으로 나누어지는데, 집현전이나 홍문관, 규장각 등이 그 예이다. 대찬(代撰)의 경우 대표적인 예가 실록의 편찬이다. 여기에 야사(野史)도 필자는 포함시키고자 한다.

분찬(分撰)의 경우 학술 · 연구기관의 학자들이 왕명을 받아 편찬하거나 임시관아를 설치하여 관련 문신들을 모아 편찬하였다. 예컨대 왕이 죽으면 실록청을 임시로 설치하고 편찬임무를 전담케 하는 경우이다. 사찬(私撰)의 경우는 관찬의 반대이다.

사찬(私撰)은 문집(文集)으로 대표되는데, 이 글에는 한 사람이나 두 사람 이상의 문장이나 시부(詩賦) 등을 모아 편집한 책으로 한 개인의 저작물을 모아 후세에 남기려는 데 그 목적이 있는 것이지만, 거기에는 혈연 · 학연 · 지연을 대(帶)로 한 정신적 구심체 자가선양(自家宣揚)의 증표로서의 성격을 포함하고 있다.

이 밖에 민간에서 사사로이 지은 역사라 하여 흔히 이를 야승(野乘)이라고 하는데, 재야인(在野人)이 저술한 역사로 사찬(私撰)의 성격을 띠고 있으나, 이름하여 패사(稗史), 외사(外史), 사사(私史)라 하기도 한다. 그 반대가 정사(正史)이다.

이를 흔히 도청도설(塗聽塗說)로 돌리는 경향도 적지 않으나, 이러한 야사(野史)가 때로는 정사(正史)의 오류를 바로잡아 주기도 하며, 때에 따라서는 당해 시대상을 잘 반영하여 준다는 의미에서 사료적(史料的) 가치가 높이 평가되고 있다.

왕명으로 단군사상을 말살시키고자 하는 예 또한 적지 않다. 조선시대 세조(世祖), 예종(睿宗), 성종(成宗) 때만 하여도 전국 팔도관찰사(八道觀察使)에 지시를 내려 고조선비사(古朝鮮秘史)라 할 수 있는 대변설(大辯說), 조대기(朝代記), 지공기(誌公記), 표훈천사(表訓天詞), 삼성밀기(三聖密記), 안함로(安含老)와 원동중(元董仲)의 삼성기(三聖記), 도증기(道證記), 동천록(動天錄), 통천록(通天錄), 지화록(地華錄) 등의 문서(文書)에 대해 수거(收去)하기를 거듭하고 있다. 이러한 일들이 계속되어 예종 때에는 지공기(誌公記), 표훈천사(表訓天詞), 삼성밀기(三聖密記), 도증기(道證記), 지화록(地華錄) 등에 대해 10월 그믐으로 승정원에 납부하고 타도는 11월 그믐에, 서울에서 멀리 떨어진 지방은 12월 그믐으로 기일을 정하고 소속 읍에 납부하고, 이를 시행한 자는 2계(階)를 올리고, 이를 어긴 자는 처참한다 하였다.

예종실록(睿宗實錄) 기축(己丑) 9월조(月條)에 의하면 가장자(家藏者)는 경중(京中)은 한(限)하고 매 십월 그믐(十月晦日)하야 승정원(承政院)에 납부하고, 외방(外方)의 근도(近道)는 11월 그믐(十一月晦日)으로, 원도(遠道)는 그해 섣달 그믐(十二月晦日)으로 납소거읍(納所居邑)하되, 납자(納者)는 초이계(超二階)하고, 불납자(不納者)는 허인진고(許人陳告)하되, 고자(告者)는 의상정(依上項)하야 논상(論賞)하고 익자(匿者)는 처참(處斬)한다 하였다.

성종 즉위년인 기축(己丑) 하순에는 지공기(誌公記), 표훈천사(表訓天詞), 삼성밀기(三聖密記), 도증기(道證記), 지화록(地華錄) 등 제서(諸書)를 빠짐없이 상송(上送)하라 하였다. 이렇게 볼 때 그 당시까지만 하여도 고조선[2]에 관련된 문서들이 상당수 남아 있었다고 보

2) 古朝鮮에 대한 기록은 檀君朝鮮, 箕子朝鮮 衛滿朝鮮의 총칭으로 그 중심은 大同江流域이었다. 그런가 하면, 이유립(李裕岦)은 대배달민족사(三), 고려가(高麗

여진다.

그 밖에도 천부경(天符經),[3] 삼일신고(三一神誥), 참전계경(慘佺戒經), 태백진훈(太白眞訓), 태백속경(太白續經), 환단고기(桓檀古記), 규원사화(揆園史話) 등이 있었다.

참고로 청국의 장학성(章學誠)의 사적고(史籍考)에서 기전체(紀傳體)와 편년체(編年體)를 동시에 정사(正史)라 하여 동등하게 취급하고 있으며, 광의로 기전체의 역사를 정사로 보고 있다.

이러한 예를 답습한 조선도서해제(朝鮮圖書解題)에 사부(史部)를 보면, 정사류(正史類), 편년류(編年類), 기사류(紀事類), 별사류(別史類), 야승류(野乘類)로 나누고 있으며, 기전체의 역사가 아니면 관(官)에서 아무리 편찬되었다 하더라도 야사(野史)에 속하지 않는 것으로 보고 있다. 고려사는 고려국 34왕 475년간의 정사(正史)로, 조선이 개국한 이래 정도전(鄭道傳) 등에 명해 고려역대실록 민지(閔漬)의 강목, 이제현(李齊賢)의 사략(史略) 및 이색(李穡)과 이인복(李仁復)의 고려국사서(高麗國史序)에 금경록(金鏡錄)을 지었는데 소략한 흠이 있다고 하였으나, 이제현(李齊賢)의 익제선생연보(益齊先生

家), 1987년에 출판한 저서에도 대변설(大辯說)을 비롯해 조대기(朝代記), 지공기(誌公記), 표훈천사(表訓天詞), 삼성밀기(三聖密記), 안함로(安含老)와 원동중(元董仲)의 삼성기(三聖記), 도증기(道證記), 동천록(動天錄), 통천록(通天錄), 지화록(地華錄) 등이 세종의 명에 의해 자취를 감추었다고 한다. 世祖, 三年丁丑五月에 論八道觀察使 참조.

3) 天符經은 大倧教의 기본성전이다. 천신인 환인의 뜻에 따라 桓雄의 天符印을 가지고 神檀樹에 내려와 弘益人間 理化世界의 大業을 시작한 古事에서 由來함. 천부경(天符經), 삼일신고(三一神誥), 참전계경(慘佺戒經), 태백진훈(太白眞訓), 태백속경(太白續經), 환단고기(桓檀古記), 규원사화(揆園史話) 등에 있는 것으로 알려지고 있다.

年譜)에 의하면 그 기사가 자못 볼 만하다고 하였다. 이러한 고려사가 37권의 편년체로 된 조잡(粗雜)한 것으로 나타나, 이를 다시 유신(儒臣)들에게 명해 교정케 하였고 완성을 보지 못하였다. 세종 때에 와서 사국(史局)을 설치하여 정인지(鄭麟趾), 김종서(金宗瑞) 등을 위주로 개찬(改撰)하여 문종 1년(1451년)에 완성, 단종 2년(1454년)에 간행을 착수하였으며, 책의 체제는 사마천의 사기를 본떠 세가(世家: 46권), 지(志: 39권), 표(表: 2권), 열전(列傳: 50권) 등 4항목인데 책의 서술체계는 기전체(紀傳體)로 되어 있다. 총 50권에 목록 2권으로 139권으로 엮어져 있다.

고려사를 1908년 일본국서간행회에서 상 · 중 · 하 3권의 영인본(影印本)으로 발간하였고, 1961년 4월 위의 2책을 색인하여 출판하였다. 이 책에 의하면 지용수(池龍壽)라는 인물이 몽골인 새인첩목아(賽因帖木兒)에게 원나라에 벼슬살이를 하였는데, 원나라가 망함에 요심(遼瀋) 관리(官吏)인 김백안(金伯顔) 등과 함께 고려에 침입하려 하자 1369년(공민왕 18년) 왕명에 의해 서북면 부원수 양백안(楊伯顔), 상만호(上萬戶), 임견미(林堅味), 이성계(李成桂) 등이 함께 동령부를 치고 김백안을 사로 잡았으며 북원(北元)과 국교를 단절하였다. 이때에 고려는 요나라와 병립한 나라라 하였으며, 서쪽으로 요하에 국경을 이루어 세수강역(世守疆域)하였다 한다.

이렇게 볼 때 적어도 나에게 있어서 관찬(官撰)이든, 사찬(私撰)이든, 야사류(野史類)이든 구분하는 것이 무리가 아닌가 여겨진다. 이에 구분에 구애됨이 없이 나름대로 이에 대해 언급해 보고자 한다.

2. 관찬서(官撰書)인 조선왕조실록(朝鮮王朝實錄)에 나타난 단군사료(檀君史料)

조선왕조실록(朝鮮王朝實錄)에 나타난 단군사상은 조선조 태조 시부터 철종대에 이르기까지 25대 472년의 역사적 사실을 연·월·일 순으로 기록한 편년체의 기록이다. 모두 888책으로 1592년(선조 25년) 임진왜란이 일어남에 춘추관, 충주, 성주 등 세 사고(史庫)의 실록이 모두 소실되었고, 임진왜란 시 유일하게 전주사고만이 병화를 면해 1603년(선조 36년) 7월부터 2년 9개월에 걸쳐 804권이 재간되었다.

1910년 일제의 강점으로 수난의 과정을 거치면서, 1955년~1958년까지 4년여에 걸쳐 8분의 1로 축소된, 국배판 양장본 48책으로 변모하기도 하였다. 여기에 역대 왕별로 단군, 기자에 대한 제천의식을 비롯하여 단군, 기자에 관한 숭앙심이 고려 이전 시기 못지않게 높아짐을 보여주고 있다.

단군조선이 건국된 이래 통합(統合), 분열(分裂)된 이후, 각기(各己) 수도(首都)를 정(定)하고 있다가 고려가 송악(松嶽)으로 천도(遷都)한 이래, 운(運)이 다하여 자멸(自滅)한 것으로 조선왕조실록은 기록하고 있다.

특히 나라를 개창한 태조 이성계는 개국공신인 조박(趙璞)[4]을 비

4) 개국공신(開國功臣)은 한 나라를 창립함에 공을 세운 신하로 여기서는 주로 조선시대 창건에 공을 세운 이를 지칭하는데, 조박(趙璞)은 開國功臣으로 평원군에 皮封되었고, 태종 초에 좌명공신으로 호조판서를 지내고 죽었다. 조박(趙璞)

롯하여 단군이 동방시수명지주(東方始受命之主)라 하여 단군을 높였고, 평양부[5]로 하여금 치제(致祭)를 올리도록 건의하였다.

좌정승 조준(趙浚)[6]은 전제개혁으로 이씨왕정을 도왔으며, 우정승 김사형(金士衡)[7] 등은 단군 이래 통합 · 분산되었으나 자손 대대로 상전(相傳)해 옴을 알리고 태종대에 동방(東方)의 단군, 기자는 역년(歷年)이 1천 년이 지났다고 한다.

평양부 부윤 윤목(尹穆)[8] 역시 아뢰기를 평양은 단군, 기자 이래 건도한 지역으로 서도라 하였고, 중국 사신들이 듣고 방문한 곳이라 하였다. 예조의 우참의 허조[9] 및 하륜(河崙)[10] 역시 상서, 건의하기

이 나중에 태종이 된 이방원(李芳遠)과 동서(同壻) 간으로 趙浚, 鄭道傳 등과 이성계를 도와 조선국을 세웠다.

5) 평양부는 本國의 箕子는 비록 중국의 堯의 祭禮에 朝廷이 따름이 마땅하다 하여 예조에 명하였고, 河崙 역시 조선의 단군을 제사할 것을 아뢰니 예조로 하여금 箕子의 제례를 참고하여 춘추로 致祭하고 그 덕을 숭앙케 하였다. 단군이 우리나라 동방의 시조인 까닭에 箕子廟禮와 같이하였다. 檀君朝鮮, 箕子朝鮮의 歷史는 悠久하다고 적고 있다. [太祖實錄 卷一 太祖 元年 八月 庚申] 참조.

6) 조준(趙浚)은 이성계의 신임을 얻어 조선시대의 개국공신이 되었다. 定宗初에 8년간 首相職에 있었고 河崙 등과 함께 경제육전(經濟六典)을 편찬하였다.

7) 김사형(金士衡)은 고려 공민왕 때 과거에 급제하여 趙浚 등과 함께 臺諫으로 있었다. 일본의 이끼(壹岐) 對馬島를 치러 떠났다가 태조의 만류로 이듬해에 돌아왔다. 말은 신중하고, 분수를 지켰다. 삼별초를 이끌었던 유명한 金方慶은 그의 祖父이다. 吾東方 檀君箕子 俱歷年一千 當時亦未有佛法이라 적다. [太宗實錄 卷十 太宗 五年 十一月 癸丑條] 참조.

8) 윤목(尹穆)은 千秋使로 明에 다녀왔고 1407년 평양 부윤이 되었다. 1409년 10월 閔無咎 獄事와 관련되어 처형됨.

9) 허조(許稠)는 1439년 좌의정을 지냈다. 孝子의 순손은 모두 기용하였고, 공창폐지론이 대두되자 혁파에 찬성하였으나, 정부에 문의함에 홀로 반대하여 그대로 두었다. 단군과 관련해서는 朝鮮檀君東方始受命之主箕子始興敎化之君令이라 하였다.

를 단군, 기자의 치제를 함께 올리도록 함에 이를 왕이 따랐다. 허조(許稠)는 또 이르기를 "命下禮曹 河崙亦嘗建議 請祀朝鮮檀君 禮曹參詳箕子之祭 宜載祀典春秋致祭 以昭崇德之義 且檀君實吾東方始祖 宜與箕子 並祀一廟 從之 平壤이 檀君, 箕子의 都邑地로 西都라 稱하였음을 아뢰고 있다."

예조에서 아뢰기를 제사를 올리는 차례로 당악지에 의해 옛 선조 제왕들과 중사를 먼저 제례하고, 선농(先農), 선잠(先蠶), 선왕(先王)을 중사(中祀)에, 단군, 기자를 前朝인 태조 앞에 단군, 기자를 국왕이라 칭하였다고 교서관[11] 축판식에 썼는데, "전조 태조가 조선국왕"이란 말은 불합리함을 윤허하여 주기 바란다고 하였다.

"동방에 제천(祭天)하는 이치가 있는바 이를 폐함은 불가합니다. 신이 그 조목을 들어 아뢰는바, 원컨대 전하께서는 청감하여 주시기 바랍니다. 우리 동방에는 단군이 시조입니다. 하늘로부터 내려온 이로 천자가 분봉한 것이 아닙니다. 단군이 내려오신 시기는 당요 무진년입니다. 무려 3천여 년에 걸쳐 제사를 올렸습니다.

---

10) 하륜(河崙)은 1347년(고려 충목왕 3년)~1416년(조선 예종 16년) 조선 초기의 대신으로 있었다. 1365년(공민왕 14년) 문과에 급제하니 시험관 李仁復이 한 번 보고 사람됨이 큰 것을 알아채고 아우인 仁美의 딸과 결혼시켰다.1371년(공민왕 20년) 榮州牧을 잘 다스려 按廉使 김주(金湊)는 그의 치적을 가장 높이 평가하였다.

崔瑩의 攻遼政策을 적극 반대하다가 襄主로 귀양갔다. 定宗이 즉위하자 定社 1등공신으로 晋山君에 피봉되었다. [太宗實錄 卷二十三 太宗 十二年 六月 己未] 참조.

11) 교서관(校書館)은 經籍의 印刷頒布, 香祝, 印篆 등의 일을 맡아보는 官司로 조선시대 태조 원년에 창설한 校書監을 개칭하였다가 정조 6년에 규장각에 편입시켰음.

제천지례는 어느 대에 끊어졌는지는 모르겠으나 역시 1천여 년이 되었습니다. 혹시 중간에 제사 올리는 방식이 고쳐졌는지는 모르나, 태조이신 강헌대왕(康獻大王)12)께서도 하늘에 제사를 올렸으니 이를 폐하심은 불가합니다. 혹 단군이 해외에 있지 않았나 하나, 이는 극히 일부에 불과한 설입니다. 주나라 무왕대에 이르러 은(殷)나라 대사가 조선에 봉해졌다 하나 극히 일부의 소리일 뿐입니다. 그전대로 하늘에 제사를 올림이 가한 줄로 압니다." 하였다.

예조에서 제사의례에 대해 단군, 기자를 고려의 시조와 같이 의례를 지냄은 우제(虞祭)13)를 나라의 제사와 같이 지냄과 달리 행하여야 한다 아룀에 이를 따랐다.

단군과 삼국의 시조를 일단(一壇)으로 하여 치제하는 것이 가능한가에 대하여 상이 말하기를 삼국의 시조와 단군의 치제를 합사한 데에 대해, 변계량(卞季良)14)이 말하기를 단군은 동방(東方)의 군주(君主)로 합사(合祀)하는 것이 불가하다 함에, 단군을 한 실(室)에 치제

---

12) 강헌대왕(康獻大王)은 이태조를 가리키는 것으로 함흥차사 이야기로 유명하다.

13) 우제(虞祭)는 초우(初虞), 재우(再虞), 삼우(三虞)의 總稱으로 이 제사는 [旣葬而祭曰虞] 장사를 끝내고 곧이어 지내는 제사로 屍體는 이미 보내고 靈을 맞이하는 慰安祭이다. 그러므로 초우(初虞)는 葬事를 安葬한 뒤 유일(柔日)에는 재우(再虞)를, 강일(剛日)에는 삼우(三虞)를 지낸다. 고구려 때부터 상례법(喪禮法)이 들어온 뒤 계속해 오늘날까지 전하여진다.

14) 변계량(卞季良)은 고려 말(高麗末) 이색(李穡)의 제자(弟子)로서 17세에 문과(文科)에 급제(及第), 전교주부와 진덕박시를 지냈으며, 조선 태조 때 전의감승(典醫監丞) 겸 의학교수관 등을 지냈다. 태종 때 예조우참의(禮 曹右參議)가 되었고, 세종 때에 대제학(大提學)을 지냈고, 우군도총제부사(右軍都摠制府使)로 세상을 떠났다. 시문(詩文)에 능해 문명(文名)이 높았다. 世宗實錄 卷40 世宗 10年 6月 己丑.

(致祭)함이 좋다 하였다. 우의정 유관(柳灌)[15]이 치사하기를 황해도 문화현은 신(臣)의 본향(本鄕)인데 어린 시절 부로(父老)들의 말에 의하면 치사(致祀)한 지 오래되었다 한다.

단종실록에 보면 황해도에서 발생하고 있는 역병(疫病)은 창궐하여 수도권까지 만연할 수 있다고 경창부윤(慶昌府尹) 이선재(李先齋)는 장황하리만치 상소를 올리고 있다. 승정원[16]에서 평안도 관찰사 치서하기를 단군, 기자묘급 고구려시조 사우(祠宇)가 심히 퇴락해 혹 명사(明使) 회환전(回還前) 수치(修治)해야 함을 아뢰었다.

이 밖에 조선, 단군 신주(神呪)를 조선시조 단군지위로 하고 후조선시조 기자를 후조선시조 기자위라 하였다. 평양부에서는 단군, 고구려 시조 기자제를 평양강제로 지내는 데 제복을 만들어 송부해 줄 것을 요청하니 이에 따랐다.

傳旨禮曹曰 檀君箕子廟制更議 新羅高句麗百濟始祖立廟致祭 幷考古制 詳定以聞-예조에서는 단군, 기자의 묘제(廟制)를 다시 논의, 삼국의 시조도 함께 치제(致祭)하도록 하였다.

---

15) 류관(柳寬)은 고려 말 공민왕 20년(1371년) 문과에 급제한 후 전리정랑(典理正郞), 전교부령(典校副令)을 거쳐 봉산군수(鳳山郡守)로 나갔다가 돌아왔다. 조선시대에 들어와서 태조로부터 원종공신의 호를 받았고, 대사성 이조판서 등을 역임하였다.
조정에 돌아와 대제학 형조판서 대사헌을 거쳐 세종 때 참찬, 찬성, 우의정에 올랐다. 청빈, 소탈, 학문을 닦아 경사에 밝고 시문에 능하였다. 해동명신전에 올라 있다. 이러한 류관이 본향인 문화현에 대해 자세히 아뢰고 단군, 기자의 합사에 대해 세종께 아뢰었다. 〈世宗實錄 卷40 世宗 10年 6月 己未〉 참조.

16) 승정원(承政院)은 왕명의 출납을 맡아보던 관청이다. 부윤(府尹)은 조선시대에 종2품의 문관 외직(外職)으로 영흥부(永興府: 咸興으로 옮김), 평양부, 전주부, 경주부, 의주부(뒤에 늘어남) 등지에 각 1명을 두었다.

평양부윤 윤목이 평양[17]을 서도(西都)라 일컬어왔으며, 변계량(卞季良) 역시 이 지방에 역병이 나돎은 기우제(祈雨祭)와 무관함을 역설하였다. 사간원(司諫院)의 좌사간(左司諫) 유계문(柳季聞)[18] 역시 역대 인군이 불사구복(佛事求福)을 함에 있어 불씨지도에 있었다 하고, 사온주부(司醞注簿) 정척(鄭陟)[19]이 전고(典故)에도 조예가 깊어 의제(儀制)도 찬한 바 있다. 또한 신상(申商)[20]은 상서하기를, 합서일신주(合書一神主)가 미편하다 하여 사위(四位)를 갈라놓음이 어떠하냐고 함에 변계량 역시 동조하였다.

---

17) 平壤은 평안남도의 남서부로 대동강 하류에 자리 잡은 대도시이다.

18) 류계문(柳季聞)이 사간원(司諫院)에 있을 때 상소(上疏)하기를 불씨(佛氏)를 섬기는 데 그 폐해를 논하였는데, 류계문은 고려 말에 나서 세종 27년까지 1383~1445년(우왕 9년) 살아온 인물로 삼한공신(三韓功臣), 류차달(柳車達)의 후손(後孫)이며 우의정 류관의 아들이기도 하다.
두 차례에 걸쳐 명(明)나라 사신으로 왕래하였고, 개성유수(開成留守)가 되어 세종(世宗)의 행궁(行宮)에 문안하고 돌아오는 중에 영서역(迎曙驛)에서 급사(急死)하였다. 이러한 그가 사간원(司諫院)의 좌사간(左司諫)에 있을 당시 역대 인군(人君)이 불사구복(佛事求福)을 함에 있어 불씨지도에 기인된다 직언하였다. 〈世宗實錄 卷27 世宗 7年 正月 丙申, 世宗實錄 卷37 世宗 9年 8月 丙子, 世宗實錄 卷37 世宗 9年 8月 丙子〉 참조.

19) 정척(鄭陟)은 조선 초기의 문신으로 1425년(세종 7년) 사온서 주부 겸 승문원 박사가 되고 2년 뒤 감찰이 되었다. 1444년 첨지중추원사를 거쳐 공조, 호조, 예조의 참의 등을 역임하였다. 1454년(단종 2년) 판한성부사로 있다가 1455년 충청도관찰사로 나갔다. 1463년(세조 9년) 양성지와 함께 동국지도를 만들어 바쳤다.

20) 신상(申商)은 조선조에 들어와서 연안부사를 역임하였고, 1405년 동북면에 파견되어 동맹가첩목아(童猛哥帖木兒)를 회유하는 등 국경경비를 맡았다. 1424년 예조판서로 성절사(聖節使)가 되어 명나라에 다녀왔다. 1425년 형조판서를 지내고 이듬해 다시 예조판서가 되었다. 오랫동안 예조판서로 있을 때 실수 없이 일을 무난히 처리하였다. 그는 유달리 풍채가 컸고 후에 숭정대부(崇政大夫)에 추서되었다.

이에 예조에서는 각 도의 산천단묘를 순심케 하였고, 호조와 예조에서는 단군, 기자의 묘제(廟制)를 논의, 삼국의 시조도 함께 치제(致祭)하도록 하였다.

평양의 연위사(延慰使)[21] 소세양(蘇世讓)[22]이 복명(復命)하기를 중국 사신이 말하는바, 기자묘와 단군묘에 문헌지방(文獻之邦)이라 하였음을 말했다. 1521년 명나라 한림원 수찬(修撰), 당고(唐皐) 등이 왔을 때 영접사 이행(李荇)의 종사관으로 그들을 맞아 시문(詩文)으로 칭찬을 받게 되어 당상관(堂上官)으로 특진되고, 승지를 거쳐 한성부 우윤(右尹)이 되었고, 1532년에는 명나라 사신으로 가서 시문(詩文)으로 이름을 떨쳤던 인물이다.

이러한 그도 역시 환인, 환웅, 단군 삼성의 각기 위판이 있으나 사적이 같지 않다고 하였다. 또한 선조(宣祖) 때 예조(禮曹)에서 아뢰기를 삼성당이 여지승람에 전산(錢山)[23]은 문화현(文化縣) 북쪽 천여 리에 있으며, 삼성사 역시 문화현 구월산(九月山)에 있는데 환인(桓因), 환웅(桓雄), 단군(檀君)의 사당(祠堂)[24]이 있다고 했다. 집현

---

21) 연위사(延慰使)는 明나라 使臣이 올 때 설연위로(設宴慰勞)를 위해 2품 이상 관원을 도중 5곳에 파견한 사신으로, 처음에는 선위사(宣慰使), 영위사(迎慰使)라 하였다.

22) 소세양(蘇世讓)은 성종 17년(1486년)~명종 17년(1562년)까지 살았다. 벼슬은 우찬성에 이르렀고 그가 수찬(修撰) 재직 시 단종의 어머니 현덕왕후의 복위를 건의, 현릉에 이장하게 하였다. 1521년 영접사 李荇의 종사관으로 명나라의 사신을 맞았는데 이들이 단군, 기자묘를 보고자 하는 데 이 능을 새로이 단장하고자 하였다. 문명이 높고 송설체(松雪體)를 잘 썼다. 〈中宗實錄 卷84 中宗 32年 3月 癸未〉 참조.

23) 전산(錢山)은 여지승람(輿地勝覽)에 문화현 북쪽 천여 리(千餘里)에 있다. 〈宣祖實錄 卷89 宣祖 30年 6月 庚午〉 참조.

전(集賢殿), 직제학(直提學), 양성지(梁誠之)[25]가 상소하기를 명산대

24) 사당(祠堂)은 조상의 신주를 모시고 제사를 지내는 집으로 가묘(家廟)라고도 하며, 왕실의 것은 종묘(宗廟)라 한다. 고례(古禮)에서는 사당을 종묘 또는 예묘(禮廟)라 하였는데, 주자의 가례(家禮)에서는 사당이라고 칭하여 이를 통용되게 하였으며, 왕실의 것과 구별되게 하였다. 중국에서는 왕가(王家)의 전례(典禮)로 시작하여 일반 가정에까지 행하여야 할 절차까지 마련되어 있었다. 우리나라에서도 사당제도가 유입되기는 삼국시대라 하겠으나, 일반화되기는 고려 말이며 조선 중기 이후에 와서 철저하게 시행되었다.

25) 양성지(梁誠之)는 1415년(태종15년)에 태어나서 1482년(성종 13년)에 죽은 조선 초기의 학자이다. 호는 訥齋 또는 松坡라 하며 자는 純夫이다. 贈右贊成 구주(九疇)의 아들이다. 6세에 독서를 시작, 9세에 글을 짓고 1441년(세종 23년) 진사, 생원 양시에 이어 식년문과에 을과 3인 중 한 사람으로 급제하여 慶昌府丞과 성균주부를 역임하고, 이듬해 집현전에 들어가 부수찬 교리 등을 지내며 세종의 총애를 받았고, 춘추관기주관으로 고려사 수사관을 겸직하여 고려사 改撰에 참여하였다. 이어서 집현전 직제학에 승진하였는데, 그 당시 임금께 상소하기를 황해도 괴질의 번짐에 대하여 世祖實錄 卷3 世祖 2年 3月 丁酉에 상소했다고 기록되어 있다. 집현전 직제학(집현전의 종3품관임) 양성지(梁誠之)가 상소하기를 명산대천에 치제를 올림은 삼국시대나 전종의 관례로 개성, 강화, 경주, 평양, 공주, 부여, 김해, 익산 등지에 능묘가 있었다고 아룀. 세조조에 위판(位版)의 개작(改作), 단군왕릉의 치제(致祭)와 왕릉의 돌봄이 지극했다고 하였다. 〈단군정신선양회 국조단군, pp. 12~14〉 참조.
이듬해 집현전이 폐지되자 좌보덕에 전임, 동지중추부사를 지내고 제학으로 취임하였으며, 다음 해에는 求賢試에 급제 이조판서에 올랐다. 1466년(세조 12년)에 拔英試에 급제, 1469년(예종 1년) 지중추부사, 홍문관제학, 춘추관사를 겸직하며 세종실록과 예종실록 편찬에 참여하였다. 그리고 공조판서를 거쳐 1471년(성종 2년) 佐理功臣 3등으로 南原君에 封해졌다. 1477년 대사헌에 재임하다가 知春秋館事가 되었고, 1481년 弘文館 大提學으로 승진하였으며, 이해에 文臣庭試에 장원하였다. 6조에 걸쳐 역임하는 동안 정치상의 의견과 언론 어느 것이나 당시를 일깨우고 후세의 거울이 되지 않음이 없었다. 세조는 그를 가리켜 해동의 제갈량이라고까지 하였다. 軍政十策 가운데서도 軍戶의 주요함을 역설하였고, 세종의 명에 의해 팔도지리지와 沿邊防戍圖는 실제 측량한 지도가 없던 당시로서는 매우 위대한 공헌이라 할 수 있겠다. 의료정책, 水田開發, 과거의 작폐 등등 조선왕조가 한창 번성할 때에 배출된 하나의 인물이었다. 저서로 東國圖經, 農蠶書, 畜牧書, 高麗史地理志, 訥在集 등 양성지의 사회사상과

천에 치제함은 예로부터 전해온 일로 단군사가 있는 구월산에 치제함이 가하다 하였다. 우의정 허목[26]은 경설(經說)을 지었는데 상고시대를 논하면서 단군과 기자에 대해 언급했다. 단군 동명왕묘 역시 기자묘 근방에 있음을 언급하였다. 또한 기자묘에 대해 도승지 정유악이 말하기를 기자의 후예인 선우령에게 급료로 쌀 두 말을 주었다고 한다. 도승지 정유악이 왕에게 아뢰기를 기자 후예인 선우령(鮮于

〈肅宗實錄 卷6 肅宗 3年 正月 己丑〉 등 참조.

26) 허목은 조선 숙종 때 인물로 양천 許喬의 아들로 禮論에 맞서 삼척부사로 2년을 지냈다. 숙종이 즉위하자 1677년 經說 東事 등을 지어 왕에게 바쳤다. 영의정 許積과 아들 堅의 죄상을 論劾, 왕의 노여움을 샀고 淸南의 영수로 일컬어졌다. 眉叟 許穆은 선조 28년(1595년)~ 숙종 8년(1682년)까지 살다 간 사람으로 조선시대 후기의 문신이다. 현감 교(喬)의 아들이며 어머니는 정랑 임제(林悌)의 딸이다. 부인은 영의정을 지낸 이원익(李元翼)의 손녀이다.

광해군 7년(1615년) 정언옹(鄭言옹)에게 글을 배우고 부친을 따라가서 문위(文緯)를 私事했으며 그의 소개로 정구(鄭逑)를 찾아가 스승으로 섬겼다. 1624년(인조 2년) 광주 우천(牛川)에 살면서 자봉산(紫峯山)에 들어가 독서와 글씨에 전념하여 그의 독특한 전서(篆書)를 완성하였다.

1626년 인조의 생모 계운궁(啓運宮) 구씨(具氏)의 복상문제와 유신(儒臣) 박지계(朴知誡)가 원종의 추숭론(追崇論)을 제기하자, 그는 東學의 재임(齋任)으로서 임금의 뜻에 영합하여 예(禮)를 혼란시킨다고 유벌(儒罰)을 가하였다. 이에 인조는 그에게 정거(停擧)를 명하였는데, 뒤에 벌이 풀렸으나 과거를 보지 않고 자봉산에 은거하여 학문에만 전념하였다.

1638년 의령의 모의촌(慕義村)에 살게 되었다. 1641년 다시 사천(泗川)으로 옮겼으며, 그 후 창원, 칠원(漆原) 등지로 전전하다가 1646년 경기도 연천 고향으로 돌아왔다. 후에 청남(淸南)의 영수(領袖)가 되어 西人과 對立한 그는 동사를 통하여 단군의 개국과 그 후의 역사에 대해 언급하였다. 특히 환인, 신시 단군을 인간으로 파악하고 있음을 의미하고 있다.

1677년 東史를 지어 왕께 바쳤는데, 단군세가가 환인, 신씨, 단군, 부루, 금와, 주몽, 온조로 이어졌음은 특히 실학자들인 이익, 안정복이 이익의 문인(門人)이기도 한 안정복이 동사강목을 저술할 때 단군과 기자의 편년사를 쓰는 데 혼돈을 일으키기도 하였다.

翎)을 이조에 수용하고 참봉에게는 급료로 쌀 두 말을 지급하도록 하기 바란다고 했다.

예조에서 청하기를 황해도에 있는 삼성사의 축문은 평양에 있는 단군사 예에 의해 조선단군이라 쓰고 숭의전에 안치한 고려의 현종, 원종, 문종 삼위는 고려 태조 예에 따라 모종 왕이라 할 것에 대해 상이 윤허하였다.

숙종은 강동에 있는 단군묘와 평양에 있는 동명왕묘를 매해 수치(修治)하도록 왕이 윤허하였고, 도승지 정유악(鄭維嶽)[27]이 왕에게 아뢰기를 기자 후예인 선우령(鮮于翎)을 이조에 수용하고 참봉에게는 급료로 쌀 두 말을 지급하도록 하기 바란다고 하였다.

예조에서 청하기를 황해도에 있는 삼성사의 축문은 평양에 있는 단군사례에 의해 조선단군이라 쓰고 숭의전에 안치한 고려의 현종, 원종, 문종 삼위는 고려 태조 예(例)에 따라 모종왕이라 할 것에 대해 상이 윤허하였다. 영조는 승지를 보내 평양에 있는 단군묘 치제를 정지하도록 하였다. 상이 근신을 보내 숭인전에 치제하도록 하였다. 우의정 김상로가 아뢰기를 평양에 있는 숭령전의 참봉이 있는데 남북에 각 1인씩 두되, 임기가 만료되는 60삭(朔) 이후에는 승차시키는 준원전(濬源殿)의 예처럼 하는 것이 어떠하겠는가 하였다. 영조는 단군, 기자, 신라, 고구려, 백제 시조릉(始祖陵)을 수리하도록 명함에 따라 이때부터 능의 모습을 갖추었다.

---

27) 정유악(鄭維嶽)은 뇌경(雷卿)의 아들로 허적(許積)의 상소로 북한산성을 축조할 때 도청(都廳)을 지냈다. 남인일파(南人一派)가 실각(失脚)할 때 가장 먼저 변경(邊境)에 안치됨.

3. 조선시대 중·후기의 단군사상

삼성묘의 위판이 흙으로 만들었는데 손상이 심해 개조했으면 한다 하였다. 부제학 서명응[28]이 아뢰기를 환인, 환웅, 단군 이른바 삼성인데 아사달산(금구월산)으로 들어갔다고 하였다. 상이 말하기를, 환웅은 단군의 부친이고, 환인은 단군의 할아버지라고 하였다.

고구려 동명왕은 을유년에 개국하였다. 그러니 치제해야 한다 함에, 상이 금년은 불가하다고 하였다. 양도(兩都)의 유수(留守)가 단군묘에 봉심(奉審)[29]할 것과 부임즉시 묘(廟)를 수보(修補)함에, 노역은 모군(募軍)하도록 하였다.

행장[30]에 가로되, 대왕 8년 임자 봄 정월 근신(近臣)을 보내 치제하는데 숭령전(崇靈殿)은 단군사(檀君祀)이고 숭덕전(崇德殿)은 고려왕들의 사(祠)이다라고 하였다. 그 이전(以前)에 영조(英祖)가 향축(香祝)을 보내 치제(致祭)하였음을 말하였다.

정조(正祖)는 단군, 기자, 신라, 고구려, 백제, 고려 시조의 왕릉(王陵)을 수개(修改)하도록 하였다. 예조에서는 니성(尼城: 水原) 궐리사(闕里祠)가 제구실을 못하고 있어 고(故) 유신(儒臣) 박필주(朴弼周)가 상소하였고, 사(祠)에 대하여 삼성사(三聖祀)처럼 춘추(春秋)

28) 서명응(徐命膺)은 조선시대에 이조판서를 지낸 宗玉의 아들이며, 형은 영의정을 지낸 命善의 형이기도 하다. 1759년(영조 30년) 왕명을 받들어 악보(樂譜)를 集大成하였다.

29) 봉심(奉審)은 왕명(王命)을 받들고 능(陵)이나 묘(廟)를 보살피는 일을 말한다.

30) 행장(行狀)은 죽은 고인(故人)의 평생의 이력(履歷)과 업적(業績을 기록한 글이다.

로 향(香)을 내려보내 치제하도록 하였다.

승지 서형수(徐瀅修)[31]가 아뢰기를 檀君卽我東首出之聖 史稱編髮盖首之制君臣上下之分 飮食居處之禮 皆自檀君創始 則檀君之於東實有沒世不忘之澤 其所尊奉이 마땅하다 하였다.

단군은 東方에 首出之聖으로 역사에 이르기를 편발개수(編髮盖首) 군신상하(君臣上下)를 구분한 분이며, 그분의 묘는 강동현 서쪽에 있으며 유형원의 여지지(輿地志)에도 올라 있다. 연대(年代)가 구원(久遠)해 알 수 없으나, 춘추로 사궁의식(射弓儀式)이 있다 하였다.

도신(道臣)인 이홍재(李洪載)[32]는 장황하리만치 단군묘 제식(祭式)에 관해 언급하였고, 또한 정조 등극 이후로는 단군묘와 고려충신 정몽주에 치제하도록 하였다. 그런가 하면 경기도 광주판관 이시원(李始源)[33]이 아뢰기를 백제시조의 사호(祠號)가 없음을 아뢰니 치

31) 서형수(徐瀅修)는 대제학을 지낸 서명응(徐命膺)의 아들인데 명성의 아들로 입양되었다. 1806년 벽파계열(辟派 系列)인 우의정 金達淳 등이 安東金氏系列인 金祖淳 등에 밀려 사사될 때 이에 연루되어 전라도 興陽縣 등지에서 18년 동안 유배생활을 하였다.
1823년 臨陂縣으로 量移되어 이듬해 그곳에서 죽었다. 호를 明皐라 하는데, 저서로는 明皐全集이 전해오고 있다. 1783년(정조 7년) 增廣文科에 乙科로 급제 후 承旨로 있을 때 啓言한 것이다. 正祖實錄 卷27 正祖 13年 6月 庚申. 正祖實錄 卷22 正祖 10年 8月 己酉.

32) 이홍재(李洪載)는 조선시대 후기의 문신으로 군수를 지낸 李奎恒의 아들이다. 1791년 대사헌 대사간으로 적극적으로 언로정치를 시행하였다. 1791년 동지겸 사은부사로 청나라에 다녀왔으며, 이듬해에 강화부 유수로 부임했으나 임지에서 죽었다. 예론에 정통하였으며 시작에도 능통하였다. 문집으로는 일선와고(一蟬窩稿)가 전하는데, 그는 당대의 예론대가처럼 삼성사의 수리와 제식(祭式)을 강조하였다.

33) 이시원(李始源)은 刑曹判書를 지낸 이민보(李敏輔)의 아들로 1777년(正祖 1년) 사마시(司馬試)에 합격하였고, 병조판서(兵曹判書) 겸 예문관(藝文館) 제학(提

제하고 친찬(親撰)하였다.

평안감사 김문순(金文淳)[34]은 3월 초3일 실화로 인해 막대한 피해를 입었고, 숭인, 숭령전을 보호에 만전을 기하라 하였다. 이에 위유사를 보냄과 동시에 행부호군 이상황(李相璜)[35]을 파견하였다. 이

學)에 이르러 죽었다. 이러한 그가 경기도 광주판관(廣州判官)으로 있을 때 백제(百濟) 시조묘(始祖廟)가 마전(麻田)의 숭의전(崇義殿)이나 숭례전(崇禮殿)의 예와 같이 묘(廟)의 액호(額號)와 같이 정액을 함을 계언하였다. 정조는 그의 작품을 보고 참으로 대제학의 자격자라고 격찬하였다.

이에 장황하나 그의 상소문을 여기에 옮겨 보면 다음과 같다.

修百濟始祖廟號曰崇烈殿 廣州判官李始源啓言 本府有百濟始祖廟 而尙闕稱號事體屑越 依麻田崇義殿平壤崇靈殿例 令藝文館定額號 自本府書揭爲宜 敎曰 歷代后王祀典之所 皆有稱號

如箕子之崇人殿 檀君東明王之崇靈殿 新羅始祖崇德殿 高麗始祖崇義殿是也 獨於百濟始祖之廟 尙闕殿號 不但爲欠事以名諱 權稱於公私文跡 褻瀆莫甚 旣覺之後 宜卽釐正 以崇烈殿稱號 文獻備考大典通編五禮儀等書 卽爲洗補 適因登筵 已有下敎 殿扁命大臣書之揭號日 遣守臣致祭 祭文當親撰矣. 正祖實錄卷43 正祖19年9月丙寅.

34) 김문순(金文淳)은 평양감사로 있을 때인 삼월 초삼일 진시(辰時: 오전 7시~9시 사이)에 평양성내 민가에서 실화로 때마침 남풍이 일어 민가 5천여 호, 공기관 107소 및 향교는 물론 수인전, 숭령전, 의화당, 주영 등이 모두 불탔는데, 쌀 1만 400석, 은자 2만 12백냥, 각종 군기 2만 6천여 건, 연철환(鉛鐵丸) 34만여 개, 화약 6천7백여 근 등도 불탔다. 판부사 이시수(李時秀)가 아뢰기를 그 가운데 숭인, 숭령, 양전에 대해 각별히 유의해야 함을 강조하였다. 이때의 보고상황은 다음과 같다.

平安監司金文淳 以三月初三日辰時 平壤城內民家失火南風大作 烈焰所蔓 自隆興部 至大興部 民家五千餘戶 公廨一 百七所及鄕校崇靈殿崇仁殿宜化堂澄淸軒中營 皆入灰진 而被燒各穀折米一萬四百石零 銀子二萬一千二百兩零 軍器各種二萬六千餘事 鉛鐵丸三十사萬餘箇 啓 召見時原任大臣備局有司堂上 上曰 外而平壤之失火 內而法殿之告灾 去益驚心矣 判府事李時秀曰 許多被灾之中 崇仁崇靈兩殿所重尤自別矣 上曰 慰諭使當送之 而慰安祭亦當設行時 秀曰 奉命之臣 固當擇送 行副護軍李相璜可合矣 從之 以李相璜差平壤府慰諭使 召見遣之. 純祖實錄 卷46 純祖 4年 3月 丙申乙未

무렵 이른바 안동김씨 일가의 척리정치(戚里政治)[36]가 시작되었다.

이로써 단군(檀君)의 고사(古史)와 경전(經傳)이 자취를 감춘 듯 하였으나, 실은 그 같은 일은 없었다. 경사재앙(經史災厄)은 조선왕조에 들어서면서도 인위적인 재앙(災殃)으로 이어졌다.

고종이 등극하면서 단군과 기자조선 이래 그 유훈을 받들어왔다. 그러한 실례는 고종 9년(1872)에 우의정이 된 한계원(韓啓源)[37]의 예(例)에서 확연히 드러났다. 숭인(崇仁), 숭령(崇靈) 두전(二殿)은 근 10년 되는 오랜 종사자가 사만(仕滿)이 되면 15년이 되었는데, 내직(內職)으로 옮겨주는 것이 가하다 하였으며, 영의정 이유원(李裕

35) 행부호군(行副護軍)으로 이상황(李相璜)은 효령대군 후손으로 1833년(순조 33년) 영의정을 지냈음.

36) 척리정치(戚里政治)란 임금의 내척(內戚)과 외척(外戚)의 정치간여(政治干與)를 말함. 안동 김씨의 척리정치(戚里政治)의 시초를 마련한 이로 순조임금의 장인이 되어 순조(純祖)를 보좌, 내외의 칭송을 받은 인물이다.
단군, 기자에 대해 언급하기를 숭령전에 참봉이 2이고 숭인전에는 전감(殿監)이 1로 선우씨가 세습하는 데 본도인 위주라 한다.
나라 밖으로는 식민지로 전락하는 비운을 맡게 되었다. 1919년 1월 21일 한 많은 일본인에게 독살당하는 비운을 맞게 되었다. 여기에 고종도 역시 동명왕 후손 기자 후예들이 숭령전, 숭인전, 참봉이 세습되어 전례에 따라 시행함이 어떨는지 문의함에 고종왕도 윤허하였다 한다.

37) 한계원(韓啓源)은 1835년(헌종 1년) 別試文科에 及第, 이듬해 弘文館 관원으로 발탁되었다. 1840년 陳慰兼進香使行 때 書狀官으로서 完昌君과 尹命圭를 수행하였다. 1854년(철종 5년) 이조참의를 지냈으며 1858년 純元王后인 趙大妃의 因山 때 陪從承旨로 수행하여 加資되었다. 1861년 대사헌에 이르렀으나 이듬해 경상좌도 암행어사 任承準이 그가 전에 경주 부윤 때 進貢載減을 임의로 변경하여 처분하였다고 서계를 올려 죄를 받았다. 1864년(고종 1년) 요직을 두루 거쳤고 1862년 우의정에 이르렀는데 이후에 김제군에 유배되었고 1년이 못 되어 방면, 1874년 敍用되었다. 1879년 判府事로, 1882년 영중추부사를 지냈다. 高宗實錄 卷34 建陽 元年 8月 14日.

元)[38]이 말하기를 숭인, 숭령 두 곳의 전관은 90삭(朔)에 내천(內遷)하던 것을 60삭으로 전보하는 것이 어떠하냐 함에 고종은 윤허하였다.

조선시대 말 고종[39]은 대왕대비전에 책보를 올리면서 세부단군입병요(歲符檀君立竝堯)라 칭하며 높여 불렀고, 의정부에서는 평안감사 민병석(閔丙奭)[40]이 장계를 올려 알리기를 동명왕 후손과 기자의 후예들이 숭령전과 숭인전의 참봉이 세습되어 왔는데 전례에 따라

38) 이유원(李裕元)은 조선시대 말기의 대신으로 저서에 임하필기(林下筆記) 30권이 있다.

39) 흥선대원군 둘째 아들로 태어난 고종이 12세의 어린 나이로 즉위함에 섭정이 가능해졌다. 쇄국정책과 경복궁 중건 등으로 민생을 도탄에 빠뜨리는 등 과오도 적지 않았다. 그러나 고종의 등극 이후 10년이 지나자 대원군은 하야하고 고종의 친정이 시작되면서 조정은 개화당과 사대당의 알력이 심해졌다. 청·일 두 나라 간의 충돌의 위기를 만들었고 청일전쟁에 승리한 일본은 1904년 노일전쟁이 일어나자 일본의 강압이 날로 심해지고 이른바 을사보호조약이 체결되면서 외교권을 일본이 관리하게 되었다.

40) 민병석(閔丙奭)은 철종 9년(1858년)에 민영위(閔泳緯)의 손자로 태어났다. 아버지는 민경식(閔敬植)이다. 1880년(고종 17년)에 문과에 급제한 뒤 1883년 승지, 1884년에 참의군국사무(參議軍國事務)에 등용되었다.

갑신정변(甲申政變) 이후에는 도승지로 민응식과 상의, 張殷奎를 일본에 밀파해 망명 중인 金玉均을 암살하려 했으나 실패하였다.

1886년부터 協辦內務府事, 한성부좌윤, 예조참판, 育英公院辨理, 강화유수 등을 지냈다. 1889년에는 평안도관찰사로 임명되어 1894년까지 평양에 있었다. 이 당시 當五錢을 발행하여 趙秉世의 탄핵을 받기도 하였다. 1894년 대원군의 밀서를 받아 淸將과 내통, 일본세력을 축출하려 하였으나 실패하고 1895년 원주에 유배되었다.

1895년 민씨 척족세력의 부활과 함께 사면된 뒤 군부대신, 학부대신, 궁내부대신, 철도원총재 등의 요직을 거쳤다. 관직 외에도 대한천일은행, 직조단포주식회사, 농업회사 등의 조직과 경영에 참여하는 한편, 1905년과 1909년 두 차례에 걸쳐 일본을 시찰하였다. 1910년 일제가 우리나라를 강점한 이후에는 일제로부터 자작의 작위와 은사금을 받고 李王職 長官과 中樞院議官을 지냈다. 서도가로도 이름이 났다.

시행함이 어떨는지 문의함에 왕이 윤허하였다.

그런가 하면 대왕대비의 존호를 책보에 올리면서 단군이 무진년에 내려왔다고 하고, 역대 시조에 대해서는 춘추로 중월에, 기자와 동명왕릉에는 한식(寒食)에 제(祭)를 올렸고, 삼성사에서는 팔월(八月)에 제를 지냈음을 알려주고 있다. 순종(純宗)[41]이 등극하면서 이용석(李容晳)이 관사인(關西人)으로 단군이 예양지풍(禮讓之風)을 일으켰고 기자는 어질고 화합한 전대미문의 인물들이라 하여, 이 땅에서 단군과 기자숭앙을 폐지한다는 것은 있을 수 없는 일이니 헤아려주시기를 바랄 뿐이라 아뢰었다. 유생출신의 진사 이수병(李秀丙) 등도 이어서 상소하기를, 단군은 뛰어나 요(堯)와 같은 시기에 나라를 세웠고 기자 역시 예악문물을 편 지 4천 년이 되었다 하다.(高宗實錄 卷36 光武 元年 9月 30日)

궁내부 특진관 민영준(閔泳駿)[42]이 상소하기를 단기(檀箕) 이래 3~4천여 년 대업을 이룩하는 데 끊임이 없었다 한다. 의관 백호섭 역시 상소하기를 평양은 단군, 기자 · 동명왕 등 세 성인의 건도지(建都地)로 개국 이래 천여 년이 되는 지세(地勢)로 읍지나 여타 관서문헌에 기재되어 있어 숭앙되어야 할 곳이라 아뢰었다.

이전의 도정(都正)을 지낸 원세순(元世洵)[43]도 맥락을 같이한 소

41) 순종은 고종임금의 둘째 아들로 태어난 명성왕후의 소생으로, 1907년 고종의 양위를 받아 즉위 후 연호를 융희(隆熙, 46년)로 고치고 일제에 외교권을 빼앗긴 인물이다. 따라서 1910년 8월 29일 일본에 나라를 빼앗기고, 1926년 4월 25일 창덕궁에서 생을 마감하였다. 휘는 척(拓)으로 고종의 둘째 아들이다.

42) 민영준(閔泳駿)은 고종 때의 문신으로, 세력이 떨어지자 대원군과 결탁, 나중에 임자도(荏子島)로 유배당하였다.

43) 원세순(元世洵)은 도정(都正)을 지낸 인물이다.

(疏)를 올렸다.

순종은 등극 이후 평안남도 관찰사를 보내 치제하도록 하였는가 하면, 심지어 일진회 주구인 이용구[44]는 자칭 1백만 회원을 갖추었다 하면서, 한일합방 성명서 가운데 단군 삼사천년 역사와 조선시대 5백 년의 사직을 보존하고 민족을 안도케 하라 하였으며, 순종임금은 합방을 결심, 삼천리 강산의 국사(國事)를 더 이상 잇게 할 수 없다고 함으로써 사실상 대한제국의 막을 내렸다. 이로써 1897년 10월 12일에서 1910년 8월 29일까지 사용한 국호는 마감되었다.

이재순(李載純)[45]은 궁내부대신(宮內府大臣)을 지내면서 조칙(詔勅)을 내리고 역대 시조와 기자 동명왕릉의 치제일(致祭日)을 각기 중복되지 않게 하였다. 이 같은 이재순은 원래 종친으로, 영평군(永平君) 경응(景應)에 입양(入養)하여, 1868년(고종 9년)에 종친정시(宗親庭試) 문과(文科)인 을과(乙科)에 급제(及第) 후 여러 벼슬을 거쳐 1878년 병조참의를 지냈다.

순종은 고종임금의 둘째 아들로 태어난 명성왕후의 소생으로, 1907년 고종의 양위를 받아 즉위 후 연호를 융희(隆熙)[46]로 고치고 일제에 외교권을 빼앗긴 인물이다. 따라서 1910년 8월 29일 일본에 나라를 빼앗기고, 1926년 4월 25일 창덕궁에서 생을 마감하였다.

---

44) 이용구(李容九)는 일진회(一進會) 회장으로 光武 10년에 시천교(侍天敎)를 만든 인물이다.

45) 이재순(李載純)은 조선시대 말 궁내부 대신으로 훈 1등에 채록되었다.

46) 융희(隆熙)는 大韓帝國의 마지막 年號로 1907년부터 1910년 한일합방 때까지 사용되었던 연호이다.

4. 그 밖의 관찬사료(官撰史料)

신증동국여지승람(新增東國輿地勝覽)[47]이 제9대 성종(成宗) 12년(1481년) 왕명에 의해 조선 각 도의 지리, 풍속 등에 관해 노사신(盧思愼), 강희맹(姜希孟), 양성지(梁誠之) 등이 편찬한 우리나라 지지서(地誌書)이다.

당시 책 이름은 동국여지승람[48]으로 전체 책 분량은 50권이었다. 이후 11대 왕이 된 중종은 1531년(中宗)에 이행(李荇)[49] 등이 이 책을 증보하게 되자, 새로 증보하였다는 의미에서 신증동국여지승람이라 불리게 되었는데, 이 책은 5권이 더해져 전체 분량은 55권이 되었다.

일성록(日省錄)[50]은 조선시대 정조대로부터 말기까지의 역대임

47) 신증동국여지승람(新增東國輿地勝覽)은 55卷 25册의 印本으로 1530년(중종 25년) 상기서를 간행하였다.

48) 동국여지승람(東國輿地勝覽)은 1486년(성종 17년)에 여지승람 50권을 완성한 후 이를 다시 정정하여 35권을 발간하였다. 이는 신증동국여지승람(新增東國輿地勝覽)보다 앞서 나온 지리서이다.

49) 이행(李荇)은 1515년 폐비 신씨(愼氏)의 복위를 극력 반대하였다. 기묘사화 이후 공조참판 대제학에 임명되었고, 1527년 우의정이, 1530년 좌의정이 되었다. 함종(咸從)으로 귀양갔다가 그곳에서 병사하였다.

50) 일성록(日省錄)은 영조 28년부터 1910년까지 주로 국왕의 동정과 국정을 기록한 일기로 2327책으로 필사본이다. 국보 제153호로 현존하는 것은 1760년부터의 기록이며 왕의 입장에서 편찬한 일기의 형식을 갖추고 있다. 그러나 실질적으로는 정부의 공식기록이다. 정조(正祖)는 각종 기록을 통하여 이를 집대성하여 국가의 의례, 과거의 답안, 신하들의 상소문들을 종류별로 모아 책으로 엮게 하였다.

승정원일기와 구별되는 공적인 기록으로 후대에 전하고자 하는 의도를 밝혔다. 조정에서는 1966년부터 古典叢書의 고종 연간과 1851년과 1852년의 기록이 影

금의 언동을 기록한 책으로, 세손 때부터 일기를 기록하기 시작하고 왕위에 오른 후에는 국내 준재(俊才)들을 많이 모아 규장각을 설치하고, 모든 기록을 각 신들에게 대편(代編)을 스스로는 필삭(筆削)을 가하여 왕인 자신의 언동을 기록하였다. 일성록은 2375권으로 사본(寫本)이 전해진다.

여기에 단군, 기자묘에 승지를 보내 설제(設祭)를 했는가 하면, 숭령전에 도신(道臣)들을 보내 치제(致祭)하고, 봄에 삼국의 시조 및 왕릉에 봉심(奉審)하게 하였고, 강동현에 있는 단군묘를 수호(守護)하였고, 삼성사에 제품식을 수의(收議)하게 하였다.

정조 3년조에 의하면 경연관 송상덕(宋象德)의 계언(啓言)에 의해 승지를 보내 치제치례(致祭致禮)하도록 하고 있다. 정조 5년에는 도신(道臣)으로 하여금 삼성사(三聖祠)에 치제토록 하였으며, 이해 12월 초6일에는 단군, 기자, 삼국의 시조와 고려의 시조급을 비롯해 여러 왕릉에 봄을 기다려 봉심(奉審)하도록 하였다.

정조 10년 승지 서영수의 啓言에 의해 단군숭앙심을 일깨웠고 예조에서는 삼성사(三聖祠)에 제품(祭品)·제식(祭式)에 대해 논의하게 하였다. 그 밖의 사료로 삼국사절요(三國史節要)[51]는 "단군에 관

印된 바 있으며, 1982년부터 서울대 도서관에서 첫 부분부터 영인 간행해 오고 있다.

여기에 숭령전, 삼성사 등 春秋茶禮에 관한 숭앙정신을 담고 있다. 日省錄등은 발음이 같은 서명으로 나오고 있다. 日省錄 正祖 5年 11月 28日과 한국정신문화원, 민족백과사전, 1991판, 권18, pp. 637~638을 참조하기 바란다.

51) 삼국사절요(三國史節要)는 조선 세조 때 착수한 것을 성종이 이어받아 노사신(盧思愼), 서거정(徐居正), 이파(李坡), 김계창(金季昌), 최숙정(崔淑精) 등에게 명하여 완성한 책으로 삼국사의 요점을 편년체로 쓴 책으로 14권 7책으로 된

한 기사가 여러 곳에 보이게 하였으며, 또한 우리나라의 왕조변천사에 관해 언급하고 있어 주목되고 있다." 노사신(盧思愼), 서거정(徐居正), 이파(李坡), 김계창(金季昌), 최숙정(崔淑精) 등에 명해 완성(完成)한 것인데 이때가 성종 7년(1476年)이다.

그 내용은 단군조선에서 시작하여 삼국의 멸망까지를 다룬 편년체의 역사책으로 을해자(乙亥字)의 주자로 인쇄하였다. 1476년 12월에 삼국사절요(三國史節要)라는 이름이 지어졌는데, 여기에는 단군조선에 대한 신화는 인용되지 않고 있다.

증비문헌비고(增補文獻備考)[52]는 140여 년에 걸친 천문(天文) 지

인본(印本)이다.
그 내용은 朴赫居世 원년으로부터 고구려, 백제의 사적과 뒤섞여 신라 경순왕 9년 망할 때까지로 992년간의 通史이다. 전(箋)의 원뜻은 길흉이 있을 때 임금께 아뢰던 四六體의 글로 篆注란 본문의 뜻을 풀이함을 그 글의 전주(篆註)를 의미한다. 삼국사기에 실려 있지 않은 부분이 보다 많이 있어 참고될 만하다.

52) 증보문헌비고(增補文獻備考)는 역대 상고로부터 대한제국 말기까지의 문물제도를 분류 정리한 책이다.
進增補文獻備考 卷首를 비롯하여 [增補文獻備考 卷十三 輿地考 一] [增補文獻備考 卷六十四] [禮考百七十四 交聘考 四] [增補文獻備考 進增補文獻備考表] 250권 50책을 1903년(광무 7년) 찬집청(撰集廳)을 두고, 1908년 30명의 문사들에게 문헌비고를 보수하게 하였다.
증비문헌비고(增補文獻備考)는 140여 년에 걸친 天文地理에서 內治·外交에까지 이른 前代未聞의 전고(典故)를 집대성한 傳統文化의 百科全書이다. 1908년 250卷 50冊으로 刊行된 活字本인데 26.7×17.7 사행쌍변(四行雙邊), 반엽광곽(半葉匡廓) 20.4×13.3 10行 每行 27字 注雙行 版心 上黑魚尾로 서울대 奎章閣에 소장되어 있다.
내용은 역대의 역법에 관한 상휘고(象緯考) 12권을 비롯하여 여지고(與地考) 27권, 제계고(帝系考) 14권, 禮考 36권, 樂考 19권, 兵考 10권, 刑考 14권, 田賦考 13권, 財用考 7권, 戶口考 2권, 市糴考 交聘考 13권, 選擧考 18권, 學校考 12권, 職官考 28권, 藝文考 9권 등이다.
전체 분량은 100권으로 인쇄까지 하였으나, 체재가 서로 어긋나 사실의 소략과

리(地理)에서 내치(內治) 및 외교(外交)에까지 이른 전대미문(前代未聞)의 전고(典故)를 집대성한 전통문화(傳統文化)의 백과전서(百科全書)이다.

이 책은 1908년 250卷 50册으로 간행된 활자본(活字本)인데 26.7×17.7 사행쌍변(四行雙邊) 반엽광곽(半葉匡廓) 20.4×13.3으로 매 행 10행(行) 27자(字) 주쌍행(注雙行)이며 판심(版心)은 상흑어미(上黑魚尾)로 서울대 규장각(奎章閣)에 소장되어 있다.

증보문헌비고(增補文獻備考)는 박용대(朴容大)[53] 등이 1908년에

착오 등이 많아 1782년(정조 6년) 왕명으로 재편에 들어갔다. 그러나 즉위 후의 사실이 많이 빠져 계속 보완 · 증보의 작업이 지속되었다. 이 책은 앞의 13考의 물이(物異), 궁실(宮室), 왕계(王系), 씨족(氏族), 조빙(朝聘), 시호(謚號), 예문(藝文) 등 7고(考)를 더하여 총 20고 146권을 이루었으나, 간행되지 않았다.

大韓帝國時期의 증보문헌비고의 편찬은 1894년 갑오경장으로 문물제도가 크게 바뀌어 이를 반영시키기 위하여 증정동국문헌비고를 개찬한 것이다. 1903년 1월 법무국장 金錫圭의 건의가 채택되어 홍문관 안에 찬집소(纂輯所)를 두고 박용대(朴容大), 조정구(趙鼎九), 김교헌(金敎獻), 김택영(金澤榮), 장지연(張志淵) 등 33인이 찬집을, 박제순(朴齊純) 등 17인이 교정을, 한창수(韓昌守) 등 9인이 감인(監印)을, 김영한(金英韓) 3인이 인쇄를 맡아 5년 만에 완성시켰다.

개찬의 결과 250권으로 양은 늘어났으나 분류는 줄어 상위 12권, 여지 27권, 제계(帝系) 14권, 예(禮) 36권, 악 19권, 병 10권, 형 14권, 전부(田賦) 13권, 재용 7권, 호구 2권, 시적 8권, 교빙 13권, 선거 18권, 학교 12권, 직관 28권, 예문(藝文) 9권 등의 16고(考)로 되었다.

이 책은 1908년(융희 2년)에 간행되었고, 동서(同書) 증보문헌비고에서 朝鮮自平壤檀君肇國 箕子受封 皆都平壤凡一千二百二十一年이라 하여 단군숭앙을 잊지 않고 있다. 〈增補文獻備考 卷六十四禮考十一〉 참조.

53) 박용대(朴容大)는 朴世秉의 아들로 태어나 1869년(고종 6년) 정시문과에 급제, 1875년 호조참의, 이듬해 이조참판이 되었다. 1894년 갑오개혁에 참여하여 제도개혁에 일익을 담당, 1903년 문헌비고 찬집소당상(文獻備考 纂輯所堂上)에 임명되었고, 1905년 법부대신이 되었다. 1906년 규장각제학이 되어 문헌비고를 편찬 완료, 고종에 진상하였고, 1910년 병합 때 男爵을 받았다. 9권 45쪽.

저술한 책인데 내용은 역대의 역법에 관한 상휘(象緯) 12권을 비롯하여 여지고(與地考) 27권, 제계고(帝系考) 14권, 예고(禮考) 36권, 악고(樂考) 19권, 병고(兵考) 10권, 형고(刑考) 14권, 전부고(田賦考) 13권, 재용고(財用考) 7권, 호구고(戶口考) 2권, 시적고(市糴考)·교빙고(交聘考) 13권, 선거고(選擧考) 18권, 학교고(學校考) 12권, 직관고(職官考) 28권, 예문고(藝文考) 9권 등이다.

이러한 進增補文獻備考 卷首에 我邦文獻之傳 尤重歷代典章之攷 檀君闢千年之國邈矣 並立於堯時 箕聖敷八條之敎 庶乎足徵於殷禮 性近壤接 漢唐之文物이라 하였다.

進增補文獻備考 原編進箋에는 宜特作一書 修而明之 會而通之 名曰大韓會典 以揭檀箕以來四千年刱有之盛事 自成一代之鋸典 以遺我後嗣 皇萬世關和 則揭不休哉라 하였다.

增補文獻備考 卷十三 輿地考 一에는 東方 自檀君而下 敎條明行於箕封 繇羅國以還儀文寖備於麗代 時固有隆替之異 天乃啓休明之期하였으며, 歷代國界에 대하여 檀君朝鮮國 三國遺事曰 初都平壤 後徒白嶽之唐藏京(白嶽 今文化縣 九月山 本名闕山 以有宮闕遺址也 後緩聲乎之 訛爲九月山 又訛爲藏藏坪) 高麗史地理志에 江華縣西摩尼山頂 有塹城壇 世傳檀君祭天壇 傳燈山有三郞城 世傳檀君命三子而築之라 하였고, 東史에 檀君命彭吳治國內

세조 때 조선시조단군지위(朝鮮始祖檀君之位)가 조선시조기자지위(朝鮮始祖箕子之位)로 바뀌면서 이 국조신(國祖神)에 갈등은 조선시대 전 역사를 통하여 중요한 이슈(issue)가 되었다.

山川 以奠民居 本紀通覽 牛首州(今春川)有彭吳碑라 하였다.

續臣謹按 東史所見彭吳 與漢史所載通道將軍彭吳 穿濊貊朝鮮者同名 柳得恭懷古詩賦此云 堯時君命漢時臣 盖謂東史誤認漢事爲檀君事也라는 글은 동사(東史)가 오인(誤認)한 것이라 하였으며, 又按三郞城 檀君鴻荒之世 未必有築城之事 豈其事在檀君子孫 而後人誤指爲檀君歟 扶餘國 臣謹按東史 扶餘有四 一東扶餘卽帶素之國也 一北扶餘 卽解慕漱之國也 (一云 檀君之子解夫婁爲扶餘始祖) 一卒本扶餘朱蒙初來建國者也 一南扶餘卽百濟也에 대해서는 부여(扶餘)가 둘인데 주몽(朱蒙)이 세운 졸본부여(卒本扶餘)와 백제계인 남부여(南扶餘)가 그것이다.

增補文獻備考 卷二十三 輿地考 十一 山川에 文化…… 九月山雄鎭一方 石峯列立撑天 世傳檀君所都라 하였고, 增補文獻備考 卷二十六 輿地考 十四에 關防二 城郭京畿忠淸道江都鼎足山城一云三郞城 在南三十里 世傳檀君子三郞所築 本朝璿源閣史閣在其中 英祖十四年 改築城(周五里築七百五) 歷代紀年에 增補文獻備考 卷四十一帝系考二에 檀君名王儉 古記云 東方初無君長 只有九種夷 有神人降于太伯山(卽妙香山)神檀樹下 唐堯二十五年戊辰 立爲王 國號朝鮮 都平壤 後徒白岳(世號藏唐京在文化)이라 하였고, 商武丁乙未에 入阿斯達山(卽九月山在文化)爲神 아사달산에 들어가 신이 되었으며 在位 一千四十八年(或云 商武丁甲子徒于濊地 子孫相傳凡千有十七年 或云 享國一千二十一年 壽一千九百八歲 洪武丙子 吉昌君權近奉使朝明明高皇帝命製檀君詩 近應製曰傳世不知幾 歷年曾過千 世以爲實記云) 1048년이라 하였다.

增補文獻備考 卷四十六帝系考七에는 附氏族一檀君時 余守己爲濊國君長 九子分掌諸君 而有功於衆民 故從衆人邊賜姓徐氏라 하고, 增補文獻備考 卷六十一禮考八에는 諸壇一에 附祭天地日月星辰 檀君祭天處 世傳在江華摩尼山頂斬城(一本作參星)壇累石築之 高十尺 上方下圓 上徑六尺六寸 下徑十五尺 增補文獻備考 卷七十禮考十七에 山陵 檀君墓 在平安道江東縣西三里 周四百十尺 臣謹按輿地勝覽云 在江東 此雖無端的證據 而自右相傳之說 必有以也 續 本朝正祖十年 置守護軍二名 定禁標三十步 補 英祖二十二年 命自檀君至前朝諸王陵 令道臣待秋修治 自儀曹降香致祭 補三十九年 命修檀君箕子及新羅百濟高句麗始祖之陵라 하고 단군숭배를 하고 있다.

四

사찬(私撰)과 문집류(文集類)

四. 사찬(私撰)과 문집류(文集類)

1. 대표적(代表的)인 사찬(私撰)

삼국유사는 승(僧) 일연이 말년인 1270년경에 서술하였다. 기이(紀異) 제일권 고조선기(古朝鮮記)의 고기(古記)인 위서(魏書)를 다음과 같이 인용함으로써 단군조선(檀君朝鮮)의 건국에 대해 기술하였다.

"古記云 昔有桓國[謂帝釋也]庶子桓雄 數意天下 貪求人世 父知子意 下視三危太白 可以弘益人間 乃授天符印三箇 遣往理之 雄率徒三千 降於太白山頂[卽太白今妙香山] 神檀樹下 謂之神市 是謂桓雄天王也 魏書云 乃往二千載 有檀君王儉 立都阿斯達 開國號朝鮮 與高同時"

"그 옛날 환(桓)나라가 있어 여러 아들 가운데 가장 뛰어난 서자(庶子 환웅(桓雄)이 천하를 도모하고자 함에 부왕(父王)은 그의 의도대로 동족(同族)들의 대부(大夫)와 제부로(諸父老)들을 향해 말하기를 삼위(三危)의 땅에 인간사회를 크게 이롭게 할 수 있을 것이다"라고 하였다.

이에 천부인(天符印)을 주고 무리 3천을 주어 태백산정 신단수 밑에 내려 그곳을 신시(神市)라 하니 이이가 환웅천왕이시다. 이에 대해 위수(魏收)는 이들에 대해 없어진 자료들을 더 수집하고 후사(後事)를 계속 보완해 이 책을 완성하였다. 이후 많은 사람들이 기술에 부실함이 있다 하나 믿을 수 없는 노릇이다.

이상이 단군왕검의 탄생과 입도(立都)한 이후의 기록들이다. 또한 환웅천왕이 풍백, 운사, 우사 등이 곡(穀), 명(命), 병(病), 형(刑), 선악(善惡) 등 무릇 인간들이 부닥칠 360여사(餘事)를 맡아서 다스리며 교화(敎化)하였다고 한다.

여기에 단군조선의 건국시기에 대하여 그 기원의 틀림을 말하였다. 즉 고(高)가 당나라 요임금을 말하는데 고려 삼대왕인 정종(定宗)의 이름이 요(堯)인 까닭에 기휘(忌諱)하여 요(堯) 대신 고(高)자를 사용한 것인데, 이를 빌미로 이마니시(今西龍) 등 일제 어용학자들의 주장으로 "일연의 조작된 것"이라 함은 단군사를 말살하기 위한 궤변(詭辯)에 불과한 것이다.

또한 고려 공민왕 때의 충신인 백문보(白文寶)는 1361년(공민왕 10년) 홍건적(紅巾賊)의 난에 의해 사국(史局)에 있던 사고(史庫) 실록 대부분이 없어졌으며, 공민왕은 충주에 머물러 있었다.

우왕의 사부(師父)로 있었던 백문보가 직산군(稷山君)에 피봉되었는데, 군(君)은 고려와 조선시대에 임금의 서출(庶出)이나 왕자의 가까운 종친(宗親) 또는 공로(功勞)가 큰 신하에게 주는 작위(爵位)를 말하는데, 고려 때에는 종일품(一品)까지였으며, 조선시대에는 정일품에서 종2품까지였다. 왕위에 있다가도 쫓겨나게 되면 군(君)으로 강칭(降稱)되는데, 예컨대 연산군(燕山君)이나 광해군(光海君) 등을 들 수 있다.

단군과 관련해서 마리산(摩利山)이 있는데 부(府)의 남쪽에 위치해 있다고 하며, 전등산(傳燈山)은 세전(世傳)에 의하면, 단군이 세 아들에게 명하여 이 단(壇)을 쌓았다고 하는데(在府南 山頂有塹星壇 世傳檀君祭天壇), 傳燈山(一名三郎城 世傳檀君使三子築之)이 있다고 하면서 개국(開國)한 지 3600년(三千六百年)이 되었다고 한다. [高麗史 卷一百十四 池龍壽傳]

제왕운기는 고려 충렬왕 때 이승휴가 지은 것으로 처음으로 간행하였고, 공민왕 때 중간(重刊)되었으며, 조선시대에 들어와서 태종 7년인 1417년에 세 번째로 간행되었다.

이 책은 상하 두 권으로 되어 있는데, 상권에는 반고(盤古)로부터 금(金)나라까지의 역대 사적을 7언시로, 하권에는 우리나라를 2부로 나누어, 제1부 동국군왕개국연대라 하여 단군 이후 후조선, 위만, 4군, 삼한, 신라, 고구려, 부여, 후고구려, 백제, 후백제, 발해의 사실(史實)을 1460자에 달하는 7언시로 읊은 것이다.

여기에 2부에서는 본조군왕세계연대(本朝君王世系年代)라 하여 고려 시조로부터 충렬왕대까지의 사실을 5언시로 엮어 700언을 만들었으며, 하권에 단군에 관한 기록이 삼국유사와 함께 가장 오랜 것으로 평가받고 있다. 응제시(應製詩)는 그 주(註)와 함께 유명해졌는데, 1396년 명(明)나라에서 표(表)의 내용이 문제가 된다 하여 명(明)나라 태조(太祖)가 표(表)를 지은 사람을 불렀는데, 권근(權近)은 그 표의 윤색(潤色)에 참여했기 때문에 불려갔다.

이에 권근을 사면(赦免)하고, 문연각(文淵閣)에 머물게 한 뒤 잔치를 베풀고 시(詩)를 지으라 명하였는데, 황제 앞에서 지은 시가 있어 특별한 의미를 가진다 하여 유명해졌다. 이 시는 세 차례에 걸쳐 지은 것으로 1396년 9월 15일에 지은 8수, 9월 22일에 지은 10수, 10월 27일에 지은 6수가 전부이다.

9월 15일의 8수는 조선에서 명나라에 오기까지의 여정(旅程)에 관련된 시제(詩題)가 대부분으로, 이 시가 당시의 절대적 힘의 우위에 있던 명나라와의 외교적 마찰을 완화시켜 주는 데 있어 높이 평가되었으며, 작자 개인의 문명을 떨치는 계기가 되었다. 아울러 명작으로 소문이 났으며, 그 가운데서도 傳世不知幾 歷年曾過千이라는 문구는 더욱 유명하였다.

권람은 양촌 권근의 손자이며 우찬성을 지낸 제(踶)의 아들로 조부의 뒤를 이어 단군예찬의 응제시주(應製詩註)를 명제십수(命製十首)라 하여 시고개벽동이주(始古開闢東夷主)라 하여 문명을 높였다.

종래(從來)에는 기자대(箕子代) 동시호조선(同是號朝鮮)이라는 문구가 단군론을 기술하는 데 오랜 기간 읊어 내려온 구절이었으나, 이 시가 나온 이후 점차 사라졌다. 應製詩註 命製八首와 命製十首 始古開闢東夷主의 내용은 다음과 같다.

應製詩註 命製八首

道經西京(西京卽平壤府 本三朝鮮舊都 檀君始都 是謂前朝鮮 解見下始古開闢東夷主 註)……

情懷造到天心處 水勢無波戌不攻(……先是扶餘王解夫婁檀君之子也)

[應製詩註 命製十首 始古開闢東夷主]

始古開闢東夷主(自註 昔神人降檀木下 國人立以爲王 因號檀君 時唐堯元年戊辰也) (增註 古記云 上帝桓因 有庶子曰雄 意欲下化人間 受天三印 率徒三千 降於太白山神檀樹下 是謂桓雄天王也 桓或云檀 山卽今平安道熙川郡妙香山也 將風伯雨師雲師 而主穀主命主病主刑主善惡 凡主人間三百六十餘事 在世理化 時有一熊人形 同穴而居 常祈于雄 願化爲人 雄遣靈艾一炷 蒜二十枚曰食之不見日光百日 便得人形 熊虎食之 虎不能忌 而熊忌三七日得女身 無與爲婚 故每於檀樹下 呪願有孕 雄乃假化爲人 孕生子曰檀君 與唐堯同日而立 國號朝鮮 初都平壤 後都白岳 娶非西岬河伯之女 生子曰夫婁 是爲東扶餘王 至禹會諸侯塗山 檀君遣子夫婁朝焉 檀君歷虞夏至今存焉(至商武丁八年乙未 入阿斯達山化爲神 今黃海道文化縣九月山也 廟至今存焉 享年一千四十八年 厥後一百六十四年己卯 箕子來封) 聞說鴻荒日(鴻胡孔節 厖鴻未分之

象 楊子鴻荒之世) 檀君降樹邊 位臨東國土 時在帝堯天(堯唐帝名 帝嚳之子也 初爲唐侯 後爲天子 因以唐爲有天下之號也)

전세부지기(傳世不知幾) 역년증과천(歷年曾過千)이라는 시구(詩句)는 오랜 기간 잊혀지지 않고 애송(愛誦)하는 글귀가 되었다.

2. 다양(多樣)한 문집류(文集類)의 출간(出刊)

고려조(高麗朝)에서 삼국유사(三國遺事)의 고기류(古記類)에 실었던 단군관계 기사가 제왕운기(帝王韻紀)에 이어졌으며, 조선시대에 들어서면서 석왕사 꿈(夢)해석이나 금척설(金尺說)로 이어지다가 용비어천가(龍飛御天歌)[1]로 나타났다.

이 같은 사상은 세조 이후 고조선기록에 관한 제반 기록이 금서(禁書)로 규정되면서 일시 금지되었으나, 이 같은 조처는 역효과를 얻어 오히려 민간신앙으로 뿌리내려 이어졌고 제례(祭禮)나 치례(致禮)로 승화되었다.

이러한 때에 동국세년가(東國世年歌)[2]라는 노래가 있었는데, 여

1) 용비어천가(龍飛御天歌)는 1445년(세종 27년)에 편찬한 창업송영가(創業頌詠歌)로 10卷 5冊의 印本이다.
權踶, 鄭麟趾, 安止 등이 이씨 선조 여섯 분인 穆祖, 翼祖, 度祖, 桓祖, 太祖, 太宗의 事績을 노래로 옮겨 撰進한 것이다. 중국 고사에 비유 찬송하여 지은 노래이다. 총10권으로 노래는 125장으로 되어 있다. 여기에 本國與堯並立(檀君開國實唐堯之戊辰歲也)이라 하고 있다. 본 시(詩)는 15세기 언어, 문학을 연구하는 데 귀중한 자료가 되고 있다. 同書, 卷2, 卷6, 第16章, 第41章이 그 예이다.

2) 단군이 향국(享國) 1천48년이 되었으며 현재 묘(廟)가 아사달산에 있다고 하였다. 이 노래 가운데, 遼東別有一乾坤 山川風氣自區分 三方濱海北連接 中有萬里

기에 단군이 향국(享國) 1048년이 되었으며, 현재 묘(廟)가 아사달 산에 있다고 하였다. 이 노래 가운데,

遼東別有一乾坤 山川風氣自區分 三方濱海北連接 中有萬里之古國 厥初檀君降樹邊 始開東國號朝鮮(初有神人降檀木下 國人立以爲檀君 始爲檀君 初都平壤 後都白岳) 並與帝堯興戊辰(檀君開國實唐堯之戊辰歲也) 武丁乙未化爲神(檀君歷虞夏商 至商武丁八年乙未入阿斯達山爲神) 享國一千四十八 至今廟在阿斯達(阿斯達 (阿斯達 山名 一名九月山 在黃海道文化縣) 却後一百六十四 周武己卯箕子至라 하였다.

이어서 동국통감(東國通鑑)이 나왔는데, 이러한 사상은 사찬사료(私撰史料)인 야사류(野史類)에도 나타났다. 사찬(私撰)을 흔히 문집(文集)으로 비유하는데, 여기에는 그만큼 문집의 기능이 컸다고 할 수 있다.

문집은 개인 또는 여러 사람의 문장이나 시부(詩賦) 등을 모아 편집한 책으로 여기에는 개인적으로 오고 간 편지나 일기 등도 포함시킬 수 있다. 문집이 포괄하는 그 내용은 매우 다양하며 그 개념을 규정하는 일은 용이하지 않다.

之古國 厥初檀君降樹邊 始開東國號朝鮮(初有神人降檀木下 國人立以爲檀君 始爲檀君 初都平壤 後都白岳) 並與帝堯興戊辰(檀君開國實唐堯之戊辰歲也) 武丁乙未化爲神(檀君歷虞夏商 至商武丁八年乙未入阿斯達山爲神) 享國一千四十八 至今廟在阿斯達(阿斯達(阿斯達 山名 一名九月山在黃海道文化縣) 却後一百六十四 周武己卯箕子至라 하였다.

문집이란 용어는 원래 중국 양(梁)나라 완효서(阮孝緖)가 칠록(七錄)을 찬집할 때 분류항목 일곱 가지 가운데 문집록(文集錄)을 설정함으로써 분류항목의 명칭으로 쓰이기 시작하였다. 우리나라의 경우 별집을 주로 문집이라 부르는 경향이 있다.

여기에는 합고류(合稿類),[3] 유집류(遺集類),[4] 전집류(全集類: 저술을 많이 남긴 대학자의 전작물을 모은 것), 실기류(實記類)[5] 등을 포괄하는 것을 뜻한다고 볼 수 있다. 다시 말해 문집은 자가선양(自家宣揚)의 증표로서의 성격도 포함되어 있는 것이다.

문집을 간행할 때 당시 사회의 각종 상황에 비추어 문제가 야기될 수 있는 내용이면 편집과정에서 변개(變改) 또는 삭제(削除)하기 때문에, 진실 전달이 둔화(鈍化)되어 의심을 받고 있고, 사문난적(斯文亂賊)이라는 명분하에 파판(破板)하는 경우가 종종 있었다.

문집의 명칭은 표제명칭(表題名稱)과 분권명칭(分卷名稱)으로 나누어볼 수 있는데, 표제명칭은 표제나 내제에 붙이는 명칭을 말하며, 분권명칭은 문집의 분권과 간행의 선후에 따라 붙이는 명칭을 말한다.

---

3) 합고류(合稿類)는 개인의 시문(詩文), 기타 저작물의 경우 분량이 많지 않을 경우와 혈연과 학연을 통한 시문 등을 합본하여 만든 것을 말한다.

4) 유집류(遺集類)는 被傳者의 行績을 主로 하고 그가 남긴 詩文과 後人들의 頌讚詩文을 合하여 刊行한 것을 말하는데, 여기에는 때로 遺稿, 遺集, 逸集, 逸稿 等이 이에 속한다.

5) 실기류(實記類)는 被傳者의 行績을 主로 하고 그가 남긴 詩文과 後人들의 頌讚詩文을 合하여 刊行한 것이다. 양(梁)나라 완효서(阮孝緖)가 칠록(七錄)을 찬집할 때 처음으로 사용한 용어이다.
문집(文集)에 관해서는 민족문화대백과사전 〈제8권, pp. 441~443〉, 1991 참조할 것.

서간(書簡)의 경우 당시의 세태상(世態相)이 투영되어 있을 뿐만 아니라, 학문적으로 심오(深奧)한 이론을 개진하는 경우도 없지 않아, 철학, 문학, 사회 등 각 방면 연구에 기여하는 경우가 적지 않다.

우리나라 고서 중 약 절반 정도가 문집이다. 그만큼 문집의 비중은 높다고 할 수 있다. 이어서 동국통감(東國通鑑)[6]이 나왔는데, 이 동국통감(東國通鑑)은 세조 때 유신(儒臣)들에 명해 착수했으나 완성하지 못하였으며, 성종 15년(1484년)에 서거정(徐居正), 정효항(鄭孝恒) 등이 찬해 완성한 책으로, 사마광의 자치통감을 비롯하여 삼국사기와 삼국유사를 비롯, 기타 중국사료를 참조하여 저술하였으나, 충분한 조사를 못해 가끔 잘못된 것이 보이나, 편년체[7]이기 때문에

6) 성종 15년(1484)에 서거정(徐居正), 정효항(鄭孝恒) 등이 찬해 완성한 책으로, 사마광의 자치통감을 비롯하여 삼국사기와 삼국유사를 비롯, 기타 중국 사료를 참조하여 저술하였으나 충분한 조사를 못해 가끔 잘못된 것이 보이나, 편년체이기 때문에 읽기에 편리하여 널리 유행하였다. 동국통감(東國通鑑) 항목은 한국민족문화대백과사전, 제7권, pp. 181~182 참조.

7) 성현(成俔)은 1439년(세종 21년)~1504년(연산군 10년)은 지중추부사를 지낸 成念祖의 셋째 아들이며 이조판서를 지낸 成任의 동생이기도 하다. 重試에 급제, 지제학이 되었다. 필기잡록류(筆記雜錄類)에 속하는 책인데, 중종 20년(1525) 경주에서 간행되어 3권 3책의 필사본으로 전해오던 것이 1909년 조선고서간행회에서 간행한 大東野乘에 채록되어 널리 알려지게 되었다.
용재총화(慵齋叢話)는 고려에서 조선 성종대에 이르기까지 형성 · 변화된 민간풍속이나 문물제도, 문화, 역사, 지리, 학문, 종교, 문학, 음악, 서화 등 문화 전반에 걸쳐 다루고 있어 당시의 문화 전반을 이해하는 데 많은 도움을 주고 있다. 문장도 아름다워 조선조 수필 중 우수작이다. 1934년 계유출판사(癸酉出版社)에서 간행한 조선야사전집(朝鮮野史全集)에 한글로 吐를 달아 전재(轉載)하였다.
시화부분은 시화총림(詩話叢林)에도 들어 있다. 이 책은 필기잡록류(筆記雜錄類)에 속하는 내용인데, 1525년(중종 25년) 경주에서 간행되어 3권 3책의 필사본으로 전해오던 것을, 예문관, 성균관의 최고관직을 역임한 학자관료로서 폭넓은 학식과 관직의 경험을 바탕으로 이 책을 정리하였다. 그 내용은 고려로부터 조선

읽기에 편리하여 널리 유행하였다. 성현(成俔)은 용재총화(慵齋叢話)를 지었다.

내용은 신라 박혁거세를 비롯하여 고구려, 백제, 고려 공양왕에 이르기까지 1400여 년 동안 국토의 이합(離合), 성쇠(盛衰), 명교(名教), 절의(節義), 난적(亂賊), 간유(奸諛) 등의 사적(事跡)을 적고 따로 단군조선, 기자 · 위만 등의 고조선 및 한사군(漢四郡), 이부(二府), 삼한(三韓) 등을 외기(外記)로 하여 책 머리에 실었다. 이 책은 56권 26책으로 인본(印本)이며, 외기(外紀)의 내용인 단군조선(檀君朝鮮)은 다음과 같다.

그러나 다음과 같은 지적을 면할 수 없다. 단군조선에서 삼한시대까지를 외기(外記)로, 삼국의 건국으로부터 신라 문무왕 9년까지를 삼국사기, 669년에서 고려 태조 18년까지를 신라기, 935년부터 고려 말까지를 고려기로 편찬하였다.

이는 자료부족에서 오는 결함이 대부분이었다. 그러나 왕의 연대 표기를 즉위년으로 바꿔 당시의 사실과 맞게 고쳤고 필삭(筆削)정신을 자치통감강목에 따라서 절충시켰다는 특징을 내세울 수 있다.

그러나 불교, 도교, 민간신앙을 이단(異端)으로 배척, 팔관회 실시, 훈요십조 등이 비난하고 있다는 결점을 안고 있다. 이 책이 처음 나온 것이 1484년(성종 15년)이나 남아 있지 않으며, 1485년 개찬된 동국통감은 남아 있으나, 사림(士林)의 역사의식이 크게 투영된 사서로

성종대에 이르기까지 형성, 변화된 민간풍속이나 문물제도, 문화, 역사, 지리, 학문, 종교, 문학, 음악, 서화 등 문화 전반에 걸쳐 다루고 있어 당시의 시대상황이나 문화 전반을 이해하는 데 많은 도움을 준다. 각 권은 편차없이 서술되어 있으며, 권별의 구분도 내용과는 무관하다. 귀중한 민속학적 자료를 제공하고 있다.

평가된다. 이 책은 조선 초기 역사서술 완성의 의미를 지닌 것이라 하겠다.

성현(成俔: 1439~1504)은 용재총화(慵齋叢話)를 쓰면서 慵齋叢話 卷一에 董侍講王給事之來…… 至檀君廟 見東明王位版曰 此漢人也. 예종 시 經筵官이 되어 경사를 강론하였는데, 이 자리에서 慵齋叢話 卷一에 至檀君廟 見東明王位版曰 此漢人也라 하여 물의를 일으켰다.

삼탄집(三灘集)을 쓴 이승소(李承召: 1422~1484)[8]는 三灘集 卷十一 歷代年表序에 今達成徐居正公…… 患學者未能貫串乎經史 而尤蒙然於國事 於是 廣摭歷代諸史與夫海東雜誌 作爲年表 橫書甲子 以標歲年 竪書國號 以分內外 而排年繫事 始自高辛 終於皇明 而中國統紀明於上 起自檀君 迄于本朝 而東方興替 備於下 彼此相叅 而年代可考詳畧相因 而歡徵斯在라 하였다.

호를 梅月堂이라 한 金時習(1435~1493)[9]은 그의 詩集 卷九 遊關

8) 이승소(李承召)는 예조판서에 그쳤으나 박식하고 기억력이 좋았다. 신숙주, 강희맹 등과 함께 국조오례의(國朝五禮儀)를 완성하였다.

9) 김시습은 생육신의 한 사람으로 세종 17년(1435)에 태어나서 성종 24년(1493)까지 산 사람으로 부친은 김일성(金日省)으로 5세 때 이미 중용(中庸), 대학(大學)에 정통하여 사람들은 신동(神童)이라 일컬었다. 집현전 학사 최치운(崔致雲)이 그의 신동스러움을 보고 경탄, 시습(時習)이라 이름 지어주었다.
1455년 수양대군(首陽大君)이 단종을 쫓아내고 왕위에 올랐다는 소식을 듣고나서 문을 닫아걸고 사흘간(3日)이나 통곡하였으며, 세상을 비관하여 책을 불사르고 중이 되었다. 양주 수락산(水落山)을 비롯하여 여러 곳을 방랑하였다. 세조 때 변절(變節)하여 사육신(死六臣)을 고한 영의정 정창손(鄭昌孫)을 길에서 만나 면박을 준 일이 있었다. 세상사람들은 그와 사귀기를 두려워하였으나, 종실(宗室)인 이정은(李貞恩)과 남효온(南孝溫), 안응세(安應世), 홍용손(洪溶孫) 4명과는 시종 변하지 않았다.

西錄에 擬楚辭九歌 四首를 썼다. 동국사략(東國史略) 권1(卷一)에 단군조선(檀君朝鮮)에 관한 편년체의 사서(史書)를 썼다. 책의 내용은 개국 이래 고려 말까지 언급하고 있는데, 제1권에 단군에 관해 신인(神人)이 태백산 단목하에 내려와 무진년(戊辰年)에 국호를 조선이라 하고, 평양에 도읍, 아사달에 들어가 신(神)이 되었다 한다.

권근(權近)의 응제시(應製詩)를 논하고 유명한 傳世不知幾 歷年曾過千이라 하면서 대체로 세간에 전하는 단군의 수(壽)가 아니라 하였다(盖傳世歷年之數 非檀君壽也). 원문은 다음과 같다.

東方初無君長(只有九種夷) 有神人降于太白山(在今寧邊府卽妙香山)檀木下 國人立爲君(唐堯二十五年戊辰) 國號朝鮮(在東表日出之地 故曰朝鮮 索隱曰 以有山水故名) 都平壤 徙白岳 後入阿斯達山(今九月山)爲神 是爲檀君(名王儉 古記云 檀君與堯並立至商武丁八年 爲神 壽四千十八 然權近應製詩曰 傳世不知幾 歷年曾過千 盖傳世歷年之數 非檀君壽也).

김안국(金安國: 1478~1543)은 모재집(慕齋集)[10]을 남겼는데, 이

세조의 왕위찬탈을 들은 이후 세상의 허무함을 노래하였다. 선조(宣祖)께서 율곡으로 하여금 시습의 전기를 쓰게 하고 숙종 때 해동(海東)의 백이(伯夷)라 불렀다. 후에 중종은 이조판서를 추증하였다. 이러한 매월당 김시습은 그의 문집인 시집 권 9에 관서록(關西錄)을 싣고 단군묘를 노래하였다.

10) 모재집(慕齋集)은 김안국(金安國)이 한때 경상감사가 되어 머물던 읍의 향교에 소학을 나누어주어 가르치게 하였다. 기묘사화 때 이천(利川)에 내려가 후진 양성에 힘썼다.

金安國은 道學에 통달, 至治主義 儒學派를 형성한 이로 慕齋集 卷十一 記 文化

책 권11(卷十一) 기(記) 문화현이치기(文化縣移治記)에 "文化爲縣介在黃海之西裔 地雖僻 卽我東國始主檀君之故鄕 民風俗習 皆有賢聖之遺烈焉 固非他邑之比"라 하고 있다.

어촌집(漁村集)은 심언광(沈彦光: 1487~1540)[11]의 문집인데, 1536년에 쓴 권4(卷四) 서정고(西征稿)에 단군사(檀君祠)를 언급하면서 "神君肇開國 遠期堯甲子 千年有遺祠 蘋藻奉虔祀"라 하였다.

윤두수(尹斗壽: 1533~1601)[12]는 평양지(平壤誌) 권1(卷一) 연혁(沿革)에서

> "本府 本三朝鮮舊都 唐堯戊辰歲 神人降于檀木之下 國人立爲君 都平壤 號檀君 是爲前朝鮮 以享一國乎 知其說之誣也平壤誌卷一 祠墓에서 檀君祠를 언급하면서 東明王祠 一祠同宇 每春秋降香祝 祭以中祀 本朝世宗十一年始置 正殿三架四間 東行廊三間 西行廊二間殿直居處二間 大門三間 東西夾門各一 兩位鍮祭器 鉶六 爵六 香榼二 龍勺二 犧尊二 象尊二 簠四 簋四 疊尊二

縣移治記에 東國始主檀君之故鄕民風俗習 皆有賢聖之遺烈焉이라 하여 단군을 예찬하고 있다.

11) 심언광(沈諺光)은 어촌집(漁村集)의 작자로 유배 중이던 김안로를 극구 추천하여 유배에서 돌아와 예조판서가 되게 하였다. 이러한 심언광(沈諺光)은 호를 어촌이라 하여 어촌집을 남겼고, 소학의 보급, 실천을 주장하였다.

12) 윤두수는 군자감정(軍資監正) 변(忭)의 아들로 태어나 명종 때 庭試에 장원급제하여 1590년 평안도 관찰사로 있으면서 종계변무(宗系辨誣)의 공으로 광국공신(光國功臣) 2등으로 책록되고 임진왜란을 당하여 왕을 모시고 우의정·좌우정에 올라 군국의 정무를 지체없이 처리하였다. 이러한 윤두수가 평안도 관찰사가 되어 편집 간행되었다. 원지(原志)는 9권으로, 속지는 그의 후손 尹遊가 1730년(영조 6년)에 간행하였다.

香爐二 鍮香匙一"이라 하였다. 또 고려사(高麗史)에 "仁里坊有祠宇 以時降御押行祭 朔望亦令其官行祭 邑人至今有事輒禱 世傳東明 王聖帝祠 其言 本朝始置者 或未之考"라 하였다.

동사찬요(東史簒要)는 오운(吳澐: 1540~1617년)[13)]의 저작으로 이 책 권 1에 군왕기와 권7에 열전(列傳)으로 되어 있는데, 기전체형식에 가까우나 지(志)가 없어 형식상 다르나 단군조선의 고기를 인용하였고, 기자조선을 높여 우리나라 풍교의 시작이 기자로부터 시작되었음을 알려주고 있어 기전체와 다름이 없다. 원문(原文)은 다음과 같다.

檀君朝鮮(自唐堯甲辰 至則太祖戊申 三千七百二十五年) (自檀君戊辰 我太祖壬申三千七百二十五年) 東方有九種夷 初無君長 有神人降于太白山檀木下 國人立爲君 國號朝鮮 時唐堯二十五年戊辰歲也 初都平壤 後徙白岳 是爲檀君 至商武丁八年乙未 入阿斯達山爲神 (古記享壽千四十八年 此說可疑前輩謂千四十八年者 乃檀氏傳世歷年之數 非檀君壽 此說有理 ■太白山卽妙香山 阿斯達山 文化縣九月山 白岳卽此山也

13) 오운(吳澐)은 1540년(중종 35년)~1617년(광해군 9년) 조선 중기의 문신인 동시에 의병장으로도 유명하다. 郭再祐 麾下에서 召募官 收兵將 등으로 활약하였다. 편저로 東史簒要가 있는데, 그 자신은 뚜렷한 당색을 갖지 않았지만 교우관계로 보았을 때 동인계에 속한 것으로 보인다.
특히 주자를 존경하여 주자의 감흥시를 手書하기도 하였다. 그 자신은 곽재우를 돕고 의병의 군량과 戰馬 家奴 7, 8명을 공급하고 洞里 士友들을 권유하여 토적(土賊)에 참가하게 하였다.

즉 풀이하면 기원전 57년 신라 시조로부터 1392년 고려 공민왕대까지 1449년간의 사적(事蹟)을 동국통감(東國通鑑), 삼국사기(三國史記), 고려사(高麗史) 등에 의거하여 요약한 이 책은 8권 8책의 인본(印本)이다. 이 시기는 붕당정치가 본 궤도에 오른 시기이다.

동국지리지(東國地理志)는 한백겸(韓百謙: 1552(명종 7년)~1615(광해군 7년)[14]의 저작인데 역사지리서로 1책 60장(張)의 목판본(木版本)이다.

이러한 동국지리지(東國地理志)에는 후한서(後漢書) 삼한전(三韓傳)에 기록된 부족국가에 대한 서술을 인용하여 쓴 부분과 삼국에 대한 서술 및 부록으로 붙인 부분, 고려에 대한 부분 등 세 부분으로 이루어졌다.

부족국가에 대한 기록은 전한서(前漢書)의 조선전, 후한서의 고구려전, 동옥저전, 예전, 부여전 등 원전(原典)을 약간 생략하여 거의 그대로 인용하였으며, 자신의 사론적 성격의 견해를 우안(愚按)이라 덧붙이고 있다.

---

14) 한백겸(韓百謙: 1552(명종 7년)~1615(광해군 7년)은 宣祖가 죽자 禮에 밝은 그가 殯殿의 喪禮를 맡게 되었다.
1586년(선조 19년) 천거에 의하여 中部參奉이 되고, 이어서 경기전(慶基殿)의 참봉이 되었다. 壬辰倭亂이 일어나자 敵巢에서 敵軍에게 阿附하여 亂을 煽動한 者들을 慘殺한 功으로 내자직장(內資直長)이 되었다가, 여러 內外職을 거친 다음 호조참의(戶曹參議)가 되었다. 禮에 밝다 하여 선조가 돌아가시매 殯殿의 모든 상례를 도맡은 인물인데, 그는 東國地理志 後漢書 三韓傳을 펴내면서 삼한의 위치를 논하고 南自南北自北 本不相攙入 雖其界限不知的在何處 而恐不出於漢江一帶也라 하고 있다.

즉 "我東方在昔自分爲南北 其北本三朝鮮之地 檀君與堯並立 歷箕子暨衛滿 分以爲四郡 合以爲二府 與高朱蒙迭爲盛衰 東晋以後高氏遂並其地 是爲高句麗也 其南乃三韓之地也 ……然則南自南北自北 本不相攙入 雖其界限不知的在何處 而恐不出於漢江一帶也".

이 부분에서 부족국가에 대한 위치 강역 종족 및 사실의 신빙성 문제가 언급되어 있다. 이 책의 결함은 단군조선에 대한 서술이 없다는 점이나, 이 책의 강점은 우리나라 역사지리학의 창시라는 점에서 높이 평가되고 있다.

동사보유(東史補遺)의 저자인 조정(趙珽: 1646~ ?)[15] 광해군 때의 문신으로 자가 여호(汝豪)로 1583년(선조 16년) 문과에 급제, 사국(史局)에 들어가 중시(重試)에 합격하고, 홍문록(弘文錄)에 간택(揀擇)된 인물이다.

광해군 때 우의정에 특진되었다가 인조반정으로 관작을 빼앗기고 원지에 귀양갔으며, 후에 복직되어 기사(耆社)에 들어가기도 하였다. 이러한 조정(趙珽)이 동사보유(東史補遺)를 썼는데 그 원문(原文)은 다음과 같다.

15) 광해군 때 우의정에 특진된 조정(趙珽)은 인조반정으로 관작을 빼앗기고 귀양갔으나 후에 복직되어 기사(耆社)에 들어간 인물로, 아들 유도(有道)가 1646년(인조 24년) 간행, 단군 이후 역대의 사실을 초록하고 거기에 빠지고 모자라는 것을 보충하였다.

"東方初無君長 有神人降于太白山檀木下 國人立爲君 國號朝鮮 時唐堯二十五年戊辰歲也 都平壤 後徙白岳 是爲檀君 至商武丁八年 入阿斯達山爲神 古記云 昔有桓因(帝釋也) 庶子雄 貪求人世 父知子意 乃授天符印三箇 往理之雄率徒三千 降於太白山頂 (卽妙香山) 神檀樹下 是謂桓雄天王也 時有一熊一虎 同穴而居 願化爲人 神遺靈艾一炷 蒜二十枚曰 爾輩食之 不見日光百日 便得人形 熊虎食之 虎不能忌 熊忌三七日 得女身 每於檀樹下 祝願有孕 雄假化而爲婚 孕生子 號曰檀君(今配桓雄于九月山 春秋致祭)都王儉城(今平壤) 始稱 朝鮮 御國一千五百年 周武己卯 封箕子於朝鮮 檀君還隱於阿斯達山(九月山也)爲神 壽一千九百八歲"라 하다.

지봉집(芝峰集)의 작자인 이수광(李睟光: 1563~1628)[16]은 권19(卷十九) 황화집(皇華集) 차운(次韻)에 次平壤勝蹟(以下 龔用卿. 吳希孟韻)이라 하고 檀君祠에서는 厥初啓兹土 何年來胥宇 白岳謾稱神 玄天是爲祖라 하였다. 병진정사록(丙辰丁巳錄)[17]은 대동야승본(大東野乘本)에 실린 것을 그대로 인용한 것이다.

임보신(任輔信: ?~1558)[18]은 秋江遊金剛山錄에 "雪岳嶺上石

16) 芝峯集은 조선조 선조 때의 李睟光의 전집이다. 1633년(인조 11년) 아들들이 편집 간행하였다.

17) 병진정사록(丙辰丁巳錄)은 유명한 대동야승본(大東野乘本)에 실려 있다.

18) 임보신(任輔信: ?~1558)은 국서(國舅)인 자신(自新)의 아들로 태어나 예조참판에 올랐으나, 인조반정 때인 1623년 집안이 주살(誅殺)당하고, 그도 거제도로

間 有八分書一絶曰 先生檀帝戊辰歲 眼及箕王號馬韓 偶與永朗遊水府 又牽春酒滯人間 墨跡尙新 書之必不久也 世無仙者 豈非好事者偶題歟 然子程子以國祚之祈天永命 常人之至於聖人 比修煉之引年深山大澤之中 亦有這般等人 未可知也 讀其詩 令人有出塵之想 盖公之友 洪裕孫餘慶 聞公將遊嶺東 預寫此詩以待之 餘慶亦物外士 嘗從淸寒子遊 爲詩文不事古人科臼者"라 하였다.

박상(朴祥)[19]은 성종 8년(1474)~중종 25년(1530)에 산 사람으로 조선시대 초기의 문장가로 이름이 높았다. 유희령(柳希齡: 1480~1552)[20]은 표제음주동국사략(標題音註東國史略)을 남기면서 전조선(前朝鮮)이라는 말을 구사하였고, 단군(檀君)의 성(姓)은 환씨(桓氏)이며 명(名)은 왕검(名王儉)이라 하였다. 원문(原文)은 다음과 같다.

東方初無君長(上聲) 有神人桓因之子桓雄 率徒三千 降于太伯山(在平安道 寧邊府 今妙香山) 神檀樹下 謂之神市 在世理化 生子號曰檀君 唐戊辰(帝堯二十五載)卽位 始稱朝鮮 都平壤(今平壤府) 移都白嶽(在文化縣) ■娶非西岬(音甲)河伯之女 生子曰扶婁 ■丁巳(夏禹元年) 禹南巡狩 會諸侯于塗山 遣扶婁朝焉 ■築塹城

유배를 당하였으며, 적소(謫所)에서 교형(絞刑)되었다.

19) 박상(朴祥)은 1503년(연산군 9년)에 문과에 급제하여 교서관정자(校書館正字)를 비롯 상주목사 등 여러 벼슬살이을 하였다. 이퇴계는 하늘이 내린 완인(完人)이라 하였으며 사가(四家)로 칭송된다.

20) 유희령은 조선시대 중기의 문신으로 謫所에서 絞刑되었다.

壇于海島中以祭天 又命三子築城(今俱在江華府) ■葬于松壤(在江東縣) 後嗣避箕子來封 移都於藏唐京(在文化縣) 傳世凡一千五百年이라 하였다.

권필(權韠: 1569~1612)은 石洲集[21] 卷四에서 塹城壇을 방문하고 捫蘿直上海山頭 坐送江南萬里舟 牧老舊題餘板在 檀君遺跡古壇留 分明日月臨亥圃 浩蕩風煙放白鷗 天地有窮人易老 此在能得幾回遊라

21) 현유(賢儒)인 권필(權韠)은 그의 문집인 석주집(石洲集)에 참성단(斬城壇)에 관한 시가 있다. 부인이 금주(禁酒)를 권할 정도로 술을 좋아하였다. 그는 관금독작(觀禁獨酌)으로 부인에게 응대하였다. 젊었을 때 이안눌(李安訥)과 함께 스승인 송강 정철(鄭澈)을 찾아가기도 하였다.

귀양가던 중 동대문 밖에서 행인들의 동정으로 주는 술을 폭음하고 이튿날 44세로 죽었다. 뛰어난 시재(詩才)로 선조(宣祖)는 그의 시 몇 편을 보고 찬탄하여 항상 서안(書案)에 두었다. 동료문인들의 추천으로 제술관(製述官)이 되고 또 동몽교관(童蒙教官)에 임명되었으나 끝내 나아가지 않았다.

임진왜란 때에는 구용(具容)과 함께 강경한 주전론을 폈다. 광해군 초에 권신 이이첨(李爾瞻)이 교제를 청했으나 거절하였다.

유희분(柳希奮) 등의 방종을 임숙영(任叔英)이 책문(策文)에서 공격하다가 광해군의 뜻에 거슬려 삭과(削科)된 사실을 듣고 분함을 참지 못하여 궁류시(宮柳詩)를 지어서 풍자(諷刺) · 비방(誹謗)하였다. 이에 광해군이 대로하여 시의 출처를 찾던 중 1612년 김직재(金直哉)와 무옥(誣獄)에 연루된 조수륜(趙守倫)의 집을 수색하다가 연좌되어 해남으로 귀양가던 중 동대문 밖에서 행인들의 동정으로 주는 술을 폭음하고 이튿날 44세로 죽은 이야기로 유명하다. 시재(詩才)가 뛰어나 자기 성찰을 통한 울분과 갈등을 토로하고 잘못된 사회상을 비판 · 풍자하는 데 주목할 만한 성과를 거두었다. 묘는 고양군 위양리에 있고 묘갈은 송시열(宋時烈)이 찬하였다. 석주집(石洲集)과 한문소설인 주생전(周生傳)이 전해온다.

정조 10년경 사우(士友)들의 교정과 헌금으로 사(社)를 조직하여 100여 년 지나서 현손(玄孫) 홍석윤(洪錫胤)의 종제(從弟) 석주(錫疇)를 시켜 순암(順菴) 안정복(安鼎福)의 서문(序文)을 받았고, 문인(文人) 제자(弟子)들이 여러 본을 전사(傳寫)하여 간직하고 퍼뜨렸으나, 인쇄하지 못하다가 100여 년이 지났다.

읊고 있다.

허균(許筠: 1569~1618)은 성소부부고(惺所覆瓿藁)[22] 卷一 詩部 佐幕錄에 九月山 檀君祠를 찾아 立極唐堯際 神功靖海堧 祠宮依九月 香火逮千年 禹會塗山罷 箕封玉馬旋 東民報遺澤 歌舞曾曾顚이라 하였다.

잠곡(潛谷)이 호(號)인 김육(金堉: 1580~1658)[23]은 그의 유고(遺稿) 卷八 五言律詩에서 檀君殿을 바라보면서 神聖爲民主 天人降自宵 東方始君長 中國並唐堯 太白龍飛遠 阿斯鶴去遙 荒凉遺殿在 俎豆奠黃蕉라 하였다. 분서집(汾西集)의 저자인 박미(朴瀰)[24]는 분서집 권

22) 성소부부고(惺所覆瓿稿)에, 홍길동전을 썼는데 문학사적 의의가 크다. 1594년(선조 27년) 문과에 급제하여 형조판서 의정부 참찬을 지냈다. 유·불(儒·佛)에 통달하였고, 광해군 2년(1610년) 사신을 따라 북경에 갔다가 천주교 12단(端)을 얻어왔다.
중국소설을 탐독하였고 시를 잘 썼으며 열심을 다하여 소설을 썼다. 때로 참기(讖識)를 만들어 글 재주가 당대에 알려졌다. 서류(庶流) 출신 이달(李達)에게 시를 배운 탓에 스스로 서민으로 자처하였고 성품은 호탕하였다. 대북당(大北黨)에 가입, 동지를 규합하던 중 1617년(광해군 7년) 준격(기준격)의 고변으로 동지 하인준(河仁俊)이 체포되고 드디어 허균(許均)도 체포되었다. 그는 반역죄로 몰려 광해군 10년(1618) 8월에 참형당하였다. 워낙 성격이 호탕하여 변명을 싫어하였다.
많은 저서를 남겼지만, 홍길동(洪吉童)전은 그의 사상을 잘 나타낸 소설이며, 우리나라 최초의 국문소설로 문헌사적 의의가 크다. 이러한 그가 구월산 단군사를 탐방하고, 성소부부고(惺所覆瓿藁) 권1(卷一) 시부(詩部) 좌막록(佐幕錄)에 구월산 단군사(九月山檀君祠)를 읊고 있다.

23) 잠곡(潛谷) 김육(金堉)은 효종 때의 영의정으로 앞서 충청감사로 있을 때 대동법을 호서지방에 시행, 반대자들도 호응하였다. 잠곡(潛谷)에서 10년간 은둔생활하며 지냈다. 유명한 대동법은 왕의 승낙을 받고도 다시 상소하여 시행토록 하였다. 반대론자들도 선정이라고 탄복하였다. 저서로 八賢傳, 해동명신록(海東名臣錄) 등이 유명하다. 그는 잠곡유고(潛谷遺稿)에 5언율시(五言律詩)로 단군전에 대해 예찬하고 있다.

8(卷八)에 서경감술(西京感述)을 노래하면서 “檀下神人始此都 至今遺廟古城隅 不知當日阿斯達 亦有攀髯墮者無(東史言 檀君入阿斯達山爲仙 或言卽今九月山也)” 동사(東史)를 인용해 유묘(遺廟)를 찾아가 檀下神人始此都라 하였다. 이러한 분서집(汾西集)은 목판본으로 16권 4책인데, 그의 손자인 태두와 조카인 박세채(朴世采)에 의해 편집 간행되었다. 특히 시와 문은 내용보다는 체(體)와 격(格)에 있어 다소 난해한 점이 있어 보이나, 어구가 간고(簡古)하면서도 할 말은 다 하는 문장의 궤범(軌範)으로 가치가 높다.

신경(申炅)[25]은 재조번방지(再造藩邦志) 卷一 壬辰年 6月 12日 以久不雨 江水日縮 分遣宰臣 禱雨于檀君箕子東明王廟라는 시를 남겼다. 1643년 척화오신(斥和五臣)으로 지목되어 청국에 붙들려 갔던 아버지가 이듬해에 죽자 서울에 돌아왔다가 1652년 강릉에 내려가 그곳에서 죽었다. 할아버지는 인조 때 영의정을 지낸 당대 4문장가로 이름이 나 있었던 손자이다.

東國輿地志는 유형원(柳馨遠: 1656~ ?)[26]의 작품인데 이 책 권6에

24) 박미(朴瀰)는 문인인 동시에 서도가였다. 선조의 딸 貞安翁主와 결혼하여 錦陽尉가 되었으며, 청렴하기로 유명했다. 이러한 박미도 汾西集에 서경감술(西京感述)이라 하여 檀下神人始此都라 한 바 있다.

25) 신경(申炅)은 영의정을 지낸 申欽의 손자이며 김집(金集)의 문인(門人)이다. 설화문학에 조예가 깊고 복서(卜筮), 성력(星曆), 산수 등에 해박하였다. 그는 재조번방지(再造藩邦志) 권1(卷一)에 禱雨于檀君箕子東明王廟라는 기록을 남겼다. 신경(申炅)은 1613년(광해군 5년)에 나서 1653년(효종 4년)까지 산 인물이다.

26) 유형원(柳馨遠)의 호(號)인 반계(磻溪)는 실학자로 더 알려진 인물로 1653년(효종 4년) 큰 뜻을 품고 부안(扶安)으로 옮겨가 주경야독(晝耕夜讀)하며 이상적 세상을 만드는 데 힘썼다. 천성이 청렴 결백하였으며 이웃 사람과 노복(奴僕)조

문화현조와 같은 책 권9 평양부 강동현조에 그는 [山川]편에 九月山(在縣西十里 卽阿斯達山 一名甑山 磅礴高大 雄鎭一方이라 하였고,

---

차도 극진히 사랑하였다.
국부민안(國富民安)의 토지개혁을 실시, 최저기본량(最低基本量)의 경작지를 확보케 하고 농병일치(農兵一致)의 군제개혁(軍制改革), 부역(賦役)의 균형, 국민균등세제 정리, 국가재정의 확립, 상공업의 장려, 과거제도 폐지, 공거제실시(貢擧制實施), 관아(官衙)의 정비(整備) 등 이상국가의 실현을 위하여 노력하다 그곳에서 죽었다.
그의 이 같은 내용을 실은 磻溪隨錄은 영조의 특명으로 간행되었다. 그의 나이 35세 때인 1656년 박자진(朴自振)과 함께 東國地志에 대하여 깊이 토론한 끝에 지리의 식견을 정리한 輿地志를 비롯하여 지리군서 등이 있는데 東國輿地志는 이의 반증이다.
여기서 그는 산천조와 단군묘와 동명왕사 및 지리적 위치에 대해 언급하고 있다. 동사괴설변(東史怪說辨)에서 "自檀君以至三國麗朝 王者之興多矣"라 하였고 그의 개혁의지와 사상은 당시 재야지식인들의 이상론이 되었으며, 후학들의 학풍조성에도 적지 않은 영향을 주었다.
그의 스승인 이원진(李原鎭)은 외삼촌(外三寸)이고 김세렴(金世濂)은 그의 고모부이다. 이원진은 이익(李瀷)의 당숙으로 하멜표류사건 당시 제주목사로 있었다. 형원이 15세 되던 해에 병자호란이 일어나 가족들과 함께 강원도 원주로 피란을 갔었다.
다음 해에는 지금의 양평땅인 지평 화곡리(砥平 花谷里)에 이사하였다가 다시 여주(驪州) 백양동으로 옮겼다. 1651년(孝宗 2년) 30세 때 조부의 상(喪)을 당하였는데, 32세 젊은 나이로 전라도 부안면 우반동에 은거, 20년간 이곳에서 여생을 보내다가 1남 6녀를 남기고 1673년에 죽었다.
반계수록(磻溪隨錄) 26권은 이곳에서 이루어졌다. 그가 죽은 뒤 그의 명성이 얼마 동안은 세상에 묻혀 있다가 죽은 후100년 뒤에 와서야 그의 인물됨과 반계수록(磻溪隨錄)의 내용이 알려지고 높은 평가를 받게 되었다.
당시 국왕인 영조는 관심을 가지고 그 초고(草稿)를 직접 읽어보고 크게 칭찬함과 동시에 이 초고를 인쇄하여 세상에 널리 반포하도록 명하였다고 한다.
왕명을 받아 반계수록(磻溪隨錄)의 서문과 함께 세상에 널리 알린 사람이 경상도 관찰사 겸 대구도호부사 이미(李薇)였고, 반포한 것은 1770년(영조 46년)으로 그가 죽은 지 만 97년 뒤의 일이다.

有石峯聳拔掌이라 하였으며, 天世傳檀君初都平壤 後移白岳 卽此山也 本縣東有唐藏京基址 後檀君隱于此山 化爲神 又見長連及殷栗縣) [祠廟]편에서는 三聖祠(在九月山 卽桓因桓雄檀君之祠 俗傳桓因乃檀君以前神人 雄則因子之 每春秋香祝致祭 又水旱祈禱) [古蹟]조에는 唐藏京(在縣東十五里 世傳檀君所都 檀君初都平壤 至周武王封箕子於朝鮮 檀君乃移於此 基址尙存 高麗史以爲莊莊坪 乃唐藏京之訛) 東國地志 卷九 平壤府에 [建置沿革]과 本檀君朝鮮故鄕이라 하고 [廟宇]로 檀君祠 東明王祠 (在崇仁殿傍 二祠同宇 檀君在西 東明在東 俱南向 每春秋降香祝 祭以中祀 本朝莊憲王十一年 始置 權近應制詩 聞說鴻荒日 檀君降樹邊 位臨東國土 時在帝堯天 傳世不知幾 歷年曾過千 後來箕子代 同是號朝鮮)東國地志 卷九 江東縣 [塚墓]를 大塚이라 하여 '一在縣西三里 周四百十尺 諺傳檀君墓 一在縣北三十里 刀亇山 諺傳古皇帝墓'라 하고 있다.

반계수록(磻溪雜藁) 역시, 유형원(柳馨遠: 1622~1673)의 저작으로 동서 동사괴설변(東史怪說辨)에서 三國之際 怪異之事甚多라 하여 혁거세의 탄생설화를 비롯하여 주몽에 이르기까지 괴이한 일이 많다 하고, 괴이하다 하고 있다. 동사소기(東史所記)라 하여…… 則必是龍女 二者之外 更無他端其造詭之術 亦狹而不博矣임을 논하고 있다.

동국통감제강(東國通鑑提綱)은 홍여하(洪汝河: 1672)[27]의 사학

27) 홍여하(洪汝河)의 본관(缶溪: 義興)은 관향(貫鄕)으로 한 대사간을 지낸 홍호(洪鎬)의 아들로 태어났다. 1654년(효종 5년) 진사시(進士試)에 합격하고 이어

(史學)은 경(經)과 사(史)를 체용(體用)관계로 파악하고 있다. 이 책 권1(卷一) 조선기(朝鮮紀) 상(上)에 이르기를 동방제국이 있는데 단군이 도읍을 평양에 두었다 하면서 개국한 이래 1천여 세가 되었는데 무정세하다. 이 책에 법도(法度)가 있다 하면서 정통(正統)과 體位(체위)를 명백하게 구별해 명의(名義)를 확실하게 하여 난신(亂臣)과 적자(賊子)를 두렵게 만드는 것이라 한다. 안정복(安鼎福)은 간간이 자신의 안설(按說)을 첨가함으로써 사실고증(史實考證)을 하였다.

단군이 요(堯)와 동시대에 나라를 세워 개국한 지 1000여 년이 되

문과에 급제하여 예문관(藝文館)에 들어가 검열(檢閱)이 되었다. 이어서 대교 · 봉교 등을 역임하고 사간원(司諫院) 정언(正言)에 이르렀다.
효종에게 소를 올렸으나 당로자들의 배척을 받아 고산찰방(高山察訪)으로 좌천되었다. 1658년(효종 9년) 다시 나아가 경성(鏡城)의 판관(判官)이 되었으며, 왕의 하문에 의해 다시 소를 올렸는데 소 가운데 완남부원군(完南府院君) 이후원(李厚源)을 논박한 구절로 말미암아 조정에서 이조판서(吏曹判書) 송시열(宋時烈)이 사직하는 등의 문제를 일으켜 황간(黃澗)으로 귀양갔다가 이듬해 사면되어 고향으로 돌아갔다.
그 뒤로 숙종이 즉위하여 복제문제로 송시열 등을 추방 다시 등용되어 병조좌랑이 되었으며, 이어 사간(司諫)에 특명되었으나 숙환으로 인하여 죽었다. 1689년(숙종 15년) 부제학으로 추증하고 상주(尙州) 근암서원(近巖書院)에 배향되었다.
학문은 사서를 근본으로 하고 육경(六經)을 비롯하여 백가어(百家語)에 이르기까지 통달하였으며, 특히 주자학(朱子學)에 연구를 더하여 식견이 고상함과 학문이 바른 것으로 당시 사람들의 종사(宗師)가 되었다. 저서로는 사서범구결(四書凡口訣), 주역구결(周易口訣), 의례고증(儀禮考證), 여사휘찬(麗史彙纂), 동사제강(東史提綱)과 문집 약간이 있다.
이러한 홍여하의 사학(史學)은 17, 18세기를 통하여 영남학인들의 광범위한 호응을 얻었으며, 또 한편으로는 근경(近京)지방의 한백겸, 허목, 유형원, 이익 등이 나와 새로운 사학풍을 일으키게 하였다.

었고, 아사달산에 들어가 神이 되었다라고 이 책의 은태사(殷太師)에 대해 언급하고 있다.

허목(許穆: 1595~1682)은 그의 문집(記言) 권32(卷三十二) 외편1(外篇一) 동사서(東史序)를 쓰면서 "神市檀君之世 唐帝嚳唐虞之際 君臣肇有 人民稀少 朴蒙睢盱無文字可述 至箕子治朝鮮 始有俎豆禮俗之治 自衛滿三韓以降 攻戰不休 亡滅旣多 載籍不備 旣無文獻可徵 後世雜出於傳記者實多"라 하였다.

단군조선문화에 관한 서술은 東史의 중요한 특색으로, 단군세가 첫 머리에 上古 九夷之初 有桓因氏 桓因生神市 始敎生民之治 民歸之 神市生檀君 居檀樹下 號曰檀君 記言 上 177쪽三國遺事에는 환웅으로 되어 있으나 환웅을 신시로 표기한 자료는 없었다. 도가류(道家類)인 규원사화(揆園史話)에만 환웅(桓雄)을 신시(神市)로 표기하였다.

신시 때에 이미 생민지치(生民之致)를 통해 백성들을 귀복(歸復)시켰다는 것이다. 이 말대로라면 역사의 시발은 단군이 아니라 신시로부터 시작되었다고 보는 것이다. 단군시대를 중국의 당우(唐虞: 堯·舜) 시대와 동렬에 두고 있다.

즉 이 말은 건국의 시조는 단군이지만 최초의 교민화(敎民化)는 신시(神市)로 본 것이다. 東事 序에 九域 初無君長 自神市 始敎生民之治 至檀君 始建國立號 ……君臣肇有 人民稀少 朴蒙睢盱無文字可述 〈東事 序〉 단군의 치세를 1048년간 계속된 것으로 보아 단군과 비서갑 사이에 태어난 부루가 도산에서 우(虞)를 조견했다고 한 것도 특이하다. 단군의 치세를 1048년으로 본 것은 권람의 응제시주와 일치하는데 출전은 알 수 없다.

이러한 일들은 명종대에 유희량이 지은 표제음주동국사략에 두 번 보일 뿐 그 이외의 사료에는 없어 보인다. 또한 단군세가에서는 평안도 강동현 소양에 단군총이 있음과 태백과 아사달에 단군사가 있음을 말하고 있다. 이는 도가사서인 규원사서와 매우 유사한 면이 보인다. 전세를 어찌 단군이나 기자와 나란히 할 수 있겠느냐? 하고 단군과 기자가 선정의 표상이라면 위만은 악정의 상징으로 매도되고 있다.

다시 말하면 폭득자(暴得者)는 폭망(暴亡)한다는 것이다. 요컨대 권32(卷三十二) 외편 1(外篇一) 동사서(東史序)에 단군세가(檀君世家)를 논하였는데 환인(桓因), 신시(神市), 단군(檀君)을 인간(人間)으로 파악(把握)하고 있어 주목(注目)되고 있다. 그의 동사에 관한 첫 머리의 원문은 다음과 같다.

"唐虞之際 東方諸國 有曰東長 曰東眞 曰肅愼 曰檀君 眞長皆不知所在 肅愼在今咸吉等州境 檀君所都在今平壤 皆朝鮮舊地也 檀君與堯並立 是爲檀君朝鮮 開國千餘歲 至殷武丁世 國絶無嗣"라 하였다.

"……舊史云東方初無君長 有神人降于太白山檀木下 國人立爲君 是爲檀君 國號朝鮮 乃唐堯二十五年戊辰歲也 初都平壤 後徙都白嶽 至商武丁八年乙未 入阿斯達山爲神 史氏論曰 自堯戊辰至商武丁八年乙未 洽千四十八年 唐虞三代人君享國久長者 不過六七十年 豈有檀君獨能享千歲之壽 而復入爲神之理乎 知其說誣也

或曰所謂千四十八年者 乃漢陽 或曰熙川 白山乃古之盖馬山也 峯巒洞壑與楓嶽爭雄 爲國中名山第一 阿斯達山今海州九月山) 周十有三祀 殷太師至自周初 檀君朝鮮傳國千餘歲 迄殷季國絶無主 故太師來居其地 大師名胥餘 封於箕子 爵殷王之子也"

李荇(1478(성종 9년)~1534(중종 29년))[28]의 문집으로 호(號)를 용재(容齋)라 하였다. 그는 용재집(容齋集) 권8(卷八)에 차황화시(次皇華詩)에 次韻正使平壤勝蹟二十首와 生與陶唐並 東邦爲始祖 保祐我蒸民 萬世享玆土라 하였고, 右檀君祠에 次韻副使平壤勝蹟十九首라 하여 "未信死爲神 但聞生並堯 廟貌儼如昨 歲時猶奠椒"를 읊고 있다.

약천집(藥泉集)은 남구만(南九萬: 1629~1711)[29]의 호로 문집(文

28) 이행(李荇)은 조선조 중종 때의 대신으로 함흥으로 귀양갔다가 병사했으며, 그림을 잘 그렸다고 전한다.

29) 소론의 거두인 약천 남구만은 숙종 때 영의정으로 문사(文詞), 서화(書畵)에 뛰어났다. 그는 자신의 시문집인 약천집(藥泉集)을 남겼는데, 이 책은 34권 17책의 筆寫本이다. 1723년(경종 3년)의 초고때 900여 수에서 270首를 산정하고 문(文) 1400편에서 726편을 뽑아 간행하였으며, 뒤에 이것을 대본하여 필사하였다.
권1~2는 시(詩) 276首, 권3~13은 소차 199편, 書啓 7편, 소 24편, 계(啓) 20편, 권14~21은 應製錄 10편, 묘지명 20편, 神道碑銘 18편, 비(碑) 5편, 묘갈명 37편, 묘표 12편, 권22~26은 행장 11편, 언행록 1편, 가승(家乘) 58편, 권27~29는 제문 16편, 序 16편, 題跋 12편, 기(記) 26편, 잡저 18편, 권30~34는 書 등 204편으로 구성되어 있다.
이 가운데 소차와 書啓에서는 時政의 得失에서부터 農政, 海防, 貢賦 등의 건의와 進言이 많은데, 그중에서도 북방 경비에 관심을 보여 진북변삼사잉진지도소(陣北邊三事仍進地圖疏)에서는 신라가 삼국을 통일한 이후 고려의 전성기까지도 우리 국토의 동북면은 국력이 신장되지 못하였다는 것을 시작으로 회령, 경

集) 卷二十九 雜著에 東史辨證을 논하면서 [檀君]에 대해 언급하였는데, "구사(舊史)를 인용하기를 檀君立國千餘年之間 無一事可紀者 而獨於塗山玉帛之會 稱以遣子入朝 其假託傳會 誠亦無足言者矣에 대해 비판하고 있다. 말미에 權陽村近應制詩에 "傳世不知幾 歷年曾過千 其歷年之數 不曰檀君之壽"라 하고 있다.

해동이적(海東異蹟)은 홍만종(洪萬宗: 1643~1725년)[30]의 작품인

성, 무산, 양영보(梁永堡), 풍산보(豊山堡) 등지의 지명을 열거하고 북호(北胡)에 대한 대비책을 구체적으로 설명하였다.

이러한 약천은 단군을 논하면서 藥泉集 卷二十九 雜著 東史辨證에서 檀君立國千餘年之間 無一事可紀者 而獨於塗 山玉帛之會 稱以遣子入朝 其假託傳會 誠亦無足言者矣라 하여 비판하고 있다. 말미에 權陽村近應制詩에 "傳世不 知幾 歷年曾過千 其歷年之數 不曰檀君之壽"라 하고 있다.

30) 홍만종(洪萬宗)은 생몰 연대가 미상이라 하나, 최근에 발간된 〈한국민족문화대백과사전 25권〉 83쪽에 의하면 그는 1643년(인조 21년)~1725년(영조 1년)에 살다 간 인물로 알려지고 있다. 아버지는 영주군수(榮州郡守)를 지낸 세주(世柱)이며 어머니는 참판(參判)인 정광경(鄭廣敬)의 딸로 호(號)를 현묵자(玄墨子)라 하였다.

정두경(鄭斗卿)의 문인으로 金得臣, 洪錫箕 등과 交遊하였다. 학문과 문장에 뜻을 두어 역사, 지리, 설화, 가요, 시 등의 저술에 전념하였다. 특히 시평에 있어서 소년기부터 노년기까지 깊은 연구를 하여 많은 업적을 남겼다. 또한 장생술(長生術)을 찾다가 도교(道敎)에 심취되기도 하였다. 특히 문학평론집이라 할 수 있는 순오지(旬五志)에서는 정철(鄭澈)의 시가(詩歌)를 들어 평(評)하기도 하였다.

또한 해동이적 단군(海東異蹟 檀君)과 동국역대총목 범례(東國歷代總目 凡例), 동국역대총목 단군조선(東國歷代總目 檀君朝鮮)을 들어 평하였으며, 대동야승본은 72권 72책의 사본(寫本)으로 역사 관계의 수필을 남겼다.

특히 조선 초부터 인조(仁祖) 이전까지 약 250년 동안에 나온 제가(諸家)의 저술 중 53종을 채집하여 당시의 풍속과 인정(人情)을 살피는 데 필요한 사료(史料)가 많이 포함되어 있으며, 총 53종 130권에 이르고 있는데, 1909년(순종 3년)~1911년까지 고서간행회(古書刊行會)에서 국판 8560쪽에 양장 활판본으로 인쇄하였다. 단군 관련 기사는 다음과 같다.

"東方之有君長 自檀君始 古記云 昔有天神桓因 命庶子雄 持天符印三印 率徒三千降 於太白山(今寧邊妙香山)頂神壇樹下 謂之神市 是謂桓雄天王 將風伯雨師雲師 主穀主命主病主刑 凡三百六十餘事 時有一熊 常祈于神雄 願作人身神遺靈藥使食 熊食之化爲女 神因假化爲昏而生子 是爲檀君 名王儉 國人立爲君 國號朝鮮 時唐堯二十五年戊辰歲也

初都平壤 後都白岳(今文化九月山) 至周武王元年己卯歲 封箕子於朝鮮 檀君迺移於藏唐京(九月山東) 後入阿斯達山(亦九月山)爲山神 壽一千五百八歲 江華摩尼山有塹城壇 世傳檀君所築 祭天之處也(出東國史朝鮮本紀)"

旬五志 역시 洪萬宗(1643~ 1725)의 수필집으로 旬五志 卷上에 "我東僻壤也 古有九種夷 樓身巖穴 草衣木食 其有君長 自檀君始 按魏書 乃往二千載 有檀君王儉 入都阿斯達 開國號朝鮮 與唐堯同時云 按東史 有天神降于太白山頂神壇樹下 時有一熊 祝于天神 願作人身 天神遽有靈藥使食 熊食之化爲女 天神交之而生子 是爲檀君 名王儉 以唐堯二十五年戊辰 都平壤 始稱朝鮮 娶非西岬河伯之女生子曰夫婁 至大禹會諸侯於塗山 檀君遣子夫婁朝焉 後徙白岳 周武王元年己卯 封箕子於朝鮮檀君 乃移於唐藏京 後入阿斯達山爲山神 壽千八百歲 墓在江東縣西三里 周四

百七尺 按太白山卽今寧邊妙香山 平壤卽今西京 白岳卽文化九月山 或云在白川 或在開城東 唐藏京卽九月山 阿斯達山亦九月山 非西岬今不知其處也

本朝鄭東溟斗卿 有檀君廟詩曰 有聖生東海 于時幷放勳 扶桑賓白日 檀木上青雲 天地候初建 山河氣不分 戊辰千載壽吾欲獻吾君 余先人亦有詩曰 聞說鴻荒日 神人降樹邊 民推作君長 國號是朝鮮 平壤千餘載 唐藏百有季 一歸阿達隱 非佛亦非仙 凡帝王之將興也 必有大異於人者 試以見於往牒者論之 履跡雷澤而包羲生 夢感流虹而虞舜出 昆石裂啓夏 玄島降而啓商 黃帝之誕也 雷光繞樞 顓帝之育也 瑞光貫月 漢高之生也 龍交於澤 宋祖之産也 香滿於室 此其歷歷數也 是時東方混沌始剖元氣未漓 新羅赫居世 高句麗東明王 其生也亦皆有異 而至於檀君 乃東方生民之鼻祖

故考諸傳記 忝以已聞 著其顚末如右焉 興王之居都邑之地 往往碁置 而檀君箕子及高句麗之平壤 新羅之慶州 百濟之南漢山及泗泌城 爲稱首焉 以其歷年之久 形勝最也 今以史考之 檀君之季 箕子至朝鮮都平壤 我東雜小 歷代之興 山川之勝 人物之美 與中國彷佛 姑以大略言之 唐堯之時 檀君幷立武王之世 箕子受封 炎漢初起 衛氏都平壤."

東國歷代總目 凡例에서 洪萬宗(1705)은 一. 檀君箕子에서 "東國通鑑以外紀載之 盖緣世代事蹟不能詳也 然檀君乃首出之神君 箕子卽立敎之聖后 歷年始終 猶可考信 故奠而書之於東國統系之首"라 하고 이 책에 이어서 檀君朝鮮에서는 "檀

데 단군(檀君)을 논하면서 "東方之有君長 自檀君始 古記云이라 하였다. 순오지(旬五志) 역시 홍만종(洪萬宗)의 수필집으로 旬五志 卷上에 "我東僻壤也"인데, 東國歷代總目 凡例에서 檀君箕子에서 "東國通鑑以外紀載之"라 하고 있다.

임상덕(林象德)[31]은 37세의 짧은 생애를 마쳤지만, 서인(西人)이

君朝鮮 都平壤 後都白岳(白岳今文化九月山 史記評林註索隱曰 朝音潮 鮮音仙以有汕水故名 又東史寶鑑曰 朝鮮音潮仙 因水爲名 又云鮮明也 地在東表 日光明故曰朝鮮) 檀君(名王儉 史記評林作王儉 ■東方初無君長 有九種夷 草衣木食 夏巢冬穴 有神人降于太白山檀木下 國人立爲君 國號朝鮮 按三國遺事曰 昔有天神降于太白山頂神壇樹下 時有一熊 祈于天 願化爲人 遂得女身 仍乞有孕天神乃交之而生子 號曰壇君 盖以其孕生於神壇下故也 愚意三國遺事 乃東方始出之史 檀君之壇 似宜從土 而諸史皆從木 亦不敢任改 今姑兩存之 ■太伯山 今寧邊妙香山 ■戊辰元年(唐堯二十五年) 敎民編髮盖首(君臣男女飮食居處之制 亦自此始云) ■命彭吳 治國內山川 以奠民居(本記通覽云牛首州彭吳碑 金時習詩曰 尋春時貊國 通道自彭吳 牛首州今春川 尋春卽本州別號) ■甲戌夏禹十八年) 遣夫婁朝夏(時禹會諸侯於塗山檀君遣夫婁朝焉) ■(甲子商武丁八年) 入阿斯達山(亦九月山)爲神 廟在平壤(九月山亦有三聖祀 檀君居其一 ■按東國通鑑 商王武丁八年乙未檀君入阿斯達山爲神 又按與地勝覽 周武王封箕子於朝鮮 檀君乃移於唐藏京 後隱入阿斯達山化爲神 兩說不同 今從通鑑 以商王武丁八年爲正以而皇極經世書推之 商王武丁八年乃甲子非乙未 故又以甲子爲正 自元年戊辰至甲子計之 在位一千十七年 上世神聖之人 年壽與後世不同 廣成子年千二百歲 彭祖年八百歲 則檀君之享壽千餘歲 亦無甚怪 而權近檀君詩曰 傳世不知幾 歷年曾過千 近之詩意 以一千十七年 歸之於傳世歷年之數頗爲近理 故東國斷以近言爲是 然諸史皆以商王武丁甲子 爲檀君化神之歲 以後人臆見有難懸斷其必不然 故今從舊史書之 若以商王武丁甲子爲檀君末年 則自甲子至周武王己卯 當歸之於檀君後孫 ■唐藏京在文化縣東 起檀君元年戊辰止 箕子受封己卯) 共一千二百十二年(按魏書 往載二千載 有檀君王儉 入都阿斯達 開國號朝鮮 與唐堯同時云 中國史所記與東史略同 第東史所謂降于檀木下 終化爲神等說 似涉誕謾 然檀君首出御世 在東方則乃洪荒之世也 邃古之事固多異蹟 故今不敢妄論 一從史書"라 하여 귀중한 사료 구실도 하고 있다.

31) 임상덕(林象德)은 조선 숙종 때 학자로 신라, 고구려, 백제, 고려 공민왕대에 이르기까지 1490여 년간의 주요한 역사적 사실을 편년체로 쓴 책으로 강(綱)을 세

노 · 소(老 · 少)로 분당하던 노소연정기(老少聯政期)와 기사환국(己巳換局) 이후의 남인집권기(南人執權期)인 1689~1694년에 유년기(幼年期)를 보내고 숙종 말년에 벼슬길에 나가 이조정랑까지 올랐다가 1719년(숙종 45년)에 세상을 마쳤다.

동사회강(東史會綱)의 저자인 임상덕은 불징칙언불신(不徵則言不信)을 소신으로 하여, 충분한 근거사료가 없으면 말을 해도 믿지 않는 실증적 자세로 공민왕 23년으로 끊은 것은 우왕(禑王), 창왕(昌王), 공양왕(恭讓王)대의 역사는 사실이 정확히 밝혀져 있지 않기 때문에 기술이 불가능하다는 것이다.

사(事)는 사(史)이고 법(法)은 경(經)이며 그 문(文)은 자치통감에 인(因)한 것이나, 그 의(義)는 춘추(春秋)에서 취(取)한 것이라고 말하고 있다. 동사회강(東史會綱) 범례 상(凡例 上)에서 임상덕(林象德)은 기자수봉설(箕子受封說)을 믿지 않는 근거로 서전(書傳) 미자편(微子編)에 기자(箕子)는 나라와 더불어 존망(存亡)을 함께하고 타인(他人)에게 신복(臣僕)하지 않는 것을 의(義)로 삼았다는 기록을 중시(重視)한다 하고 은말(殷末) 주초(周初)로 말할 것 같으면 중국과 조선이 만여 리(萬餘里)나 떨어져 있어 통교(通交)하기 이전이요, 통교가 있었다 하더라도 조선은 만황(蠻荒)의 미개한 상태인데 이러한 곳에 주무왕(周武王)이 존사(尊師)인 기자를 봉(封)했을 이유가 없었을 것으로 추측하고 있다. 그는 황괴(荒怪) 참위(讖緯)한 이야

우고 목(目)을 붙인 것은 주희(朱熹)의 강목을 본떴고 삼국사기, 고려사, 여사제강(麗史提綱), 동사찬요(東史簒要), 기타 한(漢) · 당(唐) · 송(宋) · 명(明)의 역사책으로부터 대명통일지(大明統一志)에 이르기까지 참고하여 편찬하였다. 이 책 범례(凡例) 상(上)에 東方檀君首出開國 箕子肇興文物이라 하고 있다.

기를 원칙적으로 삭제한다는 입장을 취하고 있다.

최석항(崔錫恒: 1654~1724)[32]은 손와유고(損窩遺稿) 권12(卷十二) 기(記)에 정유(酉: 1717) 참성단(塹城壇) 개축기(改築記)에 "環東土數千里 江都爲保障之重地 環江都數百里 摩尼爲望秩之名山 山之西最高處 累石爲碁 卽所謂塹城壇也 世傳檀君築而壇之 爲祭天之所云 顧年代敻邈 風磨雨齧 西北兩面 太半頹圮 東偏階級 亦多傾仄 州之父老 相與咨嗟歎 吒者久之 不佞添叨居留來守是邦 是年春回巡審之役 試一登覽 慨然有重修之意 遂命■頭浦別將金德夏 傳燈寺總攝僧愼默主其事 改築之 不一旬而訖工噫興壞補弊 不廢舊觀 有官守者之所■勉 況檀君生並唐堯之世 實爲我東生民之祖 壇之設又其圜丘禋祀之地 而曆數千年 迄爲遺民之所瞻敬 則修完之擧 烏可已乎 愼默請記始末 以視後人 書此以識之"라 하였다.

崧岳集은 林昌澤(1682~1723)[33]의 저서로 崧岳集卷一 海東樂府에

32) 최석항(催錫恒)은 호를 손와(損窩)라 하고 몸집이 작고 차림이 초라하기로 유명하였다. 전국 관찰사 중에서 제일이라고 알려졌다. 당시 소론의 4대신 중 1인이다. 손와유고(損窩遺稿) 권12(卷十二) 기(記)에 정유(丁酉: 1717년)조에 단군예찬(檀君禮讚)을 하고 있다. 그는 문집 손와유고(損窩遺稿) 卷十二 記에 참성단 개축기(塹城壇改築記)가 1712년 정유(丁酉)에 시행하였다 한다.

33) 임창택(林昌澤)의 아버지는 절충장군(折衝將軍)을 지낸 영준(英儁)이며, 어머니는 개성김씨로 국건(國健)의 딸이다. 숙종 37년(1711) 사마시(司馬試)에 합격하고 개성인 송도(松都)에 백운동(白雲洞) 서당(書堂)을 짓고 후진양성(後進養成)에 힘썼다.

고체시(古體詩)를 비롯하여 각체(各體)의 문장에 능통하였다. 사마천(司馬遷)과 반고(班固)의 문장을 추모(追慕)하여 그들의 문체(文體)를 모방하였다. 당(唐)나라 이백(李伯)의 시(詩)를 좋아하여 애송(愛誦)하였다.

영조(英祖) 8년(1732) 생전의 학행(學行)과 문장(文章)이 사회에 끼친 공로로 특별히 사헌부(司憲府) 지평(持平)에 추증(追贈)되었으며 숭남사(崧南祠)에 제

檀君祠(唐堯戊辰 神人降于太白山神木下 國人立爲君 是爲檀君)를 노래하면서 "中國有聖人 海東有神人 蒼蒼太白山 鬱鬱檀木春 金麟一去兮 不復還祇今 遺廟浿江濱"이라 하였다.

성호사설(星湖僿說)은 이익(李瀷: 1681~1764)[34]의 저술로 단군에

향(祭享)되었다.

저서로 숭악집(崧岳集) 4권이 있다. 이러한 그의 저서 속에 단군사(檀君祠)를 숭모(崇慕)한 시(詩)가 남아 있다.

그는 1682년(肅宗 8년)~1723년(景宗 3년)에 살다 간 조선후기의 학자로 호(號)를 숭악(崇岳)이라 하였으며, 1732년(영조 8년) 생전에 학행과 문장이 사회에 끼친 공로로 특별히 사헌부 지평에 추증되었으나, 숭남사(崇南祠)에 제향되었다. 저서로 숭악집(崇岳集) 4권이 전한다.

34) 이익은 대사헌을 지낸 李夏鎭의 아들로, 號를 星湖라 하여 본명보다 호로 더욱 유명하다. 柳馨遠의 學風을 계승, 실학의 大家가 되었으며, 天文, 地理, 醫藥, 律算, 經史에 많은 업적을 남겼다. 영조는 그의 명성을 듣고 불렀으나 사양하고 저술에 힘쓰면서 서학사상에도 깊은 관심을 가졌다. 경기도 광주 첨성리(瞻星里)에 살면서 실증적인 사상확립에 몰두하였다.

역사서술 태도에 있어서도 이제까지의 방법을 버리고 비판적 고증적인 파악을 중요하게 여겼다. 그의 사상은 수많은 제자들이 계승했으나 丁若鏞이 이를 집대성하였다. 李瀷은 1681년에 나서 1764년에 죽었는데, 增廣科에 합격하였으나 그의 형 李潛이 黨爭으로 희생된 후 벼슬에 뜻을 버리고 학문에 몰두해 柳馨遠의 學風을 계승해 실학의 大家가 되었으며, 天文, 地理, 醫藥, 律算, 經史에 많은 업적을 남겼다.

그는 평생 벼슬에 뜻을 두지 않고 廣州 瞻星里에 머물며 학문에 연마하였으며, 國家復興을 위해 자기의 이상과 포부를 저술하였다. 특히 역사서술 태도에 있어 종래의 방법을 따르지 않고 비판적 · 고증적 파악을 중요하게 여겼다. 그 후 제자 安鼎福, 李家煥, 李重煥, 尹東奎, 愼後聃, 權哲身 등에 계승되고 정약용에 의해 집대성되었다.

星湖塞說은 李瀷의 30권 30책을 寫本으로 한 全集이다. 天文門 3권, 萬物門 3권, 인사문 11권, 경사문 10권, 시문 3권인데 총 5문으로 나누어 심혈을 기울여 고증을 가했다.

순조 초에 등초하여 朝鮮總督府本이 유행한다. 근세 연구에 귀중한 자료가 되고 있다. 이 밖에 성호사설류선 10권 10책의 사본을 이익의 제자 安鼎福이 편찬하였는데, 성호새설의 문을 편으로 고쳤다. 이를 다시 細目을 붙여 종류에 따라

대한 설을 그대로 믿어서는 안 된다고 하고, 이제까지의 통설에 반대한다고 하였다. 또한 단국(檀國)의 중심지를 요심지방으로 보고 평양중심설을 강력히 반대하였다.

단군(檀君)과 순(舜)은 같은 동이(東夷)인으로 근접해 있던 까닭에 순(舜)의 교화에 입었을 것으로 보았다. 단군조선이 夷의 단계를 벗어났다는 증거로 교민편발개수(教民編髮蓋首)를 들고 있으나, 하(夏)나라의 복수제(腹首濟)를 딴 것으로 하(夏)와의 명백한 교류가 있었다고 하였다.

> 僿說 經史門 三聖祠 및 全集 上檀 卷25 答安百順(丙子) 別紙 檀箕疆域 萬物門 髮鬢條 [東史云 檀君敎民編髮蓋首……檀君與堯竝時 歷舜至禹 舜之十二州 至於幽……] 권양촌이 단군천세를 역년으로 생각한 것은 정론이다. 그러나 천세 뒤에 말손(末孫)이 산에 들어가 신(神)이 되었다는 것은 타당성이 없는 듯하다.

최고운의 글에 의하면 요지(遼地)에 있는 듯하고 뒤에 평양으로 도읍을 옮겼다고 하는데, 묘향산을 처음 단군이 내려왔다는 곳으로 생각하기 때문에 구월산을 백악(白岳)으로 보며 어찌 구월산을 백악으로 불렀겠는가!

편집하고, 편자 자신의 說로 小註를 달았다. 星湖僿說 卷一에는 天地門에 箕指我東東方人文 檀君之世 鴻濛未判 歷千有餘年 至箕子東封 天荒始破 檀箕疆減이라 하였고 星湖僿說 卷二十五에 檀箕前代君臣祠를 실었으며, 經史門 星湖僿說 卷二十六에는 三聖祠를 기술하고 輿地勝覽을 引用하여 古記云 天神桓因使庶子雄 持天符三印이라 하였다.

고려사에 김위 가도선신지비기를 인용하여 서경을 백아강이라 했는데 서경은 평양이다. 백강은 백악이 아니겠는가…… 단으로 국호를 삼았다면 그 자손들도 또한 단군일터이니 이 또한 억설에 지나지 않는다. 진실을 지나치게 버리고 있다.

원래 기자(箕子)의 소봉지(所封地)를 요서지방(遼西地方)으로 보는 견해는 세조때 권람(權擥)이 지은 응제시주(應製詩註)에서 처음 제시된 것인데, 그것이 한동안 추종을 얻지 못하고 있다가, 조선 후기에 들어와서 이익이 처음으로 이 말을 인용하였던 것이다.

약산만고(藥山漫稿)는 조선후기 오광운(吳光運: 1689~1745년)[35]의 저작물로 태백단(太伯檀)에서 東方初無君長 有神人率徒三千 降于太伯山檀木下 謂之神市 國人立爲君 國號朝鮮 以東表日出之故也 古記云 與堯幷立於戊辰 壽千四百八年云 或曰檀氏傳世歷年之數 非檀君之壽也 至若熊化爲女昏而生子之說 尤荒誕 不幷記 鬱鬱蒼蒼太伯檀 問誰栽者盤古氏 枝聳一千仞 香聞三千里 飈輪龍馬君所止 身披扶桑黃襖子 手扶雲漢末派水 堯耶舜耶吾不聞 漠漠雲海開神市라 하면서 단군을 예찬하고 있다.

이광사(李匡師: 1705~1777년)[36]는 그의 문집인 원교집(圓嶠集)

35) 오광운(吳光雲)은 조선시대 후기의 文臣으로〈1689년(숙종 15년)~1745년(영조 21년)〉 호를 약산(藥山)이라 하였다. 英祖의 蕩平策下에서 청남(淸南)세력의 정치적 지도자로 활약하였고, 柳馨遠의 저서인 磻溪隧錄 序文을 썼다. 저서로 藥山漫稿가 있다.

36) 이광사(李匡師: 1705~1777년)는 서도가로 이름이 났다. 眞草書藝의 독특한 體를 세워 조선시대 書藝中興에 크게 이바지하였다. 그의 문집인 원교집(圓嶠集)은 태백단(太伯檀)에서 東方始無君長 神人率徒三千 降于太伯山檀木下 謂之神市 國人立爲君 國號朝鮮 以日始出也라는 古記를 引用하고 있다.

태백단(太伯檀)에서 東方始無君長 神人率徒三千 降于太伯山檀木下 謂之神市 國人立爲君 國號朝鮮 以日始出也라는 고기를 인용하고, 무진년(戊辰年)에 나라를 세웠다 하나 천수가 얼마인지 或曰其傳世歷年之數也라 하고 있다. 원문은 다음과 같다.

古記云 與帝堯幷立于戊辰 壽千四百年 或曰其傳世歷年之數也 天壽何歲 地摭何際 日月何時紓閔山何世奮 木何時託祇 天地日月稿其精氣 乃降聖人于彼山木之下 (叶胡耐切) 日月侔明 天地侔大 生已祥靈 不事而化(叶許旣切)建國朝鮮 化被千四百歲

여암전서(旅菴全書)는 신경준(申景濬: 1712~1781년)[37]의 문집으

37) 호(號)를 여암(旅菴)이라 하여 세상에 널리 알려진 신경준(申景濬)은 특히 팔도 산천도리(山川道里)의 지리에 해박하였다. 영조 때 왕명으로 동국여지승람을 감수하고 그 공로로 승정원 동부승지에 뽑힌 후 병조참지에 있으면서 八道地圖를 監修하였다.
신숙주(申叔舟)의 아우인 말주(末舟)의 10대 손인 진사 내(淶)의 아들이다. 33세 때까지 여러 곳으로 옮겨 살다가 43세까지 고향에 묻혀 살면서 저술에 힘썼다. 그의 대표작으로 운해훈민정음(韻解訓民正音)을 지칭할 수 있다. 43세 되던 영조 30년(1754년)에 비로소 향시(鄕試)에 합격하였는데, 당시의 시험관은 홍양호(洪良浩)였다.
그해 여름에 증광시(增廣試)에 을과로 급제하였으며, 상경 후 홍양호와 교분이 두터웠다. 합격 후 정언, 장령, 현감 등을 역임한 다음 1769년 종부시정(宗簿寺正)이 되어 강화의 선원각(璿源閣)을 중수한 뒤, 일단 고향에 돌아갔으나, 영조의 명으로 여지승람(輿地勝覽)을 감수하고 1770년에는 문학지사(文學之士) 여덟 분과 함께 문헌비고(文獻備考)를 편찬할 때 여지고(輿地考)를 담당하였다.
그해 6월 6일부터 8월 14일까지 동국여지도(東國輿地圖) 감수를 맡았다. 이후 승지 · 북청부사, 순천부사, 제주목사 등을 역임하고 고향으로 돌아가 여생을 보낸 다음 1781년(정조 5년) 70세로 일생을 마쳤다. 운해훈민정음(韻解訓民正音) 행장에는 오성운해(五聲韻解), 일본증운(日本證韻), 언서음해(諺書音解), 평측

로 동서 권4(卷四) 강계고(疆界考) 삼조선(三朝鮮)에서 전조선국(前朝鮮國)이라는 표현을 하면서 단군왕검이 태백산정 신단수 아래에 국인들이 임금으로 삼고 나라를 세웠는데 국호를 조선이라 했다는 것이다.

이 태백산은 평안도 영변부 동쪽으로 130리쯤 되는 오늘날의 묘향산이라 하였다고 반계 유형원의 여지지를 인용하고 있는데, 후조선국(後朝鮮國)이라는 표현도 쓰고 있다. 동국통감(東國通鑑)의 말을 인용하여 단군이 처음에 평양에 도읍하고 후에 백악으로 옮겼다고 하면서, 평양은 오늘날 평안도 평양부라 하고 성내에 단군사가 있어 매년 춘추로 향축을 올렸다고 한다.

그는 안(按)이라 하면서 고기(古記), 삼국유사(三國遺事), 동국통감(東國通鑑), 유관(柳寬)의 말을 인용, 자기의 견해를 피력하고 있다. 근와집(芹窩集)은 조선조 정조때의 재상으로 호를 근와라 하였

운호거(平仄韻互擧), 거제책(車制策), 병선책(兵船策), 수차도설(水車圖說), 논선거비어(論船車備禦), 의표도(儀表圖), 부앙도(頫仰圖), 소사문답(素沙問答), 직서(稷書) 이 밖에 장자변해(莊子辨解) 등 다수가 있다.

그는 여암전서(旅菴全書) 권4(卷四) 강계고(疆界考)에서 단군의 내력을 말하고 국도(國都)인 평양을 논하고 백악(白岳)과 3조선(三朝鮮)에서 전조선국(前朝鮮國), 후조선국(後朝鮮國)이라는 표현을 하였다. 강계(疆界)를 논하면서 우수주(牛首州)에 팽오비(彭吳碑)가 있다 함은 무궤지심야(無稽之甚也)라 하였다.

한서식화지(漢書食貨志)에 팽오가 예맥조선에 창해군을 설치했다는(彭吳穿濊貊朝鮮 置滄海郡 本記通覽云) 말과 우수주에 팽오비가 있다는 것을 비판하고 있다.(牛首州有彭吳碑) 而東國歷代總目曰 壇君命彭吳治國內山川 奠民居是以彭吳爲壇君之臣 無稽之甚也 後朝鮮國 國都王儉城(儉史記作險) 王儉城卽壇君舊都 今在平壤府 府城南正陽門外 有箕子宮故址라 하였다.

후조선국의 국도가 왕검성에 두었다 하는데, 이 왕검성은 오늘날 평양성 남쪽 정양문 밖으로 기자궁 옛터가 있다 한다. 이러한 그는 1712년(숙종 38년)에 나서 1781년(정조 5년)에 돌아간 인물로 세칭 조선 영조 때의 학자로 불린다.

고 시호(諡號)를 효간(孝簡)이라 하였다. 김희(金熹: 1729(영조 5년)~1800(정조 24년))[38]는 효성이 지극하고 청렴결백하였으며, 죽은 후 3년간 국가에서 대신의 녹봉을 보냈다.

근와집(芹窩集) 권8(卷八) 기(議)에 "文化桓因檀雄檀君三聖祠獻議 三聖祠祭品祭服之所當厘正而復舊 既有大臣及諸臣之議 臣豈有異見哉 但祝式與崇仁殿之例 諸議不一 而以臣愚見 位版所題 毋論名與號 既在刱設時 而今不可改則祝式所稱揆以禮意 恐不의 與位版有所異同 若稱以第一第二第三位 則雖似致敬 實則違禮矣 至於崇仁之例 三聖之於箕聖 不無間焉 則崇奉之節 亦豈可若是班乎 臣於典禮素甚蔑識 今此所對只是臆見 伏惟上裁"라 하였다.

동사강목(東史綱目)은 안정복(安鼎福: 1712년(숙종 38년)~1791년(정조 15년)[39]의 저작으로 호(號)를 순암(順菴)이라 하였다. 그는 동

---

38) 김희(金喜)는 호를 근와(芹窩)라 하였는데, 효성이 지극하고 청렴결백하였으며, 우의정이 된 후 기사(耆社)에 들어갔다. 사후(死後) 대신의 녹봉을 국가에서 지급하였다.

39) 순암(順菴) 안정복(安鼎福: 1712년(숙종 38년)~1791년(정조 15년))은 일찍이 과거에 응할 생각을 버리고 실학의 대가인 李瀷에게 수학하여 읽지 않은 책이 없을 정도였으며, 특히 주자(朱子)의 대전어류에 밝아 남을 가르칠 때나 정치를 할 때 주자학을 토대로 하였다. 그의 명성이 드높았으므로 1749년(영조 25년) 후릉(厚陵) 참봉(參奉)에 임명하였으나 부임하지 않았다.
이어서 萬寧殿 참봉으로 생전에 처음 나아갔고, 1751년 의령고(義盈庫) 봉사(奉事), 사헌부 감찰에 이르렀다가 물러나와 고향인 德谷에 은퇴하여 20년 동안 저술에 힘썼다. 1772년(영조 48년) 왕세손(정조)의 스승으로 남다른 대우를

사강목(東史綱目) 범례(凡例)에서 정통을 단군을 비롯해 기자, 마한, 신라(正統謂檀箕馬韓新羅)로 보고 신라를 문무왕(文武王) 9년 이후로부터 고려 태조(高麗太祖) 19년 이후로 보았다.

위만(衛滿)이 단군조선을 찬탈(簒奪)하였으며 부여가 북방영토를 상실한 이후, 영구히 한국땅에서 벗어났다고 하고, 교민편발개수(教

받았으며, 1781년(정조 5년) 돈녕주부가 되었다가 獻陵令으로 전근. 1789년(정조 13년) 오랫동안의 공로로 통정대부에 승진, 첨지중추, 동지중추 광성군에 피봉되었으나 병으로 사임하였다.

동사강목(東史綱目)은 단군조선에서 고려 말까지를 다룬 통사적(通史的)인 역사책으로 20권 20책의 필사본이다. 본편은 열일곱 권(十七卷)이며 부록으로 3권이 더 있다. 서술체제는 편년체이나 주자(朱子) 자치통감강목(資治通鑑綱目)의 형식에 의하여 강(綱)과 목(目)으로 서술된 역사서이다.

1756년(영조 32년) 순암의 나이 45세 때부터 본서의 편찬을 시작하여 3년여에 걸쳐 초고를 완성하였으나, 이는 편찬을 시작하기 5년 전인 1751년에 자치통감강목을 연구하면서부터이다. 초고를 완성한 뒤에 스승인 이익, 친구인 윤동규(尹東奎), 이인섭(李寅燮) 등에 서신을 통하여 역사에 대한 의견을 교환하고 초고를 수정 보완하고 편찬을 시작한 지 22년 만인 1778년에 완성을 보았다.

이 책의 편찬동기는 기존의 연구에 대한 불만에서 시작되었다. 역사가의 중요한 원칙을 5가지로 들기를, ① 계통을 밝히고, ② 찬탈자와 반역자를 엄하게 평하고, ③ 是非를 올바르게 내리며, ④ 충절을 높이 받들며, ⑤ 법제를 상세히 살필 것 등을 들고 있다.

이외에도 특기할 것은 지리고(地理考) 서(序)에서 역사가는 강역을 먼저 알아야 역사의 성쇠를 알 수 있다고 강조하였다. 동사강목도(東史綱目圖)를 상·중·하로 싣고 있다. 상편에는 단군, 기자전세지도(檀君 箕子傳世之圖: 附 衛氏), 신라삼성전세지도(新羅三姓傳世之圖: 附 駕洛國·大伽國), 고구려전세지도(高句麗傳世之圖: 附 夫餘國·渤海國), 백제전세지도(百濟傳世之圖)와 고려전세지도(高麗傳世之圖)를 싣고 있다.

또한 신라 이후 고려까지의 도표(圖表) 뒤에는 역대왕의 치적을 평가한 시론을 싣고 있다. 중편에는 역사지도로 당시의 지도, 조선, 사군(四郡), 삼한도, 삼국초기도(三國初期圖), 고구려전성도, 백제전성도, 신라전성도, 신라통일도, 고려통일도(高麗統一圖) 등을 싣고 있다.

民編髮盖首)를 하고 국호(國號)를 조선이라 하면서 단군(檀君)이 처음에 평양으로 하고(初都平壤), 후에 백악(後徙白岳)으로 옮겼다고 하였다.

조선의 기원과 단군이칭(檀君異稱), 왕검(王儉)과 부루를 두 분(夫婁當有二人)이라 하고, 단군이 돌아감(檀君薨)에 대해서는 아사달에 들어가 신이 되었다(入阿斯達爲神)고 하였다.

단군원년, 후조선, 장당경, 단군총 등에 대해 언급하고, 동사강목(東史綱目) 부(附) 권하(卷下) 잡설(雜說)에서 단군강역고(檀君疆域考), 태백산고(太伯山考), 백악고(白岳考: 附阿斯達)에 대해 언급하기도 하였다.

기년아람(紀年兒覽)은 이만운(李萬運: 1778년(영조 12년)~?)[40]의 저작집으로 본서 권5(卷五) 서(序)에

> 檀君朝鮮(世稱前朝鮮 都平壤 後徙白岳) 傳世(未詳) 歷年一千二百十一年 檀君(諱王儉 唐堯二十五年戊辰立爲王 國號朝鮮 都平壤 後徙白岳) 世號唐藏京 商武丁三十九年乙未 入阿斯達山爲神 在位一千四十八年 壽同 ■或云享國一千二百十一年 壽一千九百八歲 派系로(祖桓因俗號天神 ■父桓雄俗號神市)를 들고 后妃와(非西岬河伯女生解夫婁) 陵墓에 관해(一在江東縣西 周四百

40) 이만운(李萬運: 1778~?)의 저작집으로 [紀年兒覽 卷五 序에 고실(故實) 세칭 전조선(世稱前朝鮮)을 檀君朝鮮이라 하고 고실(故實)에서는 ■編髮盖首 ■遣子夫婁朝塗山 ■後孫傳至商辛戊寅乃亡 夫婁後爲北扶餘王 ■平壤有崇靈殿 文化有三聖祠라 하고 이 책이 아동들이 제 조상을 일깨우는 데 일조가 되기를 바랐다.

十尺 一在縣北刀山)이라 하였다. 특히 고실(故實)에 대해 언급하기를 (箕國內山川 ■編髮盖首 ■遣子夫婁朝塗山 ■後孫傳至商辛戊寅乃亡 夫婁後爲北扶餘王 ■平壤有崇靈殿 文化有三聖祠) 攷異(史記云 在東表日出之地 故號朝鮮 索隱云 有汕水故名 ■唐藏京在文化 阿斯達山卽九月山在文化 ■謹按古記云 東方初無君長 只有九種夷 有桓因命庶子雄降于太白山神檀樹下

時有雄食靈藥 化爲女神(身) 與雄爲婚 生王儉 是爲檀君 太白山卽妙香山 在寧邊 ■又按古史云 檀君商武丁八年乙未爲神 壽一千四十八 武丁八年則當爲甲子而非乙未 壽當爲一千十七 而非一千四十八 以乙未及一千四十八各互考之 當作三十九年 ■又按檀君之壽 一千四十八已是可疑 而檀君曾孫東扶餘王帶素爲高句麗大武王所殺 大武王卽當漢光武之世 則自檀君子解夫婁至帶素不過三世 自武丁至光武則歷殷 周秦兩漢拾爲一千三百三十九年恐無是理 洪武丙子吉昌君權近奉使朝京 ■太祖皇帝命檀君詩 近應製曰 傳世不知幾 歷年曾過千 世以爲實記云)이라 하였다.

都平壤 又都唐藏京(在今文化縣 一云藏唐今俗訛傳庄庄坪) 後徙白岳(今文化縣 阿斯達山卽九月山也) 檀君名王儉 唐堯二十五年戊辰立 始降于太白山(今寧邊妙香山白亦作伯) 檀木下(檀亦作壇) 商武丁八年甲子 入阿斯達山爲神 廟在平壤(阿斯達山亦有三聖祠曰檀因檀雄檀君) 或云 周武王時箕子東來 檀君乃移唐藏京後人名其所都 平壤爲王儉城 右(起唐堯二十五年戊辰 止商武丁八年甲子) 凡一千一十七年(或曰 壽一千九百八歲 或曰一千四十八歲 或曰二千八百歲) 又(起商武丁九年乙丑 止周武王元年己卯)

凡一百九十五年 合一千二百一十二年(或曰 檀君壽逾千歲 或曰 子孫歷年之數 未詳).

기년아람서(紀年兒覽序) 동서(同書) 권3(卷三) 아정유고 3(雅亭遺稿三)에 一日 謁嘐嘐齋先生 先生曰 李子萬運 老儒也 嫺於國朝文獻 援引古事 犂然有據 幾不錯其日月 不佞心自喜曰 斯豈非所謂今世之顧朱耶 卽起往拜李公于東里…… 於是不佞試擧檀箕以來至于國朝 嘗所疑難者三五十事 質問之 公喜氣見于眉宇 若有感乎後生之能就問也 口對手畵 抽羣書識大小覆同異 祛疑正譌 纚纚乎博聞之淵藪也라 하였으며, 이 책 권58(卷五十八) 이목구심서 6(耳目口心書 六)에 東史云 檀君命彭吳 治國內山川 以奠民居云 盖洪水之世 若中國之有伯禹也 本紀 通覽云 牛首州 有彭吳碑 牛首州 卽今春川也金時習詩曰 壽春是貊國 通道自彭吳 按漢書食貨志 武帝時 彭吳穿濊貊朝鮮 置滄海郡 然則彭吳 武帝臣也 非檀君臣也 東人之魯奔類也라 하였다.

이러한 기년아람은 일명 기년편람이라 부르기도 한다. 1777년(정조 1년)에 이덕무가 수정 보완하였고, 이듬해 다시 손질한 후 서문을 붙여 완성시켰다.

번암집(樊岩集)은 채제공(蔡濟恭: 1720~1799년)[41]의 문집으로 권

41) 채제공(蔡濟恭: 1720~1799년)은 조선시대 정조 때의 大臣으로 "진실로 나의 사심 없는 신하이고 나의 충신이다"라고 정조는 말하였다. 지중추부사 채응일의 아들로 태어났으며, 1793년에 잠깐 영의정에 임명되었을 때 노론계의 집요한 공격을 야기하기도 하였다. 그의 문집은 1824년(순조 24년)에 간행되었는데 시(詩), 소(疏), 차(箚), 서계(書啓), 헌의(獻議), 계사(啓辭), 서(序), 기(記), 서(書),

26(卷二十六) 의(議)에서 삼성사제의의(三聖祠祭儀議)를 논하면서 삼성사 제품, 제식은 예(禮)를 중시한다 하였다.

이재전서(頤齋全書)는 황윤석(黃胤石: 1729~1791년)[42]의 저작으로 이재전서(頤齋全書) 하(下)의 자지록(資知錄)과 동국역대형연도(東國歷代享年圖)에 단군조선(檀君朝鮮)이 평양에 도읍하고 또 당장경인 백악(白岳)으로 옮겼다고 하면서 단군왕검이 당요(唐堯) 25년 무진(戊辰)에 처음으로 태백산 단목 밑에 내려왔고, 아사달에 들어가 신이 되었고, 묘는 평양에 있으며 그 수(壽)가 1017세, 1212년 등이라 하였다.

수산집(修山集)은 수산 이종휘(李種徽: 1731~1797년)[43]의 문집으

제문(祭文), 애책(哀册), 애사(哀辭), 지장(誌狀), 전(傳), 발(跋), 비탑문(碑塔文), 명(銘), 찬(贊), 교문(敎文), 전(箋), 장문(狀文), 상량문(上樑文), 설(說), 잡저(雜著) 등이 수록되어 있다. 이러한 번암집(樊岩集) 권26(卷二十六) 의(議)에 삼성사 제의의(三聖祠祭儀議)에 관해 개진한 바 있다.

42) 황윤석(黃胤石)은 호를 이제(頤齋)라 하여 이제전서(頤齋全書)를 남기고 있다. 김원행(金元行)의 문하에서 배워, 백가에 널리 통하였고 경학(經學)에 정통하였다. 이제유고 권25 및 잡저에 들어 있는 화음방언자의해(華音 方言字義解)와 권26에 들어 있는 자모변(子母辨)은 국어 연구에 좋은 자료가 되고 있다.
1759년(영조 35년) 사마시(司馬試)에 급제하였고, 1766년(영조 42년)에 유일(遺逸)로 익찬(翊贊)에 이르렀다. 순조(純祖) 때 도내(道內)에 사림사(士林祠)를 세워 이에 제사를 지냈다.
이재전서(頤齋全書) 하(下) 자지록(資知錄)에 동국역대형연도(東國歷代享年圖)에 단군수유천세(檀君壽逾千歲) 혹왈자손역연지수(或曰子孫歷年之數) 미상(未詳)이라 하였고, 이재전서(頤齋全書) 하(下)에서도 자지록(資知錄)에 기자조선급마한세가(箕子朝鮮及馬韓世家)에서는 권양촌응제시(權陽村應制詩)의 내용을 답습하면서 傳世不知幾 歷年曾過千 不曰檀君之壽 而曰傳世者 或此近矣라 하고 있다. 일설에는 1729년(영조 5)~1791(정조 15년)까지 산 인물로 알려지고 있다. 작자는 이제전서(頤齋全書) 상하(上下) 자지록(資知錄)과, 이재속고(頤齋續稿), 이수신편(理數新編), 자지록(資知錄) 등이 남아 있다.

로 동서 권11(卷十一) 동사단군본기(東史檀君本紀)를 논하였다. 명은집(明隱集)은 金壽民(1734~1811년)[44]의 저작으로 동서 권4(卷四) 기동악부(箕東樂府) 震檀歌(檀君)에 震檀初一變 天降神人太白山巓 開國扶桑紅日下 國號曰朝鮮 記元戊辰歲 唐堯二十五年 命彭吳奠山川

43) 조선조 영조 때의 수산 이종휘는 시문집을 남겼는데, 그의 아들 李東煥이 1803년(純祖 3년)에 간행하였다. 修山集卷十一에 東史檀君本紀와 修山集 卷十三에 東史 神事志에 朝鮮初有桓國帝釋 庶子桓雄 受天符三印 與其徒三千降于太白之山上有神壇 與天王野合而生檀君云이라 하여 단군을 숭앙하고 있다.
이 책은 예각인서체자본(芸閣印書體字本)으로 순조 3년(1803년) 그의 아들 손에 의해 편집 간행되었다. 권두에 이계(耳溪), 홍양호(洪良浩)의 서문과 趙重의 후서(後敍)가 있다. 권말에 신대우(申大羽)의 발문 등이 있다.
권1 · 2는 시(詩), 소부(騷賦), 사(序), 서(敍), 권3 · 4는 기(記), 편(편), 설(說), 찬(贊), 명(銘), 권5는 논(論), 권6은 사론(史論), 책(策), 권7 · 8은 행장(行狀), 비(碑), 지명(誌銘), 전(傳), 권9는 제문(祭文), 애사(哀詞), 잡저(雜著), 서(書), 권10은 제후(題後), 발(跋), 독(讀), 권11은 동사본기(東史本記), 권12 · 13은 동사연표(東史年表), 권14는 동국여지잡기(東國輿地雜記), 만필(漫筆) 등으로 구성되어 있다. 사론 가운데는 신라론, 전조선론(前朝鮮論), 고려의 歷代王論에는 삼국 및 고려 역대 왕의 정치, 도덕, 문화와 흥망성쇠에 관한 모든 것을 실기(實記)에 입각하여 자기의 의견을 서술하고 있다.
잡저에는 절의(節義), 복서(卜筮), 의약, 거도, 용도 등 다방면에 걸쳐 그의 깊은 조예를 드러내고 있다. 권말에는 목판으로 된 인심도심도(人心道心圖)와 논설이 있어 그가 성리학(性理學)에도 밝았음을 보고 있다. 그의 지론인 각(覺)이란 깨우치는 바를 말하는데, 각에는 공과 사가 있는데 학문에 뜻을 두면 깨우치는 것은 공(公)이 많고 사(私)가 적어진다는 양지긍정론(良知肯定論)을 펼치기도 한 인물이다.

44) 김수민(金壽民)은 1734~1811년의 인물로 자칭 명나라의 遺民임을 자처, 과거를 포기하고 평생 성리학, 경학, 義理學 연구에 몰두하였다. 일명 明隱稿라 하여 그의 시문집 속에 震檀歌(檀君)라 하여 震檀初一變 天降神人太白山巓 開國扶桑紅日下 國號曰朝鮮 記元戊辰歲 唐堯二十五年......木食穴居舊風俗 敎民編髮五常全 送子夫婁會塗山筐篚玉帛通八挺 觀化商王戊丁甲子歲 阿斯達山爲神玄又玄或言讓位殷師有如唐虞天 傳世不知幾 歷年曾過千이라 하여 단군을 숭앙하고 있다. 이 시문집은 그의 외손인 李致白 등에 의하여 편집 필사되었다.

木食穴居舊風俗 教民編髮五常全 送子夫婁會塗山 筐篚玉帛通八挺觀化商王戊丁甲子歲 阿斯達山爲神玄又玄 或言讓位殷師有如唐虞天傳世不知幾 歷年曾過千이라 노래하였다.

해동악부(海東樂府)[45]는 이복휴(李福休: 生沒未詳)가 해동악부(海東樂府) 권1(卷一)의 환웅사(桓雄詞)에 "古記云 昔有桓國君庶子雄 求出世 君知其意 授天符印三箇送之 雄率徒三千 降於太白山檀樹下 時有一熊一虎 同居 有神人授艾一炷 蒜二十枚曰 食此不見 日光百日 可化人 熊食之如其言 化女身 每於檀樹下 祝有孕 雄私通生子 是爲檀君 都王儉城 國號朝鮮 享國一千五百年 周武王己卯 箕子受封而來檀君避隱阿斯達 山有檀君廟 配食桓雄春秋致祭 國有桓人有雄 父命天符印紅三千法侶如 ■■■■■ 青檀中熊化女 女有身 雄是雄雌之從生神子闔■ 屯王儉城出朝暾 阿斯舊廟榮烟起 白雲千載有英魂 按王儉城 卽檀王儉之所築也. 權陽村近嘗曰 歷年至有幾 傳世不知年 盖示檀君子孫之綿遠也 檀君並堯■■■中國已文明煊爀 而我國則始如盤古之世 其傳說荒誕 世代微茫 有如此者 況僻於我國者乎"라 노래하고

---

45) 생몰연대가 미상인 李福休가 지은 악부시 2권 2책의 필사본으로 서(序)나 발(跋) 등의 글이 전혀 없기 때문에 언제, 어떠한 연유로 지어졌는지 자세히 알 수 없다. 작품 첫 머리 우측 하단에 여주 李福休 士儼箸라는 기록이 있어 작자가 여주 이씨이고 이름은 복휴이며 자가 士儼임을 알 수 있을 뿐이다.
이는 담촌거사(澹村居士)인 해동악부조(海東樂府條)에서 밝혀진 것처럼 작품의 표지제목 및 속제목이 澹村居士의 해동악부와 정확하게 연결되고 있으며, 내용 역시 澹村居士의 해동악부와 연계성을 지니며, 전후서(前後序)가 각 편마다 공존한다는 점도 두 작품이 일치하고 있기 때문에, 이 작품은 담촌거사의 해동악부와 한 작품으로 통합될 성질의 것이라고 할 수 있다. 총 120여 편으로 1 · 2권을 합치면 174편에 달한다. 현존 악부시 가운데 양적으로 가장 방대한 작품이다.

있다.

죽하집(竹下集)은 김시화(金時和: 1700年代)[46] 작품으로, [竹下集 卷三 記]에 鼎足山記 此日 乃與孫兒漢永 率五六隸卒 單騎卽發 先抵鼎足山傳燈寺 ……招首僧尋問 諸般古蹟 只曰俱是檀君 時事蹟而已 指鼎足三峯曰 檀君三子負土成山 其■■妄可知 指佛殿曰箕子時刱建 渠安知至 元三年之所建者也 摩尼山記 卽日朝晴 促起與卒 卽發摩尼之行 ……日之半 始登脊山 上有石築高臺 名曰參星臺 乃檀君時所築者云 高可數三丈 上可坐四五十人也 妙香山記 妙香山乃海東之名山 而一名太白山也.

粤昔檀君誕降於此山檀木之下 而爲東國草昧生民之主 ……夫此山乃神君神佛鍾靈之地 今若乃仙 山景槩之奇形異跡如 ……檀君臺 石窟靈異之地라 하였다. 문원보불(文苑黼黻)은 1787년(정조 14년)에 간행된 저서이다.

춘관통고(春官通考)[47]는 유희양(柳義養: 1788년)의 문집으로, 이 책 권44(卷四十四) 길례(吉禮)에서, 세조 원년 역대시조의 위판을 고치면서 朝鮮始祖檀君之位라 하였다.

---

46) 조선조 중엽의 문장가로 호를 죽하(竹下)라 하였으며 시문 4편이 있는데, 철종 때 손한영(孫漢永)이 간행하였고, 정족산기(鼎足山記)와 마니산기(摩尼山記), 묘향산기(妙香山記)가 모두 한결같이 단군관련 사실을 읊고 있다.

47) 춘관통고(春官通考)는 유희량(柳希亮)의 문집으로, 仁祖反正으로 집안이 誅殺 또는 유배될 때 그는 巨濟島에 유배되었다. 아들 斗立과 조카 孝立의 謀逆事件에 連坐되어 流配地에서 絞殺되었다.

연려실기술(燃藜室記述)은 이긍익(李肯翊: 1797)[48]의 저작이다. 燃藜室記述 別集 卷四 祀典典故 第四編에 "諸祠 三聖祠 在黃海道文化九月山 享桓因桓雄檀君春秋降香祝致祭 崇靈殿在平安道平壤城外享檀君及高句麗東明王 春秋降香祝 祭以中祀 肅宗遣近臣致祭 御製檀君祠詩曰 東海聖人作 曾聞並放勳 山椒遺廟在 檀木擁祥雲 英宗元年賜額崇靈 己酉 置殿參奉二人이라 하였고, 燃藜室記述 別集 卷十六 州郡에 南道平壤(有城)檀君都平壤 爲前朝鮮 箕子來都 爲後朝鮮과 燃藜室記述 別集 卷十九 歷代典故에 단군조선(檀君朝鮮)을 논하면서 후조선(後朝鮮)이라 하였고, 아사달은 구월의 방언임을 삼한고기(三韓古記)를 인용하고 있다.

청장관전서(青莊館全書)는 이덕무(李德懋: 1741~1793년)[49]의 저

---

48) 이긍익은 조선조 영·정조시대의 학자로 호를 연려실(燃藜室)이라 하였다. 李匡師의 아들이다. 조선 근세사 연구의 선구자가 되었다. 당쟁으로 인하여 온 집안이 화를 당하였다. 그러는 가운데도 연려실기술(燃藜室記述)이라는 방대한 저술을 남겼다.

燃藜室記述 별집(別集) 권4(卷四) 사전전고(祀典典故)에 제사(諸祠)와 연려실기술(燃藜室記述) 별집(別集) 권16(卷十六) 주군(州郡)에 "남도평양(南道平壤)에 성이 있는데(有城) 단군이 평양에 도읍하고(檀君都平壤) 이른바 전조선(爲前朝鮮)이라 하고 기자가 들어서면서(箕子來都) 후조선(爲後朝鮮)이라 하였다고 연려실기술(燃藜室記述) 별집(別集) 권19(卷十九) 역대전고(歷代典故)에 단군조선(檀君朝鮮)논을 언급하고 있다.

원문을 잠시 인용하여 보면 다음과 같다.

檀君諱王儉 舊史檀君記云 有神人降太白山(今寧邊 妙香山)檀木下 國人立爲君時唐堯戊辰歲也 至商武丁八年乙未入阿斯達山(今文化九月山 本名闕山 以有宮闕遺址也 後綏聲呼之 訛爲九月山 一說 阿斯者 方言九也 達者方言月也 阿斯達九月之方言) 神利(三韓古記)元年 教民編髮盖首(君臣男女飮食居處之制 自此始云) 東史 檀君命彭虞治國內 山川 以奠民居 本記通覽 牛首州(今春川) 有彭虞碑按漢書食貨志 彭虞搾濊貊朝鮮 彭虞乃漢人 而非檀君之臣也

작으로 동서(同書) 권11(卷十一) 아정유고 권3(雅亭遺稿 三)에 약산동대(藥山東臺)에 올라 "秀拔孤峯鐵瓮中 闆闔撲地 一州雄二年三月逢晴景 萬水千山入遠空 邃古封彊檀袴㭘 直西分野冀幽通 乾坤眼力初窮處 吸盡盃心落照紅"이라 읊었다.

청장관전서(靑莊館全書) 권58(卷五十八) 앙엽기5(盎葉記五)에 "阿蘭弗 海東韻玉(權文海撰) 所引有曰(不記書名) 阿蘭弗 檀君子夫婁之臣 扶婁子金蛙 都迦葉原 國號東扶餘 案此是後世僧徒僞撰也 檀君之世寧 有阿蘭迦葉等人名地名哉 一人祖加倍數 又有出於虫獸若熊(檀君熊之子 其後爲高朱蒙 徐氏亦出於百濟扶餘氏 卽檀君之後"라 하였다.

해동역사(海東繹史)는 한치윤(韓致奫: 1765~1814년)[50]의 작품으

---

49) 이덕무(李德懋: 1741~1793년)는 이성호(李聖浩)의 아들로 경사(經史)에서 기문이서(奇文異書)에 이르기까지 정통하였다. 서출(庶出)이었기 때문에 규장각 검서관(檢書官) 적성(積城) 현감에 지나지 못하였다. 북학(北學)을 제창, 박제가(朴齊家), 유득공(柳得恭), 이서구(李書九) 등과 함께 4가(四家)로 불리었다.
이덕무는 그의 문집인 청장관전서(靑莊館全書) 권11(卷十一) 아정유고(雅亭遺稿)에 삼락산동대(三藥山東臺)와 청장관전서(靑莊館全書) 권3(卷三) 아정유고(雅亭遺稿)에 기년아람서(紀年兒覽序)를 싣고 있다.
이 밖에 청장관전서(靑莊館全書) 권58(卷五十八) 이목구심서(耳目口心書) 권6과 동서 권58(卷五十八)에 앙엽기(盎葉記) 五에 단군관련 사실을 적고 있다.

50) 한치윤(韓致奫)은 조선시대 말 순조 때의 학자로 만년에 해동역사 71권을 편찬하고 지리고는 완성치 못했으나, 후에 그의 조카인 한진서(韓鎭書)가 7권을 완성하였다. 해동역사(海東繹史) 권2(卷二) 세기(世紀) 二와 동서 권18(卷十八) 예지(禮志) 一 제례(祭禮) 등 단군 묘제(廟祭)에 대해 언급하고 있다.
집안에서는 일찍이 죽은 형님 치규(致奎)의 식솔을 극진히 돌보았다. 조카 진서(鎭書)가 학행으로 세상에 이름이 있었고 진사가 된 뒤 현감까지 나가게 된 것도 그의 보살핌에서 이루어진 것이었다. 한편, 당색을 초월해 폭넓은 학우들을 사귀는 데 노력하였다.

로 동서 권2(卷二) 세기2(世紀二)에 檀君朝鮮 按史記索隱曰 朝音潮鮮音汕 朝鮮有汕水故名 伏生書大傳云 箕子走之朝鮮 武王聞之 因以封之 然則箕子之前 知有朝鮮之稱 而檀君時朝鮮稱否未可的也라 하였고, 동서(同書) 권18(卷十八) 묘제(廟祭)에서 檀君後入九月山 不知所終 國人世立廟祀之者 以其初開國也 今廟在箕子祠東有木主 題曰朝鮮始祖檀君位(朝鮮賦注) 先祖野塘先生遺稿 金南重의 檀君廟 肅肅檀君廟 靈風萬古存 松聲滿虛閣 水色遶空垣 冠盖來頻謁 春秋祀亦奠 題詩愈起敬 幽佩新蘭蓀이라 노래하였다.

동전고(東典考)[51]는 찬자미상(撰者未詳)인데 1862年 이후(以後)

즉 후대 김정희(金正喜)는 만장(挽章)에서 그를 송대(宋代) 옥해(玉海)의 저자 왕응린(王應麟)과 청나라 초기의 고증학자 고염무(顧炎武)에 비유해서 그 업적을 높이 평가하였고, 한치응, 홍명주(洪命周), 심영석(沈英錫)도 그와 같이 평가하였으며, 김유헌(金裕憲)도 그의 인품을 옥(玉)과 난(蘭)에 비유하였다.

해동역사 서문에서 그를 평가한 것도 예외는 아니다. 근 18세기 말에서 19세기 초에 걸쳐서 한국 문화사적 측면에서 결코 무시할 수 없는 인물이다. 새로운 학문분야를 개척하고 이를 위한 색다른 업적을 쌓아올린 성과는 결코 소홀히 할 수 없는 측면이라 하겠다.

그의 생애는 영조 41년(1765년)~순조 14년(1814년)의 조선시대 후기의 학자로 나이 9세 때 글을 읽으면 그 뜻을 완전히 깨닫게 될 만큼 숙성하였다. 그가 성장하였을 때에는 남인의 정치세력이 완전히 꺾였던 터라 벼슬에 뜻을 버릴 수밖에 없었다.

1799년 10월 북경에 使行하는 집안 형님 치응(致應)을 수행하는 기회를 갖게 되었다. 약 2개월 동안 북경에 머무르면서 문화교류의 중요한 기회도 갖게 되었다. 그는 이러한 기회를 이용해서 한국사의 객관적인 서술을 기도하게 되었다. 海東繹史 原編 70권이 바로 그것이다.

51) 찬자미상(撰者未詳: 1862年 以後)인 동전고(東典考)는 권3(卷三) 사전제사(祀典諸祠)에 삼성사(三聖祠)가 황해도(黃海道) 문화현(文化縣) 구월산(九月山)에 있는데, 봄 · 가을(春秋)로 치제(致祭)한다 하였고, 같은 책 권12(卷十二) 역대 단군조선을 거론하고 있다. 이처럼 단군사상은 조선시대 말까지 이어져 왔다.

에 나온 것으로 보인다. 이 동전고(東典考) 권3(卷三) 사전제사(祀典諸祠)와 동전고(東典考) 권12(卷十二)에 역대(歷代) 檀君朝鮮 삼성사(三聖祠)가 황해도(黃海道) 문화구월산(文化九月山)에 있으며 춘추(春秋)로 치제하며(享桓因桓雄檀君 春秋降香祝致祭) 기유에 참봉 두 사람을 두었다 했다(己酉置參奉二人).

정종(正宗) 신축에 도신을 보내 치제하게 하였고(正宗辛丑 遣道臣致祭) 이 책 권12(卷十二)에 구사(舊史)를 인용해 역대(歷代) 단군조선(檀君朝鮮)은 단군왕검(檀君諱王儉)이 有神人降太白山(今寧邊 妙香山)檀木下 國人立爲君 時唐堯戊辰歲也라 하였으며, 至商武丁八年乙未 入阿斯達山(今文化九月山 本名闕山 以有宮闕遺址也 緩聲呼之爲九月山 一說阿斯者方言九 達者方言月也 阿斯達卽九月之方言)爲神(三韓古紀)이 되었고, 원년(元年)에 敎民編髮盖首(君臣男女 飮食居處之制 始此 備考) 동사(東史)를 인용해 언급하고 있다.

이러한 동전고(東典考)에 영종(英宗) 을유(乙酉)에 궤(櫃)를 마련하고 치제하였다 하며(英宗乙酉設櫃於三聖廟致祭), 정종(正宗) 신축(辛丑)에는 도신(道臣)으로 하여금 제품(祭品)을 마련해 전예대로 제사를 올렸고(正宗辛丑 遣道臣致祭 祭品祭式 悉復舊制), 숭령전(崇靈殿)은 평양성 밖에 있다 하였다.

또한 단군과 고구려 동명왕을 모시고 춘추로 중사제(中祀祭)를 올렸으며(在平安道平壤城外 享檀君及高句麗東明王 春秋降香祝 祭以中祀), 숙종임금은 어제시(御製詩)를 지어 근신(近臣)을 보내 치제하게 하였다(肅宗遣近臣致祭 御製檀君祠詩曰 東海聖人作 曾聞幷放勳 山椒遺廟在 檀木靄祥雲).

영종(英宗) 원년(元年)에는 사액(賜額)을 내려 숭령(崇靈)이라 하고 참봉(參奉) 2사람을 두게 하였다(英宗元年 賜額崇靈 己酉置參奉二人). 정종(正宗)은 신축(新築)에 도신(道臣)을 보내 치제(致祭)하였음을(正宗辛丑 遣道臣致祭) 안정복(安鼎福)의 강목(綱目)과 동문휘고(同文彙考)를 인용하고 있다.

동사촬요(東史撮要)[52]는 저자 미상(未詳)으로 철종대(哲宗代)에 쓰여진 것으로 보이며, 동사(東史) 또한 심대윤(沈大允)[53]의 저작집(著作集)으로 단군조선(檀君朝鮮)에 관해 다음과 같이 말하고 있다. "東方初無君長 有神人降有于太白山檀木下 國人立爲君 是爲檀君 國號朝鮮 唐堯戊辰歲也 都平壤 後白岳 至商武丁八年乙未乃絶(凡千四十八年)"

역시 저자 미상인 대동유사(大東遺事)[54] 제1권인 연대목록(年代

52) 찬자미상(撰者未詳)인 동사촬요(東史撮要)는 철종대(哲宗代)에 펴낸 책으로 "檀君後唐堯二十五年而立 我太祖 亦後 明太祖二十五年而興 自唐堯元年甲辰至明太祖元年戊申 三千七百二十五年 自檀君元年戊辰 至我太祖元年 壬申 亦三千七百二十五年 聖神之非天意不能"이라 하고, 곁들여 동국역대도(東國歷代圖)를 그리고 조선의 내력과 단군의 업적을 논하고 있다. 이러한 심대윤(沈大允)의 동사(東史)에는 단군조선(檀君朝鮮)의 건국(建國)과 도읍(都邑)을 평양(平壤)과 백악(白岳)에 옮김(移都)과 1048년간 지속되었음을 일깨워주고 있다.

53) 沈大允은 東史의 저작집(著作集)으로 단군조선(檀君朝鮮)에 관해 다음과 같이 말하고 있다. "東方初無君長 有神人降有于太白山檀木下 國人立爲君 是爲檀君 國號朝鮮 唐堯戊辰歲也 都平壤 後白岳 至商武丁八年乙未乃絶(凡千四十八年)"

54) 저자 미상인 대동유사(大東遺事)는 제1권인 연대목록(年代目錄)에 세 조선(三朝鮮)이라 하여 단군(檀君)부터 고려 말까지의 본문이 실려 있고, 제2권에는 4대조인 목조부터 선조 임진년까지, 제3권에는 선조 계사년부터 숙종 기미년까지가 각각 왕대 순에 따라 간단하게 기술되어 있다. 중요사항을 요약 부기하여 알아보기 쉽게 되어 있다. 전반적인 책의 성격은 연대기적인 초록으로 되어 있

目錄)에 세 조선(三朝鮮)이라 하여 단군(檀君)부터 고려 말까지의 본문이 실려 있고, 제2권에는 4대조인 목조(穆祖)부터 선조(宣祖) 임진년(壬辰年)까지, 제3권에는 선조 계사년(癸巳年)부터 숙종(肅宗) 기미년(己未年)까지가 각각 왕대순(王代順)에 따라 간단하게 기술되어 있다.

두실오언(斗室寤言)은 이환모(李煥模: 1700年代)[55]의 시문집(詩文集)으로 동서(同書) 권3(卷三) 동어(東語)에서 신시기(神市紀)를 일컬으면서 "或日名桓雄 桓因子也(三國史記 昔有桓因帝釋 庶子桓雄 受天符印三介 降于太白山 今安邊府妙香山頂神檀樹下 是爲桓雄天王 將風伯雲師雨師 在世理化 號神市)"라 하였다. 대동장고(大東掌攷) 또한 홍경모(洪敬模: 1774~1851년)[56]의 작품으로 이 책 권1(卷一)

다. 이 책은 3권 3책의 역사책으로 필사본이며 규장각과 장서각에도 비치되어 있다.

55) 두실오언(斗室寤言)은 호를 두실(斗室)이라 한 이환모(李煥模: 1700年代)의 시문집(詩文集) 동서(同書) 권3(卷三) 동어(東語)에서 신시기(神市紀)를 일컬으면서 "或日名桓雄 桓因子也(三國史記 昔有桓因帝釋 庶子桓雄 受天符印三介 降于太白山 今安邊府妙香山頂神檀樹下 是爲桓雄天王將風伯雲師雨師 在世理化 號神市)"라 하였다.

56) 홍경모(洪敬模: 1774~1851년)는 호를 관암(冠巖)이라 하였으며 관암전서(冠巖全書)를 남겼다. 동서 권16(卷十六) 서경기(西京記)를 총사(叢史) 외편(外編) 동사변의(東史辨疑)에 단군(檀君)을 논하였으며, 대동장고(大東掌攷)라 하여 관암전서(冠巖全書) 권17(卷十七)에 고도연혁기(故都沿革記)와 기성잡기(箕城雜記)를 동서 권19(卷十九)에 구월산기(九月山記)와 장문의 삼성사기(三聖祠記)를 싣고 있다.

1809년 문과에 장원급제(壯元及第)하였다. 그는 어려서부터 매우 총명하여 正祖 때 동몽(童蒙)으로 자주 경연(經筵)에 나아가 효경(孝經)을 강론하고 오언시(五言詩)를 지어 상(賞)을 받았다. 순조 때 시독관(試讀官)이 되어 홍문관에 예기(禮記) 등서를 비치하고 진강하기를 주청하여 예기(禮記), 주역(周易), 퇴계집(退溪集) 등을 간행하게 하였다.

역대고(歷代攷)에 말하기를, 조선국(朝鮮國)은 사기(史記)에 이르기를 "在東表日出之地 故名朝鮮 索隱云 有汕水故名"이라 하고 도읍을 평양(都平壤)으로, 후에 백악(後徙白岳: 白岳 今文化九月山)으로 옮겼으며, 강역(疆域)은 동사(東史)에 이르기를 "檀君疆域無可考 而箕子代檀氏 其堤封半是遼地 則檀君之世亦當然矣 ■按檀君地界無可考 而以今八道誌志 遡以推之 平安道及以西遼河以東地 咸鏡道及以北野人地 黃海道江原道京畿漢江以北 忠淸道之忠州槐山延豐鎭川陰城稷山提川丹陽淸風等九邑 皆其管領"이라 하였으며, 단군(檀君)에 대해 말하기를 "唐虞夏商 諱王儉唐堯二十五載戊辰 立爲王 國號朝鮮 都平壤 後徙白岳 世號唐藏京 商武丁三十九年乙未 入阿斯達山 在位一千四十八年 壽同 或云享國 一千二百二十一年 壽一千九百八歲"라 하였고, 계파(系派)로는 "父桓雄俗號神市 祖桓因 俗號天神)后妃(非西岬河政女 生解夫婁"라 하였다.

능묘(陵墓)는 "在江東縣에 있으며 둘레가 410척(周四百十尺)"이라 하고 고실(故實)에서 "奠國內山川 ■編髮盖首 ■遣子夫婁 朝塗山 ■後孫傳至商辛戊寅亡 ■平壤有崇靈殿 文化有三聖祠" 전세(傳世)는 미상(未詳)이라 하였다. 역년(歷年)은 "一千二百十一年"에 고이(攷異)편에 대해, 고기(古記)를 인용해 말하기를 "東方初無君長 只有九種夷 有桓因命庶子雄 降于太伯山神檀樹下 時有熊 食靈藥 化爲女身 與雄爲婚 生檀君 (太伯卽妙香山 在寧邊) ■又按古史云 檀君商武丁

벼슬은 대사헌(大司憲), 이조판서(吏曹判書), 예조판서(禮曹判書), 병조판서(兵曹判書)를 역임하였다. 저서로 冠巖全書, 冠巖外史, 冠巖叢史, 同遊史, 耆社志, 南漢志 등이 있다.

八年乙未爲神 壽一千四十八 武丁八年 則當爲甲子 而非乙未 壽當爲一千十七 而非一千四十八 以乙未及一千四十八 參互攷之 當作三十九年"이라 하였다. 인물(人物)에 대해 언급하기를 팽오(彭吳)가 동사(東史)에 "檀君命彭吳 治國內山川 以奠民居 本記通覽云 牛首州(今春川)有彭吳碑 攷異(按漢書食貨志云 彭吳穿濊貊朝鮮 彭吳乃漢人 非檀君之臣也"라 하였다 하나, 총사(叢史) 동서(同書) 외편(外編) 동사변의(東史辨疑)에 단군(檀君)에 대해 언급하면서 동국통감(東國通鑑)의 내용을 그대로 인용하고 있다.

오주연문장전산고(五洲衍文長箋散稿)는 이규경(李圭景: 1788~?)[57]

57) 오주연문장전산고(五洲衍文長箋散稿)는 조선시대 후기의 실학자인 이규경(李圭景: 1788~?)이 백과사전식으로 찬술한 60권 60책으로 필사본이다. 남았던 것을 육당 최남선이 신문관을 창설하고 광문회를 조직, 고서간행(古書刊行)의 목적으로 수집한 전적(典籍) 가운데 끼어 있었다.
이규경은 호를 오주(五洲)라 하였고 주부 이덕무(李德懋)의 손자이다. 할아버지는 박학다재하여 고금의 제자백가와 기문기서(奇聞奇書)에 이르기까지 통달하였다.
문장에 있어서도 신조(新調)를 일으켜 인정(人情)과 물태(物態)를 잘 그려내었다. 정조가 규장각을 열고 명사를 검서관에 등용했을 때 유득공(柳得恭), 박제가(朴齊家), 서이수(徐理修)와 함께 이른바 4검서(檢書)라 일컬었다.
특히 규장각의 권우(眷遇)를 받아 편서의 일이 있을 때에는 참여하지 않은 일이 없었다. 심염조(沈念祖)의 使行을 따라 그곳에 유환(遊宦)하는 묵객과 종유(從遊)하고 때로는 외출하여 산천 도리 궁실 누대(樓臺)로부터 초목, 곤충, 조수에 이르기까지 이름을 적어와 귀국한 뒤로 명성이 더욱 높았다.
아버지 광규(光葵)도 할아버지를 이어 검서관에 등용되어 오랫동안 규장각에서 일하였고, 그는 청조(淸朝) 실학에 다분히 영향을 받았다.
그는 한국과 중국의 고금사물(古今事物)에 대한 서적을 수백 종 탐독하여 정밀한 고증을 거쳐 천문, 역수(歷數), 종족, 역사, 지리, 문학, 음운, 종교, 서화, 풍속, 야금(冶金), 병사(兵事), 초목, 어조(魚鳥) 등 모든 학문을 고증변증(考證辨證)하여 1400여 항목을 담아 오주연문장전산고(五洲衍文長箋散稿) 60권을 펴냈다.

이 찬술한 것으로 그는 이덕무(李德懋)의 손자로 중국과 조선, 기타 고금의 사물을 고증한 60권을 저술하였다. 그는 동서(同書) 권34(卷三十四)에 단기위국호변증설(檀箕爲國號辨證說)을 논하면서 이익(李瀷)의 사설(僿說)을 논하였다.

즉 임하필기(林下筆記)는 이유원(李裕元: 1814(순조 14년)~1888(고종 25년))[58]이 저술한 책으로 동서(同書) 권11(卷十一) 문헌지장

이 책 대부분은 중국과 조선, 기타 나라들의 고금(古今)의 사물을 고증한 내용들이다. 책 권34(卷三十四) 단기위국호변증설(檀箕爲國號辨證說)과 권59(卷五十九)에 웅파변증설(熊罷辨證說)이 있다.

58) 이유원(李裕元: 1814~1888년)은 헌종 때 영의정을 지낸 인물로 임하필기(林下筆記) 30권을 저작하였으며 예서(隸書)에도 능해 청조(淸朝)에서도 그의 글씨를 높이 평가했다.

동서(同書) 권11(卷十一) 문헌지장편(文獻指掌編) 1(一)에 단군을 재주가 신통하고 비범한 인이(人異)라 하였다. 그는 임하필기(林下筆記) 30권을 집필하였는데, 권12(卷十二) 문헌지장편(文獻指掌編 二)에 단군묘(檀君墓)의 소재를, 권16(卷十六) 문헌지장편(文獻指掌編 六) 전대시조묘(前代始祖廟)가 삼성사(三聖祠)에 있는데 황해도 문화현(文化縣) 구월산(九月山)에 모셔져 있다고 하고, 환인, 환웅, 단군(桓因, 桓雄, 檀君)을 모신 삼성사라 하고, 권18(卷十八) 문헌지장편(文獻指掌編 八) 단군관련 씨족(氏族)에 대해 권36(卷三十六) 부상개황고(扶桑開荒攷)라 하여 동방에 단군이 무진(戊辰)에 건국했다고 하였다(東方自檀君戊辰建國).

이러한 이유원(李裕元: 1814년(순조 14년)~1888년(고종 25년))은 1845년 동지사의 서장관으로 청나라에 다녀와 의주부윤 함경도관찰사를 지냈다. 고종 초에 좌의정에 올랐으나 홍선대원군과 반목하여 수원유수로 좌천되었고, 이해 말에 다시 영중추부사로 전임되어 대전회통(大典會通)의 총재관이 되었다. 1873년 대원군이 실각되자 영의정이 되었고, 세자책봉 문제의 이면에서 일본과 결탁 청국정부에 작용하였고, 1875년에 주청사(奏請使)의 정사(正使)로 이홍장(李鴻章)을 방문(訪問) 회견(會見)하였다. 1879년 영의정으로 있으면서 영국(英國), 프랑스(佛蘭西), 독일(獨逸), 미국(美國)과 통상수호(通商修好)하여 일본(日本)을 견제, 러시아(露西亞)를 방지(防止)하라는 요지(要旨)의 서한(書翰)을 받았다. 1881년 개화를 반대하는 유생 신섭(申櫻)의 강력한 상소로 인해 거제도(巨

편(文獻指掌編) 一에 단군을 재주가 신통하고 비범한 인이(人異)라 하였다. 이러한 임하필기(林下筆記)는 모두 30권으로 권12(卷十二) 문헌지장편 2(文獻指掌編 二)에 단군묘(檀君墓)의 소재를, 권16(卷十六) 문헌지장편 6(文獻指掌編 六)에 전대시조묘(前代始祖廟)가 삼성사(三聖祠)에 있는데 문화현 구월산(文化縣 九月山)에 모셔져 있다고 하고, 환인 · 환웅 · 단군(桓因 · 桓雄 · 檀君)을 모신 삼성사라 하였다. 권18(卷十八) 문헌지장편 8(文獻指掌編八)에는 단군관련 씨족(氏族)에 대해, 권36(卷三十六) 부상개황고(扶桑開荒攷)라 하여 동방에 단군이 무진(戊辰)에 건국했다고 하면서 다음과 같이 표현하고 있다. 즉 東方自檀君戊辰建國이라 표기하였다.

대동역사(大東歷史)는 정교(鄭喬)[59]의 저작으로 권1(卷一) 조선 단군기(朝鮮檀君記)에 무진년(戊辰年)에 당요(唐堯) 25년, 서력 기원 2333년에 왕위에 올라 후도(後都)로 지금의 문화군 구월산인 백악(白岳)으로 옮긴 해가 우순(虞舜) 49년으로 서력 기원전 2207년이라

濟島)로 유배(流配)되었다가 곧 풀려났다. 1882년 일본변리공사 하나부사(花房義質)와 제물포조약(濟物浦條約)에 조인한 인물이기도 하다.

59) 大東歷史는 1905년 鄭喬가 평열(評閱)한 것으로 되어 있으나, 최병헌, 김정현, 한백원, 김영진 등이 쓴 발(跋)의 내용을 보면 정교가 중심이 되었고 최경환, 유호식 등이 참여한 것을 알 수 있다. 여기에 정교는 서(敍)와 범례(凡例)를 작성한 것으로 되어 있다.
이 책의 편찬에 관계한 사람들은 모두 독립협회원 회원들로 자주독립국가로의 발전을 위한 노력의 하나로 1898년부터 편찬에 착수하여 간행된 것이 이 책이다. 내용은 순한문으로 상 · 하 2책이다. 상권에는 단군조선과 후조선, 하권에는 마한이 수록되어 있다. 내용은 東方君辟之鼻祖 考其卽位之年代 與唐堯並世 宴天爰命二聖分治兩國也(兩國謂朝鮮及唐)로 요약되며 단군을 높이 숭앙하고 있다.

하였다. 박용대(朴容大: 1908년) 등의 명의(名義)로 되어 있는 증보문헌비고(增補文獻備考)는 진증보문헌비고(進增補文獻備考)라 하여 여기에 권수(卷首) 편진전(編進箋) 여지고(輿地考) 권(卷)23의 1에 山川, 권(卷)26의 14에 관방(關防) 이(二)라 하고, 제계고(帝系考) 역대기년(歷代紀年) 2.4.7.14에서 예고(禮考)등, 단군의 제묘(諸廟)에 대해 치제(致祭)와 교빙고(交聘考) 등을 싣고 있다.

五

야사류(野史類)와 강역서(疆域書)의 등장(登場)

五. 야사류(野史類)와 강역서(疆域書)의 등장(登場)

1. 야사류에 대한 의미

야사는 주로 풍속, 전설을 취급함으로써 도청도설(途聽塗說)로 돌리는 경향이 많으나 때로는 정사(正史)의 결함 내지 오류를 보완해 주기도 한다. 그런 의미에서 때로는 정사보다 시대상을 잘 반영해 준다는 뜻에서 사료적(史料的) 가치를 높이 평가하기도 한다.

이러한 예로 김대문(金大問)의 계림잡전(鷄林雜傳), 화랑세기(花郎世紀), 최치원(崔致遠)의 신라수이전(新羅殊異傳), 고려 때의 박인량(朴寅亮)의 고금록(古今錄), 이제현(李齊賢)의 역옹패설(櫟翁稗說), 일연(一然)의 삼국유사(三國遺事)를 들 수 있다.

이름만 전하는 김관의(金寬毅)의 편년통록(編年通錄), 정가신(鄭可臣)의 천추금경록(千秋金鏡錄), 민지(閔漬)의 세대편년절요(世代編年節要)와 본조편년강목(本朝編年綱目), 이제현(李齊賢)의 세대편년(世代編年) 등이 있었다고 하며, 연산군 일기 연산군 원년(元年) 11월 계사일(癸巳日)에 보이는 바와 같이 검토관(檢討官) 이관(李寬)이 경연석상(經筵席上)에서 고려 때에는 야사(野史)가 있었는데 아조(我朝)에 이르러 폐지되었다고 한 것으로 짐작되나, 야사야말로 찬반이 엇갈리는 사건에 대하여는 오류를 시정할 수 있는 자료가 되기도 한다.

그 후의 일이지만 16세기에 들어오면서 사림파 계열 인사들에 의해 활발해졌는데, 이러한 가운데 야사를 총서로 편찬하기도 하였다. 그러한 의미에서 여기에 단군관련 규원사화, 단기고사, 실단실기 등 원문(原文)을 야사류로 보아 싣고자 하였다.

2. 강역서(疆域書)에 대한 등장(登場)

숙종 · 정조 연간의 강계고(疆界考), 사연고(四沿考)[1]를 비롯해 정조 때의 아방강역고(我邦疆域考),[2] 고종 때 김정호(金正浩)의 대동지지(大東地誌), 김로규(金魯圭)의 북여요선(北與要選)[3] 등 잇단 지지류들이 나왔는데 이 가운데 여기서는 김정호(金正浩)의 대동지

---

1) 疆界攷와 四沿攷는 산천도리(山川道理)의 地理에 精通한 地理志의 大家로 王命으로 東國輿地勝覽을 監修하였다. 여기에 申景濬은 該搏한 知識과 學德이 높아 天, 官, 職, 方, 聲, 律, 醫, 卜, 海外의 奇書에 이르기까지 道通하였다.

2) 아방강역고(我邦疆域考)는 다산(茶山) 정약용이 편찬한 우리나라 강역에 관한 역사지리서이다. 1903년(광무 7년)에 장지연이 증보하여 大韓疆域考로 책명을 증보하여 皇城新聞社에서 활자본 9권으로 간행한 책이다.

3) 북여요선(北與要選)은 김노규(金魯奎)가 지은 백두산의 정계비에 관한 책으로 알려지고 있으나, 여러 사람의 공저이기도 하다. 상권에는 백두고적고, 백두구강고, 백두도본고, 백두비본고, 하권에는 탐계공문고, 감계공문고, 찰계공문고, 사계공문고 등이 있다.

한(韓) · 청(淸) 두 나라 사이에 강계에 관한 분쟁이 생기므로 저자가 강계에 유의하여 고금의 여러 책에서 자료를 수집하고 간간이 사견을 들어 저술하였다. 필자는 이 책이야말로 한 · 청 두 나라 사이에 문제를 해결할 수 있는 유일한 책이라 확신한다.

지(大東地誌)[4]와 장지연(張志淵)의 대한강역고(大韓疆域考)를 중심으로 논하고자 한다.

대동지지(大東地志)는 고산자(古山子) 김정호(金正浩: 19世)의 노작(勞作)이다. 그는 대동지지(大東地志) 권21(卷二十一) 평안도(平安道) 평양(平壤)에서 숭령전(崇靈殿)은 고려사에 기록되기를 동명사 인리방(東明王祠 仁里坊)에 있다 하였다.

세종 11년에 기자사(箕子祠)를 짓고 이를 단군사와 동명왕사라 하면서 영종(英宗) 5년에 숭령전이라 하고 동왕 5년에 참봉 두 사람을 두었다 하였다. 묘전으로 숭령전(崇靈殿)이 있는데 평양 강동(江東)에 있다고 하였다. 총묘(塚描)는 대총(大塚)으로 강동현 서편 3리에 있는데 둘레가 160척이나 되며 속칭 단군묘라 하였다.

3. 장지연(張志淵)의 대한신지지(大韓新地志)

대한신지지(大韓新地志)는 장지연(張志淵: 1864~1921년)[5]이 쓴

---

4) 대동지지(大東地志)는 金正浩가 홀로 지은 지리책으로 대동여지도(大東輿地圖)를 완성한 후 1864년(고종 1)에 완성하였으나 大院君 攝政 때 國家機密을 漏泄한다 하여 大東地志의 판각(板刻)은 押收되고 著者는 옥사(獄死)하였다.

5) 장지연(張志淵)은 호를 위암(韋菴)이라 하고, 경북 尙州 출신으로 1895년 閔妃弑害蠻行이 자행되자 義兵의 蹶起를 呼訴하는 檄文을 지어 各處에 발송하였고, 1896년 俄館播遷이 일어나자 高宗의 還宮을 요청하는 萬人疏를 基礎하였다. 같은 해 7월 獨立協會에 가입하여 활동하였으며, 1898년 황성신문이 창간되자 기자로 활약하였다. 같은 해 만민공동회의 간부로 맹활약하다가 그해 말 독립협회, 만공동회가 해산당할 때 체포 투옥당하였다.
출판사인 광문사를 설립하여 정약용의 목민심서, 흠흠신서 등을 간행하였다. 1901년 황성신문사 사장에 취임하여 민중계몽과 자립정신 고취에 진력하였다. 1905년 11월 17일 을사조약이 강제로 체결되자 황성신문 11월 20일자에 시일야

것으로 그 서(序) 我國自檀君肇闢歷三四千載疆土之分合沿革紛紜靡定이라 하고 동서(同書) 권1(卷一) 제일편(第一編) 지문지리(地文地理)라 하여 다음과 같이 기술하고 있다.

第一章 名義 距今四千二百四十餘年前에 檀君이 始起하여 平壤에 定都하고 國號를 朝鮮이라 하니 朝鮮의 名義는 或曰潮水와 汕水가 有함이라 하고, 或曰 國이 東表日出의 地에 在함이라 하고, 或曰 朝日이 鮮明함이라 하고, 或曰 鮮卑山東에 在하므로 朝鮮이라 하니 朝는 東方이라 하나니라. 後一千二百十二年에 箕子 東來하사 亦平壤에 都하시고 國號를 朝鮮이라 仍稱하시다. 제5장(第五章) 연혁(沿革)편에는 我國은 古初에 各部落으로 分하였다가 距今四千二百四十餘年前에 檀君이 始起하여 平壤에 定都하고 國을 開하니 其區域은 西北으로 今滿洲地方과 東으로 今江原道等地에 至하고 歷一千十七年(商武丁八年甲子)에 白岳山阿斯達(今文化九月山)에 移都하였다가 (或云唐藏京今文化郡東十五里有宮闕基地 俗稱莊莊坪)歷一百九十五年에 北扶餘(今盛京省開原縣)로 遷居하니라. 自檀君開國으로 至今光武十一年이 四千二百四十年이오.

방성대곡(是日也 放聲大哭)이라는 제하에 국권침탈의 조약을 폭로하고 일제의 침략과 을사오적을 규탄, 국권회복을 위한 구민적 총궐기를 호소하는 논설을 써서 일제의 사전검열을 거치지 않고 전국에 배포하였다. 이 일로 체포, 투옥되었으며 65일 후 석방되었다.

1906년 대한자강회를 조직 국권회복을 위한 본격적인 애국계몽운동을 시작하였다. 1907년 국채보상운동이 일어나자 이 운동을 전국적인 규모로 확산시키고자 신문과 잡지 등에 다수의 논설을 실어 전 국민의 동조를 호소하였다. 중국 각처를 전전하다가 1911년 이후 향리에 칩거하면서 나라를 빼앗긴 울분을 토하다가 1921년 마산에서 사망했다.

계속해서 권1(卷一) 제2편(第二編) 인문지리(人文地理)에는 제1장(第一章) 인종(人種)에 대해 말하기를 大韓의 人種은 亞細亞의 黃人種이라. 上古는 九種의 部落이 有하더니 文化의 闢을 隨하야 各地의 移住民이 混雜한지라 大概 其區別은 三族이 有하니 三曰扶餘族은 古濊種이니 卽亦檀君의 有裔라(檀君後孫徙北扶餘). 그는 大韓新地志 卷一 第二編 人文地理에 "距今四千二百四十餘年前에 檀君이 始起하여 平壤에 定都하고 國을 開하니 其區域은 西北으로 今滿洲地方과 東으로 今江原道等地에 至하고 歷一千十七年(商武丁八年甲子)에 白岳山阿斯達(今文化九月山)에 移都하였다가 (或云唐藏京今文化郡東十五里有宮闕基地 俗稱莊莊坪)歷一百九十五年에 北扶餘(今盛京省開原縣)로 遷居하니라. 自檀君開國으로 至今光武十一年이 四千二百四十年이오"라 하였다.

一. 史料로 본 檀君論 原文

1. 규원사화 서(揆園史話 序)

北崖子旣應擧而不第 乃謂然沒筆後放浪 江湖凡數三歲足跡跆遍鯷2235域 而深有蹈海之悲時經兩亂之後州里 蕭然國論沸鬱朝士 旰食野口懷搤 於是北崖子南自全州月城 歷泗沘熊川 復自漢山入峽 而踏濊貊舊都之地 北登金剛之毘盧峯 俯看萬二千峰 簇擁峭列乃望東海出日而泣下萬丈瀉瀑 而心悲慨然有出塵之想更 西游至九月山抵徊 於唐莊坪感淚 於三聖祠及自平壤 到龍灣登統軍亭 北望遼野遼樹薊雲點綴徘徊 於指顧之間 若越一葦鴨江之水 則已更非我土矣 噫我先祖舊强八于敵國者已千年 而今害毒日甚 乃懷古悲今咨差 不已後還 至平壤適自朝家有建乙支文德祠之擧 卽高句麗大臣 殲隋軍百餘萬 於薩水者也 經月餘至松京始聞 荊妻之訃 急遽還歸居家 益復寂寞 於是搆揆園書屋於是構揆園書屋 於舊居之南負岳之陽聚諸家書 廣采其說 意慾以此終餘生焉夫以力服人者力窮 而人叛以財用人者財碣 而人去力與財 余旣不能有焉 而亦不曾冀求觀乎 荒凉北邙坂下 曾何力與財之有乎 且名者棠之賓也 余將慕名 而爲賓乎 名亦不足願 昔者勿稽子有言 曰天識人心 地知人行日月照人 意神瑰鑑 人爲夫人之 善惡正邪必爲天地神瑰

之耶 照臨鑑識 則斯已矣 寧向髑髏人世汲汲 然競寸銖之名利哉 余決不爲 維 存性養志 修道立功以遺效 於來世後孫 則雖終世無知者 亦可無慍或萬世之後 而一隅知其解者 是旦暮偶之也觀夫閃忽千年往事 曾復何向髑髏人世爭寵辱 於石火光中耶 余嘗論之朝鮮之患莫大 於無國史夫春秋作 而名分正綱耳成 而正閏別春秋綱目者 漢士之賴以立者也我邦經史屢經兵火散亡殆盡 後世孤陋者流溺 於漢籍徒 以事大尊周爲義 以不知先立其本 以光我國是猶藤葛之性 不謀其直 而便求纏絡也豈不鄙哉 自勝朝以降貢使北行累百年 而不爲之恨 猝以滿洲之讎 僞不仇載天 則獨何故耶 噫 雖然若天加寧廟十年之壽 則卽可陳兵於遼瀋馳艦於登萊 縱敗衄旋至 而亦不失爲近世之快事也 乃天不暇聖壽 而終無其事幸也 乃天下假聖壽 而終無其事幸耶不幸耶 余則凄切 而已矣余嘗有志於述史 而固無其材具名山石室渺無珍藏以 余淸貧匹夫 亦竟奈何哉 然何幸峽中得淸平所 著震域遺記中三國以前故史 雖約而不詳比 於巷間所傳區區之說 尙可吐氣萬丈 於是復采漢史諸傳之 文以爲史話 頗有食肉忘味之槪矣 雖然凡今之人孰能有志於斯 而同其感者哉 經曰朝聞道夕死可矣 亦惟此 而已矣 若天假我以長壽 則卽可完成一史此不過爲其先驅而已也噫 後世若有執此書 而歌哭者 是乃余幽魂 無限之喜也 上之二年乙卯三月上澣北崖老人序于揆園草堂

噫 昔者檀儉之肇基立業也 以無爲爲道 以寧靜爲行 扶善滅惡入孝出忠 此誠萬歲之聖訓也 雖然後屬疎遠 而益相分風土互殊 而別其業且膠守陳法 而不知應變遠事 進攻以求攘拓 而其功不得永固 歷檀氏千數百年之隆運 而已作列國分治之勢 於是人和已失 而地利亦去雖三國與渤海者 得偎古威以光我國 而其後無足可聞者 悅金庾信與太宗王恨

麗濟之交攻憤國威之不揚乃誘唐兵 而滅其同族奉封策 而辱其祖宗 實爲萬世之開醜 夫羽翼折 則鵬失扶搖之勢蛩已亡 則齒不免涷寒矣 新羅既引敵國 而■同族棄祖宗之土 而不能復 夫內讎其親外親讎敵 而能無孤弱 則天下之人 亦可到行逆施 而無所也 割肱充■而無所■也

造翁豈有如斯非理也 宇宙之內 滄茫之外 果有一大精靈貫流 周包而推運之者耶 造翁之生人也 欲其養善滅惡 以率萬物者耶 體質之外果有精靈 能扶善滅惡通性完功 則身固有死 而靈可以朝天入神鄕耶 人之於生也 只可安分樂道 忍辛耐苦 而無怨則足耶 存性養志行善 而不怠使得俯仰無愧 則雖死 而無餘亦足耶 吁嘻噫 此數者者 豈可易以爲言哉 余誇爲東夷之人 可對天下 而無愧乎 余歎上古之武勇 而今世之人 皆可不勞戎戟 東斥西攘使國復置 於富强之域耶 吁嘻噫 此數事者今雖弊其舌 而說之乃算死 兒之齡而已也 亦復何大益之有 夫幸不偏技無專民物不可無危難 而家國之興亡飜覆無常 今朝鮮之不幸 是亦將幸之端歟 全觀夫人之分裂民氣之鎖 況而不能不投革長歎也 嗟桓因乎今片區震域一脈 遺民其將 奚爲其將奚爲 [揆園史話] 〈終〉

此書據 无涯梁柱東君 所藏本 而轉寫无涯所藏 亦非揆園原本則明白 只存上卷一册 朝鮮思想上

可足謂一奇書 故 使人寫之

昭和十五年 九月 日

南倉 識

二. 揆園史祠 上

1. 肇判記(조판기)

太古陰陽未分 鴻濛久閉天地混沌 神塊愁慘日日月星辰 堆雜無倫壞海渾瀜群生無跡宇宙 只是黑暗大塊水火相湯不溜利那 如是者己數百萬年矣 上界却有一大主神 曰桓因有統治全世界 之無量知能 而不現其形體■ 於最上之天其所居數萬里 恒時大放光明麾下 更有無數小神桓者卽光明也 象其體也 因者本源也 萬物之籍以生者也 ■時一大主神乃拱手默想 曰如今宇宙 大塊■閉己久 混元之氣包蘊停■ 正要啓生化育 若不儘時開判 何以成無量功德乎 乃召桓雄天王■命 行剖判之業 天王奉命辭出 乃督諸祀令 各自大顯神通 只看風雲 晦宜■ 深雷光閃熒馳 繞雷霆砰砰 訇震擊得玉女 失色百思遁鼠於是 鴻濛肇判天地始分 虛曠浩茫不可 端倪乃命 日月輪流相轉光麗 於天照臨 於地日行爲 晝月行爲夜 又命星辰 周■蒼穹以定四時以紀年日 雖然天地旣分日月輪轉 而地界水火未定 壤海混淪停■之氣未卽啓發化成矣 一大主神再命

桓雄天王 大顯法力 只看大地 水涯陸現 而壞海始定火藏水動 而萬物滋生 於是草木托抵 昆蟲以鱗介飛 禽走獸之屬 振振生育 繁衍充物

於地上三界 盖自天地始分以來 又十萬年矣 一大主神更聚衆 神曰今來宇宙自然之運會已傾汝等 出力部判 天地化生萬物公德 自固無量 但天地之間 互置萬物之長其名 曰人可與天地 參爲三才 而作萬物之主 元來天地停■之氣散爲萬物 而■秀之性 貞明之氣 則尙鐘毓而不發 今可啓導■秀發放貞明 而別作人 衆俾於群生之中 自作

主宰 但此事須先有備 不可造次 乃三命 桓雄天王 天王奉令 依計頒行 於是桓雄天王大召 滿天皇宿令分管 上天諸事 却令主神麾下 無數小神一幷降落下界 主治山岳河川洋海沼澤丘陵原野里社之基務 要謹嚴平正不可 有誤然後 米天地■秀之性貞明之氣 造成無數人生一大主神 乃四命桓雄天王 曰如今人物業已造完矣 君可勿惜厥勞 率衆人■自降落下界 繼天立教爲萬世後生之範 乃授之以川符三印 曰可持此敷化於天下 桓雄天王欣然領命 持天符三印 率風伯雨師雲師等 三千之徒下降太白之山檀木之下 太白山者卽白頭山也 衆徒推爲君長 是爲神市氏 自草木托抵禽獸 滋生以來又十萬年也

2. 太始紀(태시기)

神市氏旣爲君長 以神設教存其彝往 周護飽養聽其 繁衍天下民物於是漸盛 但此時開闢不遠 隨處草木荒茂 鳥禽雜處 人民艱困殊甚 旦猛獸毒蟲不時衝動 人民被害不少 神市氏卽命蚩尤氏之蚩尤氏實爲萬古强勇之租 有旋乾轉坤之力軀使 風雷雲霧之能 又造刀戟大弩臣降長槍以之 而治草木禽獸蟲以魚之屬 於是草木不開陰 禽獸蟲魚避處深山大澤不復 爲民生之害矣 是以蚩尤氏世掌兵戎制作之職 時常鎭國討敵

未嘗 小懈神市氏見人居已完 蠢物各得其所 乃使高失氏專掌餽養之務 是爲主穀 而時稼穡之道 不略又無火種民 皆就食草蔬木實啜鮮血茹主肉 殆不堪其苦 高失氏乃漸教稼檣之方 猶以無火 爲憂一日偶入深山 只看喬林荒落 但遺骨骸 老餘枯枝交織亂 火立佳多時弄吟無語 忽然大風吹林萬■ 怒號老幹相逼揆起火光閃閃■■ 乍起旋消 乃猛然省悟 曰是哉是哉 是乃取火之法也 歸取老槐枝揆 而爲火功猶不完 明日復至喬林處徘徊 尋思忽然一個條汶大虎 咆哮躍來躍來 高失氏大叱一群 飛石猛打 誤中巖角炳然生火 乃大喜 而歸復擊石取火從 此民得火食 鑄冶之術始興 而製作之功 亦漸進矣 又使神誌氏作書契 盖神誌氏世掌主命之職 專管出納獻替之務 而只憑喉 舌曾無文字記存之法 一日出行狩獵 忽驚起一雙牝鹿 彎方歀射族 旋其蹟 乃四處搜探 遍過山野 至平沙處 始見足印 亂鑽向方自明 乃俯首■ 吟旋復猛省 曰記存之法惟如斯而已夫如斯罷獵 卽歸反復 審思廣察 萬衆不多日悟 得刱成文字 是爲太古文字之始矣 但後世年代邈遠 而太古文字泯沒不存 抑亦其組成也猶有不完 而然歟嘗聞六鎭之地 及先春以外暗石之間 時或發見 雕刻文字 非梵非篆人莫能曉 盖神誌氏所作古字 歟高失氏亦世掌主籟之職 而後世蚩尤高失神誌之苗裔 繁衍最盛 蚩尤氏之族 則占居西南之地 神誌氏之族 則繁殖於北東之地 獨高失氏後裔廣處 東南轉流爲 弁辰諸族後之 所謂三韓者皆其孫也 三氏苗裔 又細分九派 卽犬夷嵎夷方夷黃夷白夷赤夷玄夷風夷暘夷之屬 皆異支同祖不甚相遠 夷之爲言大弓之稱也 盖自蚩尤氏作刀戟大弩以後狩獵 征戰賴以爲 武中土諸族甚外 大弓之用 聞風膽塞者久矣 苗謂我族 豆故謂我族曰夷說文 所謂侉從弓東方之人者是也 乃至仲尼春秋之作而夷之名遂與 戎狄幷爲 腥臊之稱

憤哉 後世畎夷風夷分遷 西南恒與中土諸侯 互相頡頏風夷 則即蚩尤氏之一族也 先時蚩尤氏雖然驅際 鳥獸虫魚之屬 而人民猶在土穴之中下 濕之氣逼人成疾 且禽獸一經窘逐漸自退避藏匿不便 於屠食神市氏乃使蚩尤氏營造人居 高矢生致牛馬狗豚■虎之獸 而牧畜又得 朱恩氏使定男女婚娶之法焉 盖今之人謂 匠師曰智爲者蚩尤氏之訛也

耕農樵牧者臨飯 而祝高矢之稱也 婚娶之主媒者 曰朱因者亦朱因氏之遺稱也 此時神市氏之降世已數千載 而民物益 衆地域愈博 於是復置主刑主病主善惡 及監董人民之職 以獸畜名官有虎 加牛加馬加鷹加鷺加之稱 盖牛馬狗豚之屬 皆當時民衆養生之料 而賴以爲業者也 虎與膺鷺者境內褄息之鳥獸 而以表官職之夫六合之外聖人存 而不論六合之內聖人論 而不議春秋經世先王之志聖人議 而不辯鴻濛肇判 而萬物滋生 則余聞諸耆老神人降世 而民物漸繁制治漸敷 而政教始成 則余徵諸斷 簡破編夫六合之外洪荒之世 聖人曾不詳辨區區 後生安得以窺其一斑哉 至如唐虞三代秦漢隋唐者 中國歷代之謂也 檢阬獯粥荊蠻越裳之屬 則上古戎狄之稱也 漢武之世 始通西域 月氏安息奄蔡焉 耆于闐罰賓諸國始現於載籍中 多民隨畜牧 逐水草往來者 及被髮裸身之類 及若大秦之國遠在 西海之西地方數千里 領四百餘城 小國役屬者數十巨石爲城郭列置廓亭人啫髮頭 而衣文肅潚菜轁軿出入所 居城邑周圍百餘里宮室 皆以水精爲柱

爲以 柱 以至殊俗珍風奇寶異貨之産 不可?逑碑求盖想見 其殷富盛疆之風矣 漢章和中班超遣甘英由條支歃通大秦 而不果及至桓帝延熹中其主 安敦遣使 始通降至唐代 又有党項吐藩波斯太食之國 或交侵關洛 或航通商舶 而赤髮綠晴巨幹長■之徒 罕至出入官庭 宋代有提

擧 市舶司之職專管 西域貿遷之業 近代明萬曆中有利瑪竇者 自廣東轉入 北京有數理曆法之書 使行之從燕還者 或傳其說 盖其國與古之大秦同在西域之西 與古來諸國向殊云 噫 天下廣矣 生民之來久矣 未知後世 果有巨人 一目之國 復自東南來通 於此世否 盖異風殊道之國 星羅碁布 於普天之下時 異物逐漸交通想 於神市氏之世■坐而論之 則安知世間 有奄蔡安息天坐大秦之國耶 然則高辛氏之世 所謂執中 而遍天下日月所 照風雨所 至莫不從者 盖亦自好之說也 余窃茧之可惜 近世學者拘於漢籍溺 於儒衙惛惛然以外 夷自甘動稱 華夷之說 余於盛追賓朋齋會 盖雄談峻論之輩 余因醉揚臂而呼 曰君等皆云華夷焉 知我非華 而中原之爲夷耶 且夷者從大縱弓東人之稱 太古我朝鮮以武强鳴於世 故中原之士 聞風懼之夷 豈是戎狄之賊名耶 國自上古人皆强勇質直雅好禮讓中土 有東方君子之國之稱焉 我國豈本戎狄之類裁 鴨水以外縱橫萬里之地是 乃我往聖先民艱苦經營之地也 豈本是漢家物耶 孔子之世 周室旣襄外族交侵 厲王敗死 於犬戎其他 北狄荊蠻山戎無終之屬 侵逼不已 我族亦以是時威振中土 故孔子慨王政之不敷恨 列國之交侵有志 而作春秋尊華攘夷之說 於是乎始立 若使孔子生於 我邦則寧不指中土 而謂戎狄之地乎滿座冷笑 或驚怪不少 縱有然之者 竟不快應余就足床之起人 皆謂淸狂殊甚可 難前者滿洲之有釁廟議紛沄 斥和者亦以尊周爲重 余不知其可矣 若余復出此言 於儕輩則渠等應 必大驚小怪殆將不繼 豈怪彼輩 言箕子之化 則信漢武之討滅 則信唐高之平定則信而殊不知 我先民却有赫赫武動之 有足 跨耀者耶 余悲世俗不察其變漫以 仲尼尊攘之意自誤焉 夫神市肇降之世 山無蹊隧澤無舟梁禽獸成群 草木隧長 民與禽獸居 族與萬物幷禽獸可係竅 而遊鳥鵲之巢

可攀援 而闚飢食渴飮時用其血肉 織衣耕食 隋便自在是謂至德之世也 民居不知之所爲行不知 所之其行 塡塡其視顚顚舍哺 而熙鼓服 而遊 日出 而起日入 而息豈天澤洽化而不知窘乏者也 降至後世 民物益繁素 模漸離弊薛足踶跂 勞勞孔孔始以生計爲慮於是焉 耕者爭■漁者爭區 非爭而得之 則將不免窘乏矣 如是而後 弓弩作 而鳥獸遁綱罟設而魚 藏 乃至刀戟甲兵再我相攻磨牙流血 肝腦塗地 此亦天意之固然 而不可 怨者也 余嘗觀夫小兒寃至行走便會 廝廝打者 歟其求强也 余於是乎 知 爭戰之不可免也 夫月氏大秦之屬 余不知其詳 至若中國與倭接隣之 國也 翼在左

右而我國介處其間 從古交爭最繁是 亦必然之勢也 神氏之御世已遠 而民物之生愈住愈博民物之生 愈博而所 以被服飮食奉生送死 之具愈 見其耗 是以始之熙者 漸至牤牤 夫牤牤永索者 豈非爭亂之 偕歟及夫 有巢燧人者 西方之君也 神市蚩尤者東方之君臣也 御世之初各處一方 地域 景殊人不通 民知有我而不識 有他故狩獵埰伐之外 曾無險役降 至數千載之後 而世局已變 且中國者天下之寶庫也 沃野千里 風氣抜 暢 我族之分遷西南者 垂延而轉 進中土之民亦溱集而? 會於是焉 黨同 讎異而 干罰戎胥動 此實萬古爭戰之始也 初炎帝之世 中土之民漸至 盛 阜穀厤藥石之術 亦已稍備及 累傳至於 楡罔之世 而爲東急 諸侯携 貳民 心離散世道多艱我蚩尤氏與其民 衆虎踞河朔 內養兵勇 外觀時變 及觀楡罔之 衰政乃與 兵出征送兄弟 宗黨可將者 八十一人部令諸軍 發葛盧(名山)之金大制鈐鎧 矛戟大弓 筈矢一幷 薺整乃發琢鹿 而登九 渾連戰捷勢 若風雨慴伩萬民威侲天下一歲之中 凡援九諸侯之地 更就 雍弧之山 發水金而制 芮戎及雍弧之陣留 楡罔所都也 一歲之中 更 十

二諸侯之國殺得 伎尸葡中土之民莫不喪膽奔鼠時楡罔使小 顥拒戰蚩尤氏揮籬狐之戟大戰小顥 又作大霧使 敵兵昏迷自亂 小顥大敗 落荒入空桑與 楡罔出奔 反入涿鹿 蚩尤氏乃於空桑 卽帝位回兵 圍攻於涿鹿之野 又大破之 管子所謂天下之君 頓戟一怒伏尸滿野者是也 時有軒轅者聞知 楡罔敗走 而蚩尤氏爲帝數代 以爲君乃大興兵與 蚩尤氏

拒戰 蚩尤氏大戰 軒轅於涿鹿繼兵 四戚斬殺無算 復作大霧令 敵軍心慌手亂 奔鼠逃生 於是淮岱冀兗之地 盡爲所據 乃城於涿鹿宅 於淮岱遷徒往來號令天下 盖是時中土之人徒憑矢石之力不解 鎧甲之用 又値蚩尤氏法力 高强心驚膽寒每戰輒敗 雲笈軒轅記之 所謂蚩尤始作鎧甲■鍪時人 不知以爲鋼頭鐵額者 亦可想見 其狼狽之甚矣蚩尤氏益整軍容四面進擊 十年之間與 軒轅戰七十餘回 將無疲色兵不退後 軒轅旣屢敗 乃復大興士馬 效蚩尤氏而廣造兵甲 又制指南之車期日會戰時 蚩尤氏仰觀天象俯察人心深知 中土旺氣漸盛 此炎帝之民所 在固結不可勝誅況各事其主不可 漫殺無事乃決意 退還使兄弟宗黨務要大戰而立威使敵不敢 生意追襲復興 軒轅大戰 混殺一陳 然後方退 此時部將不幸 有恩功陣沒者 史記所謂遂禽殺蚩尤者 盖謂是也 蚩尤氏乃東居淮岱之地 以當軒轅東進之路 及至其沒漸 至退嬰矣 今據漢地理誌 其墓在東平郡壽張縣闞鄕城中 高五丈秦漢之際 住民猶常以十月祭之 必有赤氣出如疋絳 民名謂蚩尤氏旗 豈其英魂雄魂 自與凡人迴異歷千歲 而猶不泯者歟 蚩尤氏雖然退歸中土 以是肅然楡罔 亦不得復位炎帝之業以是永墜矣 自是軒轅代爲中土之主 是爲黃帝而蚩尤氏兄弟諸人 乃永據繼 靑祥威自是不減 黃帝氏亦不得 自安終其 世未嘗安枕高臥 史記所云 坡山通道 未嘗寧居邑 于涿鹿之河 遷徒往來 無常處 以師兵爲營

衛者 盖其戰兢之 意歷歷可觀 而尙書呂形 亦云若古有訓 蚩尤惟始作亂 彼之畏威 而世傳其訓 亦甚明矣 其後三百餘年無事只與 小昊氏戰破之以至 檀君元年前後凡闕千歲闕者 萬之稱也 今之稱久遠者 必曰闕千歲者 盖神市氏之御世 至萬千歲寔爲 我國最長年代故也 或曰神市氏之後高矢氏與蚩尤氏 相繼爲君前後合算爲闕百歲 而檀君復立云 此說亦近理 大抵太古之事 鴻荒潤遠不可得而詳矣

3. 檀君紀(단군기)

神市氏寔爲東方人類之祖 鴻荒之世 開刱之業 賴以成焉 盖檀君以前首出之聖人也 古有清平山人李茗者高麗時人 有震域遺紀三卷 引朝代記備載 我國古史比於一然之書 甚相廷庭中 多仙家語 余以爲我國以神設敎後 古爲俗漸次人心者久矣 故說史者不可只擬 班馬之筆 而跼蹐焉 夫漢自是漢我我也 豈堂堂震域必擬 漢制以後乃足乎 況國史蕩失 於屢經兵火之餘 今僅存者 只是道家 及■流之所 記傳而僥倖得保於岩穴者也 道家旣承檀儉神人所 創之源流 而又得文獻之殘脈 則其論東史者 大有愈於 ■流所記多出 於 牽强傳會臆爲之說者也 余寧取清平之說 而欲無疑云 桓雄天王御世 凡闕千歲是 卽神市氏蓬亭柳闕而居 陶髮跨牛 而治處無爲之事 敷自然之化開創成業源流萬世 及朞年見功業 己完民物樂 生登太白山 乃置天符三印於池邊石上 檀木之下 因化仙乘雲 而 朝天是以名其池 曰朝天高矢氏諸人 奉天符三印 共推其子 桓儉神人爲君長 是爲王儉 壬儉者君長之意也 新羅所謂尼師今者亦此類也 以今推計 約算四千餘歲 正與唐堯同時 世俗所謂與堯并立者

是也 因稱檀君 檀君者朴達王儉之譯也 盖神氏已降於檀木之下 而桓儉神人 復踐作於檀樹下 故因以檀爲國名 則檀君者檀國之君也 而東語謂檀 曰朴達或曰白達 謂君曰王儉 當時無漢字 故只稱白達壬儉 而後世之述史者 譯以檀君復傳至後世 則只記檀君字而 不知檀君之爲 白達王儉之譯 此漢字之功罪相半也 今若以諺書幷用 則必無是 幣而草野愚夫亦可易曉文化之啓發更可速矣 此未遑長述 於是相地於諸州 乃建都于太白山西南 牛首河之原 曰 王儉城 今滿洲吉林之地 有蘇密城在於涑沫之南 此其地也 涑沫江 亦稱蘇密河乃古地 凓末水也新羅時有凓末靺鞨者占居粟水之地 及大氏之與爲 其先驅盖靺鞨者 古肅愼之後 而亦檀帝遺族也 後屬浚夷盡擲先祖之舊疆於他人之手 而區亡靺鞨一支猶能栖息 於枌楡之地 大氏一號影縱者數十萬 天門大捷國基賴乏夫 盖偶然也哉 盖蘇密涑沫粟末 皆與牛首之意 相近歷世傳訛猶不失其意 盖聖人所宅神化 洽被經萬載 而其韻不節者耶 今春川清平山南十餘里 昭陽新淵兩江合襟之處 有牛頭大村山中展濶 而江流抱回是爲 貊國古都貊國亦出於檀氏之世 則建都襲名 必有之理也

清平云栗末水之陽 有渤海中京顯德府地 此乃檀帝始都處故王儉城卽平壤也 北去上京忽汗城六百里云 又曰高王夢有神人授以金符 曰天命在祢統我震域故國號 曰震建元 曰天統恒敬祀于 天及至子孫轎逸而漸廢亦幷事儒佛國遂襄云 今內外載籍 幷無是語 盖忽汗之敗 遼虜凶殘宮室庫藏 焚燒略盡復 豈有載籍之得存者也 雖然渤海王子大光顯以下 來投於高麗者 甚衆中多公侯卿相 及慷慨泣血之士 清平所記 盖有據於渤海人之所秘藏者也 可怪金富軾爲仁宗修三國史而二千載 往聖之遺烈闕而無述 只之以海東三國歷年長久 古記文字蕪拙事迹 闕亡前

言往事 繼昧如彼等語謀逃其責至 於東川遷都之年 而僅有平壤者 本神人王儉之宅也 或云王之都 王儉等字 當時較今 猶近古五百年 而古記之散亡無徵曾 若是其甚耶 且朝代記之名 與朝鮮秘記 誌公記 三聖密記等書 現於世祖求書之諭 而金氏之世獨無此書耶 盖三國鼎立互事 呑噬新羅終致聯 唐兵而覆麗濟厥後 渤海雖興只與 新羅南北相對 不惟秦越 而已是以弓裔襲據漢北之地 則恨平壤之茂草■言 爲高句麗報讐而浿西諸鎭望風 歸服立國 建元威壓列州甄萱叛據完山 則憤百濟之衰亡 以雪義慈宿憤爲言 而西南州縣所至 響應建都設職 喜得人心 高麗旣承羅後 而疆土不出鴨水以外一步之地 自與北方無涉 且遼金之勢 威壓境上區區 鴨水以南數千里地 更非雄邦巨國之比 則民氣之衰微 自有甚於古者 况平壤之地荒幣 頗久舊基 雖存而荊棘滋茂蕃人遊獵 侵掠邊邑者 麗太祖初年所記也 然則高句麗亡後三百年 而平壤不免 荊棘渤海人之遊獵其間者 則輒稱之以蕃人侵掠邊邑 則只恨其大害 然則忽汗敗而大氏之來 奔高麗者亦家敗 而睦族之類 而已及夫妙淸之造亂 奉命■討者 又是金富軾也 金氏旣無信文 又惡妙淸之妖 西京之破 幷不渙採其說下筆寫過只留 本神人王儉之宅 數句亦何足深責 而渤海史 幷不過問 金氏於此終不免 其咎矣 盖金氏旣醉於漢籍 又乏雄圖 則雖有甚歎 於吾邦之事 却茫然不知 其始末之處 而亦無能爲已而矣 我邦經史之禍 其來久矣 今浩歎無益亦復奈何 按遼史地理志 有顯州奉先軍上節度 本渤海顯德府地 天顯三年 遷東丹民居 之升爲南京城 天顯十三年改南爲東京府 曰遼陽等句 今遼陽在蘇密以南六百餘里與淸平之說 甚相廷庭 且遼陽旣爲中京 則西京當擬 於遼西臨潢等地 以渤海舊疆考之決無是理 况淸平諸說已有所據 而遼史則乃元至正中 丞相脫脫等所撰

也 經金宋交爭以後數三百年文獻自多不備 傳說亦多失 正鵠而渤海亡後 其世族舊臣隨擧擧兵殆將百年不息 遼人多遷其民 與漢民雜據 遼西地 以至城邑 冒稱渤海本名者 不下數十 元人修史者 只憑古傳 名字輒自斷之 不亦疎乎 王儉城者卽古語 京城之意也 平壤之意雖未詳 亦必都城之義 如新羅之徐羅伐 百濟之慰禮也 括地志云高麗治平壤城本王儉城 史記漢書及通典皆有王儉城字 此又儉字之誤也 此可續述焉

檀君旣建都於王儉城乃等 城郭建宮室 治主命主穀主兵主刑主病主善惡 及主忽諸官 以其子夫婁爲 虎加總諸加者也 神誌氏卽古神誌氏之後下皆修此 爲馬加曰主命 高矢氏爲牛加曰主穀 蚩尤氏爲熊加曰主兵二子夫樬爲鷹加曰主刑 三子夫虞爲鷺加曰主病 朱因氏爲鶴加是主善惡 余守己爲狗加是分管諸州也 稱爲檀君八加乃殺白牛以祭天 于太白之麓 舊禮凡祭天 必先定吉日擇白牛 而護■之乃期宰殺以頭薦之 於嶽瀆白頭牛首之名 頗亦有因於此也 蓋祭天報本之禮始於 檀君後世 歷代諸國莫不祭天 扶餘濊貊馬韓新羅高句麗國以十月百濟以四仲月 各有禱天舞天祭天 郊天迎鼓同盟之稱扶餘 則又有祭天殺牛 以遞占吉咎之俗 蓋其源流久遠 而况漸咸俗 亦可知矣 夫尊卑之禮 必自敬鬼神而興上下 尊卑之序 完而先王經世之道行焉 而敬神之禮莫大 於祭天通萬古紇四方未有人而不知畏天者是以易曰大哉 乾元萬物資始乃統天 又曰首出庶物萬邦咸寧 蓋言其聖人體天 而率民也 洪範八政三曰祀祀者所以通神明 而報其本也 是以陸有祭獸之豹 水有祭於之瀨天■■者禽獸也 猶知報本之意 况人而不知其報本之禮乎 又况神市肇宅人界其降自天 桓儉繼志述事 未詳小池 此桓儉所以怨完厥鼎 而便祭上天也 且太白者神市陟降之靈地也 檀君踐祚亦肇于厥地 此又始行之又太白也

是爲東方萬世之國 典古代國君 必先敬事 上帝卽一大主神及檀君三神 固以爲道至於官職 又有太仙國仙皁衣之稱 至若東明聖王有朝天之名 明臨答夫曾帶皁衣之職 泉蓋蘇文入鳳凰山修鍊十年修道 終爲名將 助太宗致誠强渤海 窟十年修道時有報本壇 高句麗時有聖帝祀 遼有木葉山三神廟 金有開天弘聖帝之廟 我世宗設檀君廟 於平壤世祖元年改位版 曰朝鮮始祖檀君之廟 蓋神市氏之事 聽者多疑 其迹怪至 今惟知崇檀君而不知其前 實有神市氏之開創矣 世俗不知原由 只憑漢籍 曰仙敎是 黃老餘流殊不知 以神設敎實 自我神市之世也 檀君旣祭天而立敎率民而致道 化行數年 率土之民 皆洽其化 陶鈞停毒無爲而治 此檀君神德之所致也 乃立國之本也 後可續述焉居牛首河畔十年 乃遷都於白山之南浿水之北 曰平壤卽第二王儉城也 盖今涑沫之地 風氣凄涼冷土味勁寒雖 野勢通■而耕農之利不如南土 且涑沫之水北流入混同江南地交通自多不便 此必其由也 清平云檀氏之世 ■遷其昇第二奠都 於浿水之北 卽渤海西京鴨綠府地 神州是也 高句麗國內桓都古城之址 在其其境內焉 則浿水之非獨 爲今之大同江明矣 按新唐書渤海傳 曰高麗古地爲西京 曰鴨淥府領 神豊桓正四州 遼史地理志 曰淥州鴨淥軍節度本 高麗古國 渤海遞西京鴨淥府都督 神桓豊正四州事 故縣三神鹿 神化劒門皆廢 又曰桓州高麗中都城古縣三桓都神鄕淇水 皆廢夫渤海承高句麗之後 統高句麗復出於夫餘則渤海之世 猶有古史之傳者 想不小矣 或曰平壤之敗李勣盡燒宮室庫藏 復虜其公侯世族 則史籍亦不免灰燼矣

渤海安得其史乎 余以謂不然 渤海高王 乃高句麗舊將也 高句麗之亡 徒居營州 及看蓋榮之亂 與乞■比羽 領衆東還 麗鞨之衆響應 而超

盖其舊國 宿將如百濟之黑齒常之明矣 其麾下想多舊國 遣臣能博通古今者耳 自高句麗亡後 距高王之興 僅二十八年事也 古史能無得傳乎 且以文勢言之 則神州當渤海西京所 在鴨渌府地 而神州桓州之名 又有近於 神市桓儉等字 況神市桓儉人每認爲一人 至今擧世殆 然而神州屬縣有神化 神鹿等地 桓州屬縣 又有桓都 神鄕淇水之名 桓都者 盖高句麗之丸都也 丸都之名 旣出於魏志北史等書 則桓丸之誤 固不可知而 渤海旣以 桓州桓都定名 則其或原於慕遠之意 神鄕則有寓神市之鄕之義也 神化則言 神人之化也 神鹿之稱 丸益可奇 況古來稱桓儉曰神人 則神桓等名 決非偶然且淇水 元一統志作淏水 又與前述 淏水之北之說 暗合 按漢籍說淏水及平壤者 頗多今不可便述 而神州桓州神化神鹿桓都 神鄕淏水之名 旣與檀君古事多合 則檀君第二之平壤 當在於鴨水之北 且三國史高句麗瑠璃王二十一年 薛支見王曰臣 豚至慰那岩見其山水深險地宜五穀 又多麋鹿魚鱉之產 王若移都 則不惟民利之無窮 又可免兵革之患云云 故明年冬十月王遷都國內則其地非但山水險狙原野開闊 亦可知適 於耕農矣 夫古者建都 必取險固 殷富及交通之便 今平壤松京漢陽之地 莫不皆然 長安洛陽恒爲 漢土建都之地 亦此故也

然則檀君之世 民物漸繁交通愈緊 且耕農之業 遂漸而興 則其捨粟末之地 而南遷於淏水之濱 以圖後日 之隆運盖可想見矣 又按唐書地理志 曰自鴨綠江■舟行百餘里 乃小舫朔流東北三十里 至泊汋■ 得渤海之境 又朔流二百里 至丸都縣城 故高麗王都 又東北朔流二百里 至神州 又陸行四百里 至顯州天寶中王所都 又正東如北六百里 至渤海王城云 今自鴨綠江■約行四百餘里 乃得婆猪江合流處 又行二百里 至

江界滿浦鎭滿江處 田野開豁山河 固密盖檀君南遷四百餘里 定都又右鹽難水之東 浿水之北渤海神州神化等地 殆無疑 而渤海之時 猶傳其蹟也 乃復祭天 而薦新居 築城郭建宮室 浚清恤開田 勸農桑治漁獵 使諸民進用 餘之物以補國 用民皆熙熙 而樂之時 有蒼鹿遊郊外青龍見 朝天池檀君 乃出巡至南海登甲比古次之山 設壇祭天 還至海上 赤龍呈祥神女 奉 有一童子 衣衣從■中出謁檀君 愛之因姓 曰■ 名曰天生 遂爲南海上長 及還至平壤 有三異人自東方 渡浿水而至 首曰仙羅 次曰道羅 又其次曰東武 於是因二龍之祥 改虎加曰龍加 使仙羅主之 道羅爲鶴加東武 爲拘加又因 蒼鹿之瑞 改鷺加曰鹿加 依前使 夫虞主之制治比前更完矣 當時之時 檀君之化 洽被四土 北暨大荒西楔南至海垈

東窮蒼海 ■敎之漸偉乎廣矣 乃區劃天下之地 以封勳戚 蚩尤氏之俊封于南西之地 巨野浩 海天觀碧 曰藍國宅奄虞 忽神誌氏之浚封 于北東之地 河嶽鹿 並風氣勁雄 曰치振國亦稱肅愼 方言 豪莊之稱也 治肅愼忽高矢氏之浚封 于南東之地 山河秀麗 草木暢茂 曰青丘國 宅樂浪忽封周因氏之浚 於蓋馬國 余守己爲 穢君夫蘇夫虞及小子 夫餘皆封于國西之地 句麗眞番 夫餘諸國是 其後夫婁又封 東來三人各地後世之沃沮 卒本沸流之稱 皆起於其所封國名也 通檀氏之世 凡大國九小國十二分治 天下諸州今不可祥矣 蚩尤氏旣受封於藍國 乃紹先祖之志 撫民安業 講習戎事 恒爲西南蕃蔽 且其民數遷徒海垈之地 李致後世 恒興漢土諸國互相角逐 神誌氏受封 於■振國地 旣勁寒不宜五穀 土廣人稀牧畜 頗適乃使民 帶弓佩劍幷事 遊獵後世 其民漸徒黑水之地 逐以漁獵爲生艱險 蓄篦健勁悍雖强勇 遠出於諸國 漸至不習文事後世 漢曰挹婁元魏曰勿吉隋唐曰靺鞨稍與窮北蠻人相混漸失 其俗頗有陵夷

之歎 近古金女眞等 皆其後身 同族異稱也 高矢氏就青丘 立國 觀山川相土地開田野 與農桑風氣溫美五穀豊 肥民皆衣輕暖而食 肥美頗有冠帶衣履 天下之概文武亦得以幷與 夫食足貨通 然後國實民富而教化成故管子曰蒼稟賓 而知禮節衣食足 而知榮辱 若使民終歲 ■■ 以絲栗爲慮 則復奚暇言禮義哉 雖然天覆地載 區隅各殊於是 氣有寒溫土有肥瘠 其如天澤地利之不濟 何是三家者之守 國教民之道所以各異 而其果應 亦 自不同者也 檀君既封諸侯 天下清靜居十年 有南夷之患 卽甲比古次以南夷人也 乃遣夫餘率兵定之後 益遣夫蘇夫虞等 築城於甲比古次 以■南巡 今江華三郎城是也 摩利山又有塹城壇比 卽檀君設壇祭天之頭嶽也 盖水行籍舟陸行籍 車泥行乘■山行 則揭此乃上古交通之具 而陸行臨水之地 凡人居之楢美者 必曰■山帶水 或依山傍水背山不如水行之易 是以上古建都必擇 臨流者其所 從來尙矣 故檀君之世必使依山臨水而結 居耕農漁獵隋便可行 山海經所謂北海有國名曰朝鮮天毒育也 其人水居偎受也 人者非但■教之澤洽被 四隣亦可窺見其結居之風矣 夫檀君祭天 非但頭嶽也 北狩則祭天太白南巡 則祭頭嶽也而甲比古次傍在海濱通航容易 則南巡之際 必致祭於壇所也 況其地孤絶靜謐山岳淨潔海天■霽 則靚深晶瑩之氣 使人自感神明之陟降者耶余嘗遊觀其地祭壇壘石爲之 上圓下方而太多 頹圮 仁祖十七年改築云噫 平壤故城王儉舊闕 今不留敗石 殘礎獨一壘天壇 得保其形骸 豈僻處海隈人跡稀到故耶 余實不勝追遠之悲矣 御國三十餘年正値洪水護波滔天懷襄 遼滿之時 浿水漲溢平壤 況潛乃見四子遍相土地之宜占居阿斯達下唐莊之野 今文化九月山下 有莊莊坪卽其地也 余嘗觀其地方數百里無大河 而水勢東走原土高操可避西來之水矣 乃結簋阿斯達下

使夫婁盡濟平壤之民 復治平水土 屢年以後功完 唐莊之民 亦已安土而樂居矣 今俗士 或云檀君遭洪水 使彭吳治山川尊民居云云 而漢書食貨志 明書武帝卽位數年

彭吳窄濊貊朝鮮等句 則是乃東西有 兩個彭吳相前後 而同掌朝鮮水土之後也 史上豈有如此奇巧事耶 蓋夫婁弗虞同音 且漢音虞吳相同 而彭弗兩字之初■ 皆與夫音相近 則後人忌夫婁字 而只記其音 又訛而只記彭吳也 今人家有夫婁壇地者蘺落 潔淨處等 土爲壇土器 盛禾穀置於壇上 編緝藁草掩之 每十月必薦之 以新穀或稱業主嘉利 卽報賓夫婁氏 治水奠居之義 賴爲鎭護之神 夫婁旣平水土 仍舊而奠民居 萬民感懷其德及至■ 定宅宇而 濕染之氣 蒸成癘疫儸

病死者 甚多夫虞幷醫藥而治之 又値猛獸毒蟲萊間 滋殖殆將橫行民間 夫蘇乃演 高矢舊 以乾乂爲料 金石相擊 因此廣造火 種燻燒山澤 於是獸虫遠遁 而其害漸除 今人多携之物 有金石乂三種 必冠之以 夫蘇之名 如夫蘇鐵 夫蘇石 夫蘇羽者 皆原於夫蘇氏之完其功也 夫婁又使民帶劍戟 而行及至 關嶺篋阨 必積石爲堆 行逢猛獸 則用以爲備後世所謂石子軍者 爲東國用武之一目 而實原於此也 今遺俗尙存 而野叟村氓 以此謂石城隍 頗懷畏敬之意 何後俗之陵夷 如此 其甚也 初神市氏之末 蚩尤氏兄弟 雖自琢鹿退歸 而東人之占居 淮岱者甚多與漢土之人 雜據農蠶織牧資以爲業 且南鄙海島之民 皆以珠魚貝相交易 於漢土稍稍住息於濱海之地 民敎至是海岱江淮之地 逐爲其州里 與漢土之地民交遊而錯居 尙書所稱嵎夷來夷淮夷島夷 者皆是也 夫餘之平南夷也■水以南完服 王化以故靑丘之 民得漸遷居 及洪水旣平 南渡者益多於是南夷之人 幷漸於神化 逐變其俗 後之辰弁 諸族皆是也 御國四十

餘載 而有猰㺄之亂 猰㺄者獫狁之屬也 洪水之際 僥倖得免 及看水土怨定而州里 肅然乃來 釁東侵其勢頗猛 即使夫餘會集中外之兵討平之乃益封夫餘北方之地 使宅牛首忽即先平壤 使夫婁居王儉城 令夫蘇修樂浪忽 夫虞監唐莊京 更封高矢氏於南方之地 於是檀君西至王儉城 按撫庶民大會 諸侯令復申 天下山嶽河川之神 凡三千餘 歷牛首忽而至肅愼忽會 北東諸侯令 祭神誌氏之靈 逐立廟于 夙沙達西轉 而至奄慮忽會 南西諸侯令 祭蚩尤氏之靈 逐立廟于 奄慮達復 南巡而至 甲比古次祭天 于頭嶽之 顚逐至樂浪忽會 南東諸侯 令祭高矢氏之靈 逐立廟于 蘇婁達乃還至平壤 八加及衆諸侯 昇集檀君乃使諸加 國內人民各獻祭 于日月陰陽四時之神 及山岳河川里祀之 主祭畢大誥 于有衆若曰惟皇一神 在最上一位 創天地主全世界 造無量物蕩蕩洋洋 無物不包 昭昭靈靈纖塵弗漏

惟皇一神 在最上一位 用御天宮 啓萬善原萬德 群靈護侍大吉祥大光明 處曰神鄕 惟皇天帝降自天宮率三千團部 爲我皇祖 乃至功完 而朝天歸神鄕 咨甸有衆惟 則天範扶萬善滅萬惡 性通功完 乃朝天天範惟一弗貳 厥門甸惟 純誠一甸 心乃朝天 天範惟一 人心惟同 惟秉己心及于人心 人心惟化 亦合天範 乃用御于萬邦 曰甸生由 親親降自天 惟敬甸親 乃克敬天 以及 于邦國是乃忠孝 祢克體是 道天有崩 必克脫免飛禽有護離弊 履有對祢 男以和毋怨毋妬毋淫 祢嚼十指 痛無大小 祢相愛毋胥 互佑毋相殘 家國以興 祢觀于牛馬 猶分厥? 祢褒毋胥奪共作毋相盜家國呂殷祢觀于搋 强暴不靈乃作孼 祢毋桀驚 以■物毋傷人恒導 祢天範克愛物 祢如有越厥 則永不得 神佑身家呂殞 祢如衝火 于花田花將殄滅 神人呂怒 祢扶傾毋 凌弱濟恤毋侮■ 祢雖厚包厥杏必

漏 祢敬持彝性毋懷 毋隱惡毋藏禍心 克敬于天親于民 祢乃福祿無窮 咨祢有衆其欽哉 檀倹既大誥于 有衆於是神德大彰如 此數十年天下復 漑漑焉 忘其災矣 或曰此卽檀君八條之教 今可以此分八目 或說是也 後世駕洛國房登王時有仙人者 自七點山 而來見王於招賢 曰君臣自然 爲治 則民以自然成俗 爲治之道 古有其法 君何不體之饋 以太牢辭不 受 而去此道 破先聖之訣也 又崔孤雲鸞朗碑序曰 國有玄妙之道 實乃 包含三敎 接化群生 且如入 則孝於親出 則忠於君 魯司冠之 旨處無爲 之事 行不言之教 周柱史之宗也 猪惡莫作猪善奉行竺乾太子之化也 孤 雲精敏文學卓越諸人 博通古今文名 飄動其言 可謂善採先聖 垂訓之精 華矣 此外散見於載籍者 及道家文集 如四聞錄 三韓拾遺記等諸書者 不可殫記矣 從此時常出巡以孟冬月祭天逐爲 萬世之遺俗 此乃東方特 有之盛典 而非外邦之可比也 太白一山足壓 崐崘之名

而有餘矣 古之三神者 卽太白山也 三神又云 三聖今文化九月山有 三聖祀 敬祀桓因桓雄桓倹者也 今檀君之教 雖不得建行 而神化■訓 猶傳於後世 擧國男女猶崇信 於潛默之中 卽人生生死 必 曰三神所主 兒小十歲 以肉身命安危 及智愚庸俊 多托於三神帝釋 三神者卽創天地 造治民物之三神也 帝釋等語 雖出於佛家之法華經 亦天帝之意 此則只 因古史譯出於 ■流之手也 不可安以爲非 昔司馬相如 謂漢武帝曰 陛 下謙讓而弗發契絶也 三神之歡註云三神上帝三神之說 當時亦通于漢 土矣 蓋東方諸山 以太白名者 頗多俗士 辛以寧邊妙香山 當之實由於 一然三國遺事之說 而彼等 眼孔如豆安足以輿論哉今白頭山上有大池 周八十里 鴨淥混同諸發源於此曰天池 旣上述神市氏來雲朝處也 妙香 曾無一小涔其不爲 桓雄肇降之 太白不足辨也 盖白頭巨岳盤據 大荒

之南 橫千里高出二百里 雄偉巕崚蜿蜒磅爲東方諸國之鎭山 神人陟降之實始於 此豈區區妙香一山 只係狼林西走之一脈 而得參如許聖事耶 世俗旣以妙香爲太白 則其見只局於 鴨水以南一隅之地 便唱山之祖宗 崑崙欣欣然以 小中華自甘宜 其貢使北行屢百年 而不爲之恨 僅以南漢下城之羞囂然自歎者也 余嘗歷觀載籍 白頭山之異名 頗多山海經曰大荒之中有山名不咸有 肅愼氏之國 後漢書曰東沃沮在高句麗 蓋馬太山之東 東濱大海 北與挹婁接註云 在平壤城西 此漢土眩學之忘語也 挹婁乃肅愼後身 東沃沮又在今咸鏡之地 則蓋馬之謂太白可知 且麗史列傳曰女眞本高句麗之部落 聚居于蓋馬山東云 當時女眞明在白頭山之東北 蓋馬之爲白頭明矣囂 魏書勿吉傳 曰國有徒太山 魏言太白有虎 豹熊狼不害人 人不得山上 溲溺云云 北史勿吉傳 亦曰國有徒太山 華言太白俗甚畏敬之 唐書曰栗末部 居最南抵太白山 亦曰徒太山與高麗按括地志曰靺鞨故肅愼也 其南有白山鳥獸草木皆白 金史高麗傳逑高句麗以來靺鞨之事 曰黑水末曷居古肅愼地 有山曰白山 蓋長白山金國之所耶 起焉葉隆禮 遼志曰長白山在冷山 東南千餘里 盖白衣觀音所 居其山內禽獸皆白人 不敢入恐穢其間云云又曰黑水發源 于此明一統志 曰長白山在三萬衛 東北千餘里 故會寧府南六十里 橫亘千里高二百里 其嶺有澤周八十里 淵深莫測 南流爲鴨綠江 北流爲混同江東流爲河也 苦河云 然則不咸蓋馬太白徒太白長白等名 皆同山異名 而歷代方言之異也 又高麗史光宗十年 逐鴨綠江外女眞 於白頭山外居之云則白頭山之名始見 於此而蓋字之音近於白字之意 東語馬頭亦同訓蓋馬白頭之異字同意 亦可明辨 而白頭之名 其來亦尙矣 東方諸山有馬耳摩尼等 山俗人幷摩利呼之 曾不相別蓋馬耳 摩尼幷出於頭字之意也

今廣州有修理山 此必鷲山之意也 積城有紺岳山 則乃玄山之意也 忠州有達川 則是月川之意也而馬耳摩尼之爲 頭嶽或頭山之訛 尤可辯矣 太白之一名曰白頭 甲比古次之祭天據 曰頭岳此非檀君祭天處 必成頭名之山也 盖頭者最上或元首之稱也 白頭爲東方諸山之宗而 又是東人始降之地 兼復元首檀君恒行祭天禮 于其山當時之人名 曰頭山也必意 而甲比古次之 頭嶽亦不出於此外也 獨不知牛首河之名 亦只出於沈牛首之俗耶 此不可斷矣 然則神矢氏之降旣在於白頭山乃漸徒西南 復沿浿水而南 來三氏之族 又各四遷也 耳太白旣爲東方靈地祭天大儀 必始於其山 則自古東民之崇敬是山也 不尋常耳 古者昔禽獸悉沾神化 安捿於其山 而未曾傷人人亦不敢山上溲愵而瀆神恒爲萬代 敬護之表矣 夫我先民皆出於神市耶 變三千團部之裔後世 雖有諸氏之別實不外於檀祖 同仁之神孫 因雄儉三神之開創 肇定之功德常傳誦 而不忘 則古民指其靈山 曰三神山者 亦必矣盖神市以降神化之 漸逐歲益深立國經世之本自 與人國逈異其神風聖俗遠播 於漢土漢土之人有慕 於神化者必推崇三神至 有東北神明之舍之稱焉 及其末流之弊 則漸■於荒誕不經愈出愈奇怪誕之說 迭出於所 謂燕齊海上怪異之 方士盖其地與 我震邦相接 民物之交特盛 自能聞風驚奇 又推演傳會 曰三神山是蓬萊方丈瀛州在渤海中云云 且患其無驗 則曰望之如雲 終莫能至云云 以惑其世主神仙傳 又以海中字推以斷之 曰海上有三神山 曰蓬萊方丈瀛洲山 謂之三島云云 而於是海上六鰲荒怪之說 繼出於閑人之革 乃我國之士 則更效嚬於此

曰金剛蓬萊也 智異方丈也 漢拏瀛洲也 則此又返咀漢土之餘唾也 史記封禪書 曰三神山者其傳在渤海中 盖嘗有至者 諸僊人及不死之藥

皆存焉其物 禽獸書白而黃金銀宮闕云云 又仙家書類 或曰三神山 有還魂不老等 一名震檀云 今白頭山自古有白鹿白雉 或曰白鷹之屬 括地志所云 其南有白山鳥獸草木皆白者是也 方士之說 亦破有所據也 又白頭山一帶時產山蔘世人擬之以不老草山氓欲採取　則必沐浴致齊祭山以後 敢發其還魂不老草之名 想亦原於此也 古烏斯帝 北巡而得靈草 則此■驗矣 且白頭山產紫檀樹 從古所稱檀木者是也 而古記所傳九變震檀之說 想必有因於此而不老震檀云云者 盖亦聽者之錯誤也 然則燕齊方士扼腕 而言海中三山者 亦並遊於 夢中斯其主 而又自斯也 今我國有願得三山不老草 拜獻高堂白髮親之句殆爲 養老者春祝之定 文究其原則 亦可噴飯何不 卽往白頭山77拜檀帝之靈 而祈其萬壽耶 漢淮陽之地 古陳國地 本太昊之墟婦人 崇好祭祀 周史巫故其俗 崇巫愧陳詩曰 坎其擊鼓宛丘之下 亡冬亡夏 値其鷺羽 又曰東門之扮宛丘之 琊木) 子仲之子婆娑其下 吳札聞其歌 則曰國亡主其能久乎云云 此又伏犧傳倚數觀變之餘弊也 孟子曰舜生諸馮 東夷之人也 尙書曰舜肆類 于上帝禋于六宗望秩

于山川編 于群神虞舜以前 曾無是事此或原 於上古東邦祭天報本之禮 及山嶽河川洋海沼澤 皆有奉命 主治之神者也 漢土自古以擁州積高爲神明之隩 故立疇郊上帝諸神祀 皆聚云 則此又與檀祖祭 太白同其類也 齊俗有八神之祭 八神者 曰天主地主兵主主陰主陽主月主日 主及四時主也 天好陰故祀之 必於高山之下小山之上 此祭天太白之麓之類也 兵主祠蚩尤 蚩尤氏爲萬代强勇之祖 作大霧鷗水火 又爲萬代道術之宗 是以太初之世 恒爲東方戎事之 主海岱一帶 曾爲其族虎據之地 藍候之民亘進 而建奄徐諸國 於淮岱之地 則八神之說■ 於是時也 漢高

起兵 於豊沛 則祠蚩尤釁 旗逐以十月至霸上與諸侯 平咸陽而立爲漢王 則因以十月爲年首 此雖襲於秦之政朔 而亦有因於敬蚩尤也 後四歲天下已定 則令祝官立 蚩尤之祠 於長安其敬 蚩之篤如 此晋書天文志蚩尤旗類彗而後 曲象旗主所 見之方下有兵云 則是乃蚩尤氏上爲列宿通志氏族畧 蚩氏蚩尤氏之後也 云則是蚩尤氏之後 而永居於漢土者也蚩尤氏英風雄烈播傳異域之 深推此可知而 今世人殆無過聞者 則此又國史散滅之故也 而後代學者竟不免疎迂之譏矣 盖燕齊之士沉惑於神異之說 亦尙矣 自齊威宣燕昭之時 遣使求三神山秦漢之際 宋無忌正伯僑克尙羨門子高之徒 則皆燕人也 文成五利公孫卿申公之屬 皆齊人也昔太公治齊修道術後世 其地多好經術者 則此又太公爲之助俗也 燕齊之士安得以不好怪異之說哉 余幼而嗛梳頭老婢論 曰不梳者 蚤夙鑽穴將至耳 腦相通寧不懼乎 余日寧有是事乎 曰東部山邨之 兒正如是矣及後到山村無有是事 嘗與客空談 客曰木之最大者 有經數間者 曰寧有是事乎 曰嶺東之地多斯木斫而橫之 則行旅可連扰而宿其上一回至數十人其後 余隋舍叔父至嶺東 曾無是木 及讀莊子曰北 有魚其名爲鯤化而爲鳥其名爲鵬其長數千里 其翼若垂千之雲 余問於師 曰可信有此事否 曰窮髮之北安知其 必無耶 雖然其後 歷觀載籍 且無是語 今大荒數萬里 未聞有數千巨湖 且寒威酷烈絶冠天下安容如許大物 能逍遙於寒熱兩極之間耶 其云博扶搖上有九萬里者 欲杜世人之辨也 又看神異經曰 崑崙之西有大蛇繞山長三萬里云云 長三萬里大蛇盤據 於崑崙之西則西域諸國應遊牧於鱗角之 下世間寧有是事耶 盖喜作亏怪之說者 必籍於聽者之所不知 此漢土适怪之士 只憑東方三神之說 而囂囂然胥出浮言 以惑其聽者也 高麗仁宗九年固妖僧妙清之說 置八聖堂于西京林

原宮中清平爲之說 曰第一曰護國白頭嶽太白仙人有大彗大德助 主神造大界 卽桓雄天王之謂也 第二曰龍圖嶽六通尊者 有變化萬里之能 掌人間禍福 第三曰月城嶽天仙掌風雨之神 第四駒麗平壤仙人掌光明之神 第五曰句麗木覓仙人掌人間壽命之神 第六曰松嶽震主有大勇大力掌神兵 恒鎭守國都 以驅外敵 卽古蚩尤氏之神 第七曰甑城嶽神人掌四時穀蔬草木之事 卽古高矢氏之神第八曰頭嶽天必掌地上善惡 卽神市氏之后 桓儉神人之母 皆在主神調度之下

掌治天下諸事之神云云 盖仁宗之 於妙淸信惑太甚 卒致西京之變使金富軾討平妙淸發身 於沙門■ 惑其世主寵傾宗戚 權壓內外 漸致驕慢敢謀不軌 其罪固不可誅然 而當時猶有恨 國力之不振 憤外侮之荐 至採古來之神明於殘散傳說之中 欲以激當時之 人心其行雖華其志則猶可米者矣 古之說史者 只以妖僧荒誕之說 棄而不采 則猶有一分迂疎之責矣 八聖之名必表以佛家名字僧侶之筆 安得不如斯耶 此不可淡怪也 噫神市立極 檀帝垂訓聖化神澤 皇皇亮亮足爲萬代之天範 而後孫不肖 乃致聖謨鴻 猶潛消黙史於 實實之中 使於實實之中堂 使堂皇謨盡付於 空山臥睡之人所傳者 只遺怪亂之說 不亦悲乎 今崇三神帝釋之風 頗盛每人家正寢壁上 以檀木爲釘紙 囊盛純白米而掛之名 曰三神囊或帝釋囊 每十月新穀肇成 則主婦必淨丰新 甑蒸爲餠以賽其神 而祝景福 此旣出於檀朝之遺制 而俗民競 以巫覡相尙 或至 福壽夭專托巫祝而云 爲之此 乃古俗末流之弊也 能向燕齊之士 而■其迂怪也哉 悲夫 先是夫婁旣平水土 而夏禹適治 唐堯九年之水宇內諸國 悉會於塗山明鳳陽府 夫婁亦奉命往會又使 神誌氏齊寶玉弓矢 以從焉 自蚩尤軒轅大戰以後兩國始以玉帛相見 可稱東方會盟之始矣 在位九十餘載 天下

皞皞然 忘其樂焉 乃命夫婁攝 位日天道昭昭 降在祢心 惟秉祢心 以親萬民 其惟純誠乎 乃南至唐莊入居阿斯達 以孟冬月化 神朝天在世凡二百十年在君位九十三年 於是夫婁率諸加及諸侯 獻祭於朝天摢 以辛丑歲 卽位于平壤 是二世檀君也 後有文朴氏居阿斯達 韶顔方瞳 頗得檀君之道 其後如向彌山之永郎 及馬韓之神女賢德諸人 只得其一班淸淨無爲逍遙塵外 又非檀祖用化 萬民之大義也 辛丑歲王儉夫婁元年 夫婁旣卽位繼父志 而治天下凡三年 出巡國中祭天如禮復使 諸侯致祭如古居數年 有盎肅者無道 使仙羅往撫之其後 盎肅再叛 乃使仙羅會數侲 蓋馬之兵討平之逐其徒 於窮北益修德政廣 采賢能乃擧 息達爲龍加 今勿爲馬加 增置主財之職 曰鳳加使阿密 主之於是■渠洫開道路與農桑勸牧畜啓學 而廣敎民 生益殷聲聞大彰令 天下以孟冬 西成之後居民 相聚 薦穀而祭天 幷祀檀儉在天之 神民人咸悅 推戴欽慕 無異存日 初夫婁踐位之際 虞舜以藍國隣接之地 爲營州凡略十耳 夫婁使諸加征其地 盡逐其衆 是時天下諸侯 來朝者數十 於是作於 阿之樂 以諧人神於阿者 喜悅之詞也 時有神獸出於靑丘 白毛九尾 銜書作瑞乃賞 高矢氏令國中奏樂而致歡 又作朝天之舞 封仙羅於盎肅之地 後數年又封道羅東武以表其功 卽後之沃沮沸流卒本朝諸國也 在位三十四歲 崩壽一百四十六歲 子嘉勒立

乙亥歲王儉嘉勒元年 亦有聖德能繼父祖之道 又擧九室氏爲龍加益致 其隆盛焉 時夏王失德 其臣有簒逆者 乃使息達率 藍眞蕃之民以征之 於是國威益彰 乃行祭天禮遍 及于諸神在位五十一歲 威德流于四表國人咸慕其化 以乙丑歲 崩壽八十四 子烏斯立 丙寅歲王儉烏斯元年北巡而得靈草分 天下爲二十一州 征夏王后相不克後和遣使相通 在位

四十九歲崩 子丘乙立 乙卯歲王儉丘乙元年 時夏民有慕化 而至者使處於奄慮忽後小康 復興夏道久相和好 封太白之山 使凡民不得姿意侵犯在位三十五歲 崩子達門立 庚寅歲王儉達門元年 生而有異 及長有性德又得東海人 ■老爲龍加德聞 益彰國人不知 惡不知 煩懊■教之 漸可謂盛矣 乃西撫楔揄 北安盎肅南接 夏東至于滄海 而波息十年 在位三十二歲 崩子翰栗立 壬戌歲王儉翰栗元年 有阿叱者作亂害民 王儉曰惟罪的 于作杞惟道成 于謹修乃益修德政 使黎老征之 三年而後 始禽且當時夏政方殷 使藍候勤修戎事 而終世以和 在位二十五年 崩子西翰立丁亥歲王儉于西翰元年 或曰烏斯含使民九十稅 一廣通有無 以補不足在位五十七歲 崩子阿述立 甲申歲王儉阿述元年有仁德 民有犯禁者 王儉曰糞地雖汚 乃有降露之時 置而不治犯禁者 乃化其德 在位三十八歲崩子魯乙立壬子歲王儉魯乙元年始作 囿養畜外之獸 在位二十三歲 崩子道奚立 乙亥歲王儉道奚元年 夫餘候楔揄之難 熊加與句麗眞蕃候助平之 在位三十六歲 崩子阿漢立辛亥歲王儉阿漢元年 在位二十七歲 崩子屹達 立 戊寅歲王儉

達元年 有武勇國人畏愛之 得亥門爲龍加 夏人來至 王儉優禮之 時夏德旣衰 使人往觀其政 又送舞樂而試之 及後使亥門 後與藍候 率諸兵進征 奄至■岐之間 後與夏王和 在位四十三歲 崩子古弗立 辛酉歲王儉古弗元年 繼父志而修戎事

然而終世無事 數侲候獻 亦玉之瑞 在位二十八九歲 崩子伐音立庚寅歲王儉伐音元年種薰華於 階下以爲 亭使末良爲龍加 曰孩堤亦歸 于寵者保民之道不可 暫弛逐廣施德政 於是非民允懷 時夏王遣使 請援乃末良 與兵進救 後夏王復請兵 王儉以其無道 却而不許 及湯王商大修

仁政 王儉曰有德之君也 不可相侵 乃戢其兵後和 使民八十稅一 在位三十三歲 崩子尉那立 癸亥歲王儉尉那元年 國內靜謐 在位十八歲 崩子余乙立 辛巳歲王儉余乙元年 有異獸出 于太白之陽 九尾白毛 似狼而不害物 是年大會諸侯賞眞番候 在位六十三歲 崩子冬奄立 甲寅歲王儉冬奄元年 數侲侯獻 巨獸其大如屋 時諸侯有相攻者 牛首州復 有蛊骨者 與其弟長骨作亂 西鄙之民 皆被其虐 夫餘候不能 安戢乃使熊加充達率師西征濊候 及數侲候亦以兵來助 蛊骨悖惡無倫 伐害庶民 凡五年而始定 光達曰豈有飮 全海之水 而始覺其鹹者耶 皇祖肇基今垂七百歲 而蛊骨之衆

恣意橫暴 貽毒于黎民 此聖道之衰也 君其修德乎 冬奄乃大修先君之德 使充達往撫西鄙之民 數年民有 擢髮捆屨 以報其德者 在位二十歲 崩子緱牟蘇立 甲辰歲王儉緱牟蘇元年 南巡至樂浪忽 修城郭 孟冬月青丘民 羣聚舞天 散而爲獵 有人至山陂 爲大蛇所 卷青丘候 使緱强搜捕 曰蛇大如何緱强 曰穴中藏 蛇安知其修短耶 今孟冬而蛇 出卷人爲 灾非常 只可搜斬 以除民害 乃使猛士 毁陂而求之 蛇大如樑 以巨斧 破其頭殺之 蛇害逐絶 重賞緱强 在位二十五歲 崩子固忽立 己巳歲王儉固忽元年 數侲候獻 豹裘使藏之 而特有功者 在位十一歲 崩子蘇台立 庚辰歲王儉蘇台元年 西巡諸地 觀藍候之政尋 陳兵于商地 在位三十三歲 崩子索弗婁立

癸丑歲王儉索弗婁元年 與商戰破之 尋和後復大戰破之 進入其境遂屯海上庶民 復漸遷徒 在位十七歲 崩子阿勿立 庚午歲王儉阿忽元年令弟固弗加治樂浪忽 遣熊加乙孫 觀南征之 兵立邑上地 後商人互爭不和乃進兵之尋罷 蓋馬候獻九尾獸 在位十九歲 崩子延那立

己丑歲王儉延那元年 叔父固弗加攝政 翌年商人攻 我師至南界藍候率諸軍 戰克後互相戰和 國內增設壇 所使諸侯 承命禱天 凡國中大事及風雨災異有求 則祈于主神 以遍于諸神也 有大蛇現數侲之地 青質黃頭 能呑大鹿 民有趨拜者 乃使巨屈支 斷戮之 在位十三歲 崩弟率那立

壬寅歲王儉率那元年 出巡北鄙 見小民艱苦爲 生歎曰蝸牛 有室蜂蠻 有耳安使我民 有或琉璃耶 乃勸民貿遷 以廣其用 於是南北之民 舟車相通 在位十六歲 崩子鄒盧立

戊午歲 王儉鄒盧元年 在位九歲 崩子豆密立

丁卯歲王儉豆密元年 使人記桓儉 以來列聖之詞 掛於宮門內側 使出入朝覲者閱之 遣兵伐商 數侲候多忽 遣兵入東海 伐鬼洲平其地在位四十五歲 崩子奚牟立壬子歲王儉奚牟元年 使藍候與沸流候青丘候共聚蔬泥水 王儉有疾 使人白衣禱天尋 愈卒本候獻靈草 能除人萬病在位二十二歲 崩子摩休立 甲戌歲王儉摩休元年 商人來朝青丘候南夷海中出泥山大出水中泥合爲石 在位九歲 崩弟奈休立

癸未歲王儉奈休元年 句麗候于它入爲龍加 王儉南巡而 觀青丘之政至阿斯達復 西巡而至 奄廬忽大會諸侯 尋還與殷人和 在位五十三歲崩子登屼立

丙子歲王儉登屼元年 在位六歲 崩子鄒密五 壬午歲王儉鄒密元年濊使知莫婁入 爲龍加王儉 出巡至牛首忽會 諸侯逐 崩于其地 在位八歲 子甘勿立 庚寅歲王儉甘勿元年 在位九歲 崩子奧婁門立

乙亥歲 王儉奧婁門元年 遷都樂浪忽 使眞番候監 舊都民有取人物者 鷹加治之 曰小蛇能濁全海之水 今不敎斯人 世德以衰 國其亂乎 王

儉聞之 曰民之行如水 就于決且源淸而下流 自淸此吾凉德耶 致也 吾皇祖肇基 己千載 國無大難 民無大憝今有此犯 吾恐先祖之業 因我而廢 乃大修先君之德 於是犯者以化 民無染惡者 在位二十歲 崩子沙伐立

己未歲王儉沙伐元年 在位十一歲 崩子買勒立

庚午歲王儉買勒元年 在位十八歲 崩子麻勿立 戊子歲王儉麻勿元年 眞番候鄒咄入爲龍加 南巡至唐莊京 遂崩于阿斯達 在位八歲 眞番候立王儉弟多勿 丙申歲王儉多勿元年 楔揄復侵西鄙 眞番候與濊候夫餘候擊却之 進入其境而還 在位十九歲 崩子豆忽立

乙酉歲王儉豆忽元年 沸流候獻大鼈瞥長丈餘 數佷候爲龍加 初■達之世 東人之進據■岐者甚衆 及商湯之興 而逐漸撤退 然細民以耕桑爲業者 猶散處其地 久不失其俗 至是藍候 頗强梢役 率諸侯逐孤竹君南遷其都 居奄瀆忽 與殷逼近 使黎巴達將兵 進至■岐之間 與其遺民相結 立國曰黎治黎忽 遂與殷家諸侯 及西戎之人相雜處 於是藍候地矣 在位二十八歲 崩子達音立

癸未歲王儉達音元年 娶靑丘候之女 阿施氏爲后 賢而有德國人慕之 蓋馬候獻炅艸昔夫餘民有遁 居于楔揄之地 遂與其民雜處 頗習其俗 殆無恒業 以狩獵爲 生獸皮爲服 人謂之貊後 漸遷徒處 於奄慮以西之地 遂爲藍氏之民 在位十四歲 崩子音次立

丁酉歲王儉音次元年 先是王室頗微 諸侯漸强 及音次卽位 有仁德國人咸慕 於是王道復興 而諸侯相率來朝 在位十九年 崩子乙于支立 丙辰歲王儉乙于支元年 在位九歲 崩子勿理立

乙丑歲王儉勿理元年 仁而好勇 時諸侯已强 而猶尊王儉 時常朝覲

藍候儉達與靑丘候句麗候數佊候 率兵伐殷 遂深入其地 淮岱之間 莫不響應諸侯 乃定淮岱之地 乃立薄姑氏 於靑州之地 曰奄國盈古氏 於淮北徐州之地 曰徐國互相聯盟 而援結殷人 莫敢當者 盖海岱江淮之地爲東人占居者已久 及至殷道之衰而藍候與諸侯進攻 於是濱海之民 皆以其州 欣迎其師也 自蚩尤氏撤退以後 復見斯時之盛矣 雖然諸侯 亦稍輕王室 雖外修其職 不甚崇戴焉 在位十五歲 崩子丘忽立 庚辰歲王儉丘忽元年 蓋馬使買屹入爲龍加 在位七歲 崩子余婁立

丁亥歲王儉余婁元年 數佊候移治 達婁忽 藍候立 鮮牟國於殷淮南之地 在位五歲 崩子普乙立

壬辰歲王儉普乙元年 藍候遂總師諸侯朝覲者遂稀 在位十一歲 崩子古列加立

癸卯歲王儉古列加元年 王儉初立而國用不■ 鳳加收畿內之貢僅得充用民 亦有輸穀助用者 王儉與諸加謀 曰首我皇朝肇基立業 爲萬世後孫之範 今王室衰微諸家侵 疆■外諸侯 殆無奉命者 雖斥內之民 懷列聖之化 猶表忠處 惟予凉德不可 以致化立 威欲讓於有德 則遍觀聖裔又無其人 予欲避居 於唐莊京入阿斯達 以安奉先聖之神靈 諸加悽愴而從之王儉乃奉祭器遜居于唐莊京 遂宅于阿斯達 圻內民從來者甚衆皆宅于唐莊京 於是國遂除 在位三十歲 自檀儉神人開創鴻業四十七世一千一百九十五年檀 旣徒居阿斯達 而國人猶推尊之諸侯 亦無敢逼者或曰朴氏白氏 皆其後裔 而赫居世 亦出於檀君之後云 今文獻無徵未知其確矣 自後諸侯頗以武力相競 獨藍候者出諸家之右時常役 率群后以行國政 是爲列國焉

4. 漫說(만설)

天其運乎 地其處乎 日月其爭於所乎 孰主張是孰 維綱是孰居天地之內 恒推以行是意者 其有機氣之不得已耶 其運轉而不能自止耶 觀夫大界列宿■■燦爛明朗其光 自何其大幾何觀乎 千仞之岡 而行人如豆望乎 百里之海 而歸帆似華仰乎 九萬里之遙 而星辰如燭 其大幾何其光何幾 況地天之 非但九萬里者耶 人行于市 而肩尻摩車轉于通衢 則其穀博星辰麗于 穹蒼則昭昭耿耿齊齊整整 井然有序罔 或有侵孰 引是孰主張 是日遠於星月近 於星耶 抑亦星居乎 最遠耶 日月之大較 於列宿何如 洪爐之火 隔丈而燒之 則不過微溫 瀾草之氷之居尋 而當之 則只感薇凉 日月之其 未自九萬里 而凉熱逼人 其熱幾何 其寒凡幾 且夫山岳之 莊雄河海之 汪洋萬象森列 非物蔔載岳頂一卷之石 谷底一莖之草 自得其所 互誇厥美糞 堆■■之蟲 長渚飄泊之藻 各安其所 互弄厥質孰掌 是而不崩孰護 是而不決 孰守 是孰掩■是意者 宇宙之內滄茫之外 別有眞神之主宰歟 東人則曰桓因主神漢土之人 則曰上帝西域之人 則曰佛陀大秦之人 則曰天主 皆以主宇宙統萬象 爲言其造物者之爲性也 隨民而各異耶 同體而異 用耶 抑同一而異觀耶 同一之元首 而我曰王儉 漢曰帝王 倭曰命或尊諸民之名 造翁也 亦若是而已耶 飛螢有光 ■木放氣■梨之木能接枝而致盛 烏鷄之屬 能抱卵而慈子育 是體質之外 別有精力耶 物物之精力 能相交而致生耶 宇宙之內 滄茫之外別有精靈貫流 同包推運 其體質耶

漢人之說 盤古三皇之 開闢創始者實耶 東人之言 三神之肇判開創者眞耶 余不敢校其善否 宇宙之內 滄茫之外 別有一大精靈 維綱是主

張 是能推運 而經營之 則信矣 人生則體溫而動靈 能慧明人死 則驅殼厥今骨肉 梗固腐爛 而散滅不 數年而膚肉不留 不百年而骨骸 莫存天地之氣聚 而爲物爲質散 則復爲空爲氣歟 靈性發於氣質散亡 則靈性亦隨而滅歟 抑天地靈秀之性鍾 而爲靈貞明之氣聚 而爲體體沒 而靈自不滅耶 靈旣不沒 則返朝于天耶 悠悠然縱遊乎 六合耶 抑如佛氏之說 時墮輪回之苦 重疊而爲人耶 觀夫蟲蠢卵者能知其爲毋蛾耶 卵化爲虫蠕蠕然索餌 而走動能知其爲從卵 而出者耶 虫旣成長 造獼脫毛 而爲蛹暗眠 於其中使 人觀之蘧 然然樂矣 雖然渠能 知其方夢 而覺夏虫之爲蛹耶 蛹旣睡慵 則脫殼爲蛾穿蘭 而出翩翩然飛飛舞於林樾渠能知其自蛹 而變化者耶 使人高脫乎 其外歷觀變化之跡 則其序瞭 然曾無毫末之 疑 使蛾自量 則是個未知 捉來抵一生涯也 寧知其四變之序耶使造翁超脫乎 塵外達觀乎 人生變化之迹 則是亦若 是而已耶 范縝有言 曰形者神之質 神者形之用也 神之於形猶利之 於刀未聞刀沒 而利尙存 豈容形亡 而神在哉 是說眞耶 儒曰魂升 而魄降 佛曰靈魂不滅 而涅盤地獄 輪回解脫之說 最繁乃檀儉 則曰功完 而朝天佛說可耶 儒悅不踈耶 檀儉之訓眞耶 抑范縝神 神滅之論 乃發前人 所未發者耶 人何由死人生 自何人死歸 何生是寄也 死乃歸耶 生乃起也 死則落耶生也有涯而死 則無涯耶 抑亦死而後 始有無限眞善之境耶 摩利之塹城壇則經四千載 而健存漢南之長城 歷二千餘歲 而猶崇墉屹 屹慶州之瞻星臺 過千數百年 而尙巍巍然特立 然特立然 則人之所肩 ■手磨規矩而繩墨之之人生 則與腐血朽肉 盡消永滅 於黃沙腐土之中 不曾精炅之有留耶 宇宙之內 滄茫之外 旣有一 大精 炅溺滿而推運之 則人之生也 非但血肉骨骸之 從氣質中愛者也 叟有精神魂魄之 自精炅而稟者也 余

於儒佛及檀儉之說 雖不遑其辨證 而人生自有不滅之 炅扶善滅惡 通性完功 則身固有死 而英靈不泯 能朝天而 入神鄕 則可信矣 昔者永郞恨人生之 無幾慕先聖之 化神乃棄 其率入向 彌山中修道 行年九十 有嬰兒之毛鷺之冠 鐵竹之杖 逍遙于湖山 神女寶德 歎蜉蜉之殊命 惜朝露之 易消乃求師 學道抱琹 而歌音若靈 宵之玉簫 藐若然水之 芙蓉是固仙之達者也 若夫齊景公泣牛山之落日 秦皇漢東南之雲氣 漢武有悔 於汾水之 秋風阮籍乃哭 於窮道落日 蒼蒼者是人生之應處耶察皇而無死則東南之雲氣 竟得無驗所 漢武而遇仙 則建章柏梁終免黃塵耶 院籍而寄生 於虞舜之世 則擊石拊 率百獸而舞耶 人之說生者是惑耶 惡死者是弱袞而不知歸者耶 方其尊而不知夢者耶 余與人皆夢耶 人之死者 信可悔其始之斬生耶 此世則苦海耶 人之生耶 是墜落於苦海者耶 兒出胎門 則便哭眞有愁 於人世而然耶 觀夫市朝宏樓層 壘士女繁■ 肥馬大道長嘶 花朝觀夫北邙古墳 衰敗觸骸荒落 寒鴉古木悲鳴 秋風前何是熱淩何是冷耶 人之生也 竟若是而已耶 雲抱而山 空潮落而海虛 日月落星辰 蔽而天地 居然■閑人之死也 竟若是而已耶 雲■ 而山空■落 而海虛日月 落星辰蔽而天地居然 ■閉人之死也 竟若是而已耶 觀乎 窮■飢男■女屋漏 而■裂潦侵■■ 打戶破衣襤褸頭蓬面■ 何樂之樂何生之生人生 而難得公候豪傑之勢 高人烈士之趣寒叫 衣飢呼食■啃亡後亡 後而終一生 寧投海而死者可耶 觀乎蜂蛾將者 卒者守者戟者後者 産者雄雄 窺窺來來去去 運花搬密 探腐抱死 勞勞役役勤勤孤孤意者 微物亦有久遠之大計耶 抑旣有生 則必求其存 而不能自止者耶 人之於生也 若是而已耶 世如苦海夭者 爲福而壽者爲禍夭 而無寃易壽 而作善難 人可赴海 而死以端其壽者善耶 抑亦忍痛耐苦 長其生

而積其善 以入于涅槃者爲最善耶 余于人之生 死不敢忘斷 而宇宙之內滄茫之外■存者 主宰歗扶眞養善滅惡消■ 以率率萬物而生人也 則信矣 人之於生也樂道安分 忍辛耐苦 勤孜而毋敢怨 則善矣 存性養志 行善而不怠 使得俯仰 而無愧 則雖死 而無感亦只矣 余於是乎 歎聖訓之無疎而知震域之壽祿能致 其久

遠也 莊子曰天道運而無所 積故萬物成 帝道運而無所 積故天下歸聖道運而無所 積故海內服 此三者皆籍物之性 而無所牽滯也

夫帝王之德 以天地爲宗 以道德爲主 以率萬民順事 爲用昔者神市氏 旣開創萬始垂範萬類 體天道 而導物性 及夫檀儉之世 而後建都立國分邦設牧純誠抱一以 則天範秉天心以 及于人心扶萬善滅萬惡 於是萬民以化 天下以靖 及其功完 則竟朝天而入神鄕 昭格陟降子 懷我民聖澤 神律吸被萬世기歟 盛哉 夫婁承統 益修德政廣采賢能啓學 而廣教詳聞大彰 嘉勒續位 能繼父祖之道 西隣失德 仗善征惡威被 天下非民慕化 於是侲侲神孫 繩繩繼位 歷千二百載 而國無弑逆簒奪之變 民無魚肉치充之禍 定南夷平 楔유討 夏征殷建候于 禹城逐盎肅平 阿叱經有 盎骨之肆毒

乃竟服乎 帝德細民 有■■卒化 於神韻震域 萬年之鴻基 旣原於此也 方外之人名 之以君子國 言其俗 則曰衣冠帶 劒好讓不爭 郭璞瓚之則曰有東方氣仁國 有君子薰華 雅好禮讓禮委倫理 胥餘避同 則慕化歸依 安慺一枝 綿延千年 遺裔尙繁王制 則記曰仁 而好生萬物抵地 而出仲尼歎其道之不行 則欲釆桴浮海 而居九夷 以君子所居 爲說許愼作說文 則曰惟東夷 從大大人也 夷俗仁仁者 壽有君子 不死之國 以孔子之釆桴膳去謂有以 東方朔著神異經 則以恭而不相 犯相譽而不相毁

見人

有患投死救之 名曰善人此 則言能仁 而復能勇 能恭而復能烈 敬美而不忘 言具眞人 之美德兼剛柔之良能也 余於是乎誇爲東夷之人也 尙書堯典 曰分命羲仲宅嵎夷 曰暘谷禹貢 曰海岱惟青州 嵎夷旣畧 則是東人之占居 於海岱之間也 冀州有皮服之島夷 則是東人自渤海西北諸島 遷居冀州近海之地也 楊州有丹服之島夷 則是東人自楊州以東諸島徒居乎 江淮之間也 更有作牧之 萊夷商 珠縞 之淮夷 則是又東人之相地 審勢應便 營生之一端也 上古人心 素樸雖異 旌隣處非 非常之際 則必各守 其業不甚 相侵而互 觀其勢若 强弱懸殊 而治亂相反 則必生征戰 之端此達 遣兵邠 忮勿理建候殷地也 余於是乎 歎上古我先民之武勇也 幸無枝不 專故天下之物 無獨亨其安 而專檀其威者也 何以知其然耶 夫瓜牙者 虎豹之幸也 而牛鹿之不幸也 頭角者牛鹿之幸也 而虎豹之禍也 猫■之捷一枝也 而鼠雀之迅 亦一枝也 鷹儁之擊固所 難避而密林深■可藏 烏鼠鴻鳧鴨 無鏡旣瓜利嘴 則或高飛遠翔 以避讎敵或迅飛淵潛 圖晩刑禍 鶴鶴之嘴 特長誇■■ 則蛇藏穴 ■沒泥蟹入 孔蛤掩甲此 乃鷹隼鶴鶴之屬 各有一枝一幸也 而烏鼠雁鴨蛇蝤蟹蛤之類亦各有一枝一幸 且夫蛇鈍於回轉 則蛙鼠之幸也 豹狼無攀木之能 則猿猴之幸也 斷而能生 則蛇蚓之幸也 全身毒毛 則夏虫之幸也及若蜂蝎之有蟾■之吐液 龜鼈之縮首之尾 皆於探防敵禦 侮 挑命莫不爲一枝一幸也 於是焉 以虎豹之强而不免 轉逐之勞 飢渴之苦牛鹿之衆而 亦得保殖之幸 眠齕之樂其他 描鷹隼 鶴鶴之屬之 爲强鼠雀鴻雁鳧鴨之屬之 爲弱罔或不然天下 豈有不勞之功 無難之安耶 嘗聞天竺有獅子者爲四足獸中獨步一切生類聞其吼 則震驚魚沒湙然 獸臧窟穴 飛禽墜落

莫不逃鼠 盖百獸之王也 若獅子添翼 付鰭大小如意 則必飛食鳥 走食獸水呑 魚穴呑鼠雀 路水陸通上下 而不遺蠢物天下 復有保生之類耶 雖然造翁之意 自無偏辟寧有盡驅一世之 生類獨充貪獅 欲之惡理耶 是以海容寸銖之魚山 有指小之雀樹息飲露之 蟬泥臧無目之 蚯蠕蠕微虫 亦同皇天之洪恩然 則世間豈有權專富之 家獨霸專强之國耶 故諺曰未有不亡之國 曾無不敗之家 余於是乎 知民物之不可 無危難而覺家國興亡不得免飜覆 無常也 然則安可以眼 前榮枯二三其心也哉 天人之際 覆育之化大矣 未遑長說地人之際 載安之德厚矣 其陶冶感薰之功甚巨是以國相 都民擇里 未嘗敢忽夫相都擇里者 欲其選地理風氣之適善也 盖定都占居固不可忽也 至如■國全族之 於地理風氣 其休戚之係 甚重此不敢小忽也 夫天之於物不能 無厚薄卽其地而觀之 則非物莫不同浴仁天之恩分其地 而言之 則非物之得之得地之 肥瘠寒煖高下濶陜莫不有 若是以

物異南北人殊 東西其盛衰 榮枯茂殘繁沒之 勢不可以人力 而左右之也 何以知其然耶 夫耽羅之橘北渡 則爲枳于山之挑越海 則實■湖南之 竹嶺南之柿植之 關北于而不成 咸興之梨 咸從之 栗移之于漢山而味變 且夫城上之 蕨棄掩屋筵架上之鼠體高 於牛背蓬生 痲中而不扶自直葛出松田 而直聳于尋 至如渡准之 橘周原之堇荼莫不如是此 皆物之因於得地之 肥瘠寒煖高下 濶愜之 適與否適幸輿不幸 而其禀得也各殊也 昔者數倀之地 勁寒而不宜五穀 民皆帶鈐 佩弓幷事 遊獵其民之生也 艱險儉嗇■ 健勁悍長於武風 而不閑之事 藍候之地 廣活平蕪幷 施耕牧兼習戎事 其民兼剛柔幷文武恒爲 東國進攻之前驅 靑丘之地風氣溫美 五穀豊登 民皆衣輕暖 而食肥美 頗有冠帶 衣履天下之槪 而

卒溺於華■之弊 且夫擁州之地 土厚水深山岳鹿莊襟抱 固密風氣勁厲則秦人居之其俗 悍然有招八州 而朝同列之氣 迫近戎狄修習戰備競事射獵高尙氣力 於是猛將 悍卒輩出其間 乃延敵列國追亡 逐北因梨乘使宰割 天下終至 始皇之世振長策 而駒宇內呑二周 而亡諸侯制六合 而鞭苔天下 南郡百越 北逐匈奴胡人不敢南下 而牧馬士 敢不灣弓 而報怨班固 歎常爲天下之劇 晦庵推富强之業 易以興江南之地 原野底平江漢分瀉風氣散漫 天産豊饒 於是民資川澤山林之 饒食魚稻果 蔬蠃蛤之味 食物常足 不憂凍餓 民生無艱 優遊自足 則民皆■■嬬生 而亡積聚信巫塊 而重淫祠 是以人輕環■散勇 而不輕歷觀漢籍 曾無一人起於南方 而制天下者 是皆地理風氣之所 以陶冶感薰而人之所 不能如何者也 夫南方之濕熱 北方之寒操 太白崑崙之廣褒 江河湖澤之淳流 誰安得以變 易而遷徙之哉 余於天人之際 固不敢長說 余於地人之際 限其執定 而不能左右之 夫天下之不幸 莫大於失地利也 天下之物 莫大不具 表裏本末之 異天下之事 莫不兼利害得失之 雜故觀物者 不可絞於表末而棄

其裡本創事者 不可句於利得 而忘其害失也 是以聖人 明於天之道而察於民之故 隋時觀變從便行宜 而天下之事 始全利得 而絕害失愚者膠守古法 而不知變通 以致其牽滯 而家國以喪拙者 弊然捨長 取短自以 爲察而及致其殃 此天下萬世之弊也 夫應時順 變明天道 而籍物性者 惟聖者 能之 天下豈有 聖賢亘萬世 而無素者耶 昔者太公始封 周公問何以治魯周公 曰尊尊而親親太公曰後世寢弱矣 後魯自文公以後 綠去公室 政在大夫 陵夷微弱 遂爲楚所 滅夫太公周公者世之所 稱聖者也 立業■憲未嘗有差 而末流之弊 猶然如此況地 殊其方人各厥族 而

互相對峙■萬古爭雌雄 而不知其極者 株守陳古之法拘 而不知變者 安能向世間 而求其勝也哉 是故保其長 而兼人之長者 弱棄其長 而用人之弊者 亡何以知 其然耶昔者秦穆公問由 余曰中國以詩書 法度爲政 然尙時亂 今戎夷無此 何以爲治白 余笑曰此中國之所以亂也 戎夷則不然上含淳德 以遇其下 下懷忠信 以事其上一國之 政猶一身之治不知所以治此眞聖人之治也 夫上淳德 而崇簡樸者戎夷之所 以爲强也 用是而乘中國之繁縟 則勝用是 而復學中國之繁縟 則勞若舍是 而專學中國之繁縟 則亡此固然之勢也何以知其然耶 昔者匈奴人 衆不能當漢之一郡 而能不失 其强者用其所 長以撓其短也 夫匈奴之地鉅野平沙風氣淒冷 五穀不熟 草菜平蕪民 皆家■帳跨鞍馬驅畜牧■水草 而遷徙之乘中國之有釁 則一時蜂聚蟻合彎 弓橫■背寒 向溫剽掠邊塞如勢頭不好則撤帳拔鍚 携妻率子繼馬 任適曾不顧戀此 其恒百世 而爲中國之大蟲也 及單于慕華靡 而妻漢妃變胡俗 而嗜漢物舍■裘之堅善 而得漢繒■以馳 草棘中舍 重酪之 便美 而得漢食物棄其簡樸 而襲漢之繁縟 夫學于人者 難得出藍之譽 汲于流者 只酌其餘波 天下之舍已學人者 不爲 邯■學步者鮮矣 匈奴其無敗亡乎 雖然豈但匈奴 而已哉 昔者拓拔氏以胡羯■之種入據 幽燕承符秦之後 而稱覇於中原太武帝 始制叛逆殺人姦盜之法 號令明白 政事簡淸 於是南擊宋北 逐柔然西寇 壓嗟月氏 波斯諸國 威名伥于 當世晉氏五胡之亂 立國于中原者 十六南北朝 列國之興替不小 而曾無若 後魏之富强矣 及于孝文帝之出 而乃發平城都洛陽 改姓易服 禁北俗之語 立明堂設辟 擁寇樂章 而飾華靡 立堯舜禹周公 孔子之祠 而其國卒至敗亡

夫此數事者 豈本亡國之事 而終不可學者耶 余未詳以爲然 此特已

舍其長 而無存求學于人 而未就只得 其末流之 病弊故耳 於是舊俗已泯 而害毒方新 夫奚救其敗沒激散哉 女眞者肅愼之後也 莫古風泯滅雖不知書然 猶有祭天地 敬親戚尊耆老 接賓客信朋友 禮意疑曲 皆出古聖帝之垂訓 賢候之立敎也 方其舊興 於黑水之地也 以一枝之師 席捲遼滿越長城 而屠衍京禽微欽 而北云叱狐主 而南鼠跨幽燕 而鞭苔中原之士 於是趙家君臣 莫不輸誠納款稱臣呼 侄苟乞殘秦檜韓胤之 徒咸匍 而獻媚 此誠千古之快事 而東方諸族之誇也 雖然其弊在 於隱一時之利踵久壞之法 及其中葉鄙遼儉樸襲 宋繁縟之文德 宋寬柔加遼璪功之政 是棄二國之所 長而倂用 其所短也 於是繁縟勝 而財用竭繰功勝而民人害 夫國用■民心離 而金安得不亡乎 噫 天異侯地 殊勢國異 俗民各枝 安有舍其能 而不危者學乎人 而易其性者耶 余於是乎 歎造翁之於物也 不能無厚薄 而君師之於政也 不可不三思之也 今夫愛親氏者赫圖阿羅之人也 其先遠出於數辰之後 其民多承 句麗渤海之衆 是爲舊檀氏之遺裔 裔遮可斷焉 而今夫人■■然以 小草自擢肯認滿洲 而爲親乎 彼等之於 女眞已以蠻胡 斥之其於 滿洲寧怪 其斥耶 且彼等之與朝鮮角立者已尙矣 而與諸胡 相混者久矣 其勢安能複合 而悔其久分耶 此不必長說也 至如太祖努■■ 哈赤蹶然奮興於建州之地 率八旗之師 而席卷滿洲 創金汗國 而虎視東西 乘明朝之衰 而奪遼東 因流賊之亂 而奄據幽燕 於是下辮髮之令 立國史之館禽永明 而掃淸海內服諸汗 而倂呑漢北 其政令之所 出八旗之所 向更無堅城强壁矣 處處蜂起 復明之志士 曾不幾何 而摧敗盖自 有史以來 塞外諸族入帝 漢土者未有若此之强 且盛者我國之士 雖日夜以南漢之■功齒 以區區東援壬辰之誼歒向明 而圖報然百年之內 余保其必無是事矣 夫區區鴨水以南數千

里之地衆寡之數 已自懸絶 而又自却女眞 以爲胡斥滿洲 以爲虜東東控于 倭西戀于明民 復奚暇能 養其力哉 然則淸之勢 威可謂猛矣 然而其後孫 若至於慕漢俗 而棄其本操漢語 而賊其詞后吳姬 而嬪越女驅八旗之兵 而事田獵紹堯舜之道 而演其說 ■膏粱 而飽華靡 則嚶嚶漢土好說之士 皆■■然以師傅傳 自傲夷狄鄙之羣起 而戮滿胡 復孰能禦之哉 不出數百年 淸必亡 於善聒之士也 若夫假 余以再生使置 數百年之後 則余可服東服 而操淸語跨四乘馬 而說淸帝談同祖 陳利害與朝鮮併據遼滿幽營之地 北誘野人 而爲前驅東聯倭 而使撓其南鄙 夫然後朝鮮之强可復 而漢之慢可挫矣 不然者今朝鮮之勢 滔滔日下 只管虛弱而不思奮勵 不出數百年朝鮮必復敗於强隣矣 頹然孰能支之乎 余嘗論之强國之 要有三一 曰地廣而物博 二曰人衆而合 三曰恒守其性 而不失其長 此所謂地利人和 而亡其性 此萬世之患也 何謂得地利 而不全夫朝鮮之地 北連大荒 則凍天氷地 斷我後退之路 西接蒙古 而萬里流沙 斷我左展之 臂西南隣漢土 而無泰岳 峻峙長江大河之限 則其勢易於進攻難 於防守東南阻大海 而無前進一步之土 且漢人者盤據萬里 金湯之地 容百族以爲 衆畜布粟 以爲富練百萬之師 而以爲强 則恒涉野跨海 以侵西鄙 時有倔强 桀驁者蹶起於北方 則爲後顧之慮 必未劫攻倭 海洋萬里 各據島嶼有事 則易以自保無事 則順風駕■ 任志來寇 如床下之蟲 恒致其苦 若我常强而無衰 則可抑漢士 而郡其地斥倭寇 而鎖其海 可號令天下 ■括宇內也 若我勢一弱 則敵騎長驅蹂■闖 ■國虜掠吏民 焚燒閭里 此所謂得地利 而不全者也 昔者蚩尤氏卽帝位 於涿鹿迄乞達陳兵 於分岐藍候 建四候於殷地 奄簿姑王誘三監 而晙武庚 幾僥周室 徐偃王抑宗周 而王潢池之 東朝三十六國後世 遼金淸者

皆起於舊朝鮮 而有中原高句麗之方盛也 强兵百萬南擊 吳越北挑 幽燕濟魯 恒虎威 於漢方百濟 則跨渤海 而略遼西晉平 越草海 而占越州新羅 鯨濤萬里陳雄兵 於明石刑白馬 而盟赤開此 皆我强而易於攻彼是得地利也 若夫檀氏之世 有稧揄之寇 列國之時 箕氏蒙東胡之侵丸都 焚蕩后妃被虜 平壤敗沒 而公侯世族及士民之 被掠者二十八萬 黃山將殞泗沘城■ 白馬江頭胡馬爭嘶落花岩■芳魂亂 飄忽汗之滅 而渤海之民放散四處 雖謀復圖興數百餘年

而終致其殘滅 夫勝朝以後累百年間事 誰肯■■顔 而過問哉 降至壬辰之役 而八域魚肉丙子之禍 而州里肅然 況今世之人溺 於虛文閒於衰弱 棄其道 而咀宋儒之 餘唾貶其君 而比外邦之臣僕 盖歷觀近世之往事傍察 今代之趨勢舍大猷 而謀小欲擲公戰 而圖私益■公宣 而循其家漁細民 以肥其腹 而以區區零瑣之事 懱懱然醉中談 夢蝸角爭勝 慆慆之勢日下 而不振己無我力 而謀賴於人此歲己孤弱 而併亡其本性也 後世若有强隣者代淸 而興則必脅其主 而誘其臣郡其地 而隸其民矣 今日之所 以弱於安逸 而茫然無爲者 豈非後日呼■ 叫寒之因也 余之所謂不出數百年 而必爲强隣所敗者 豈矯激之語耶

* 檀君紀는 小著 桓檀古記가 있어 생략하고, 규원사화(揆圓史話)의 본문 내지 번역문은 전 조선일보신문 문화부장을 지낸 서희건(徐熙乾)의 저서인 〈잃어버린 역사를 찾아서 2〉, pp. 185~262에 있으니 참고하시기 바랍니다.

三. 단기고사(檀奇古史)

1. 단기고사(檀奇古史)의 재편서(再編序)

伏惟臣之所甚怨恨者 唐將蘇定方薛仁貴之殲滅百濟高句麗時 檀奇古史及高句麗百濟史國書庫 俱與之燒滅也 臣之更編古史 參考諸子衆說百家外史 己確定其輪廓也 惟聖上基下 以天生英姿 奉檀紀系統己定天下 迺垂黃裳 仍緝天訓瓊笈 宸翰寶贊 詔臣作序 是年又下詔勅 纂檀紀古史 臣惶恐奉勅 蒐緝四海散史 考察諸家史評 削其疑者 記其事實十有三年 始得成編

嗚呼 是書也 豈偶然哉 自神助檀帝奇子 至于高句麗 聖子神孫 繼繼承承 赫赫及于聖朝 天人一體之大經大法 載於此書 豈寡聞淺見之所能勝任哉 且夫尋陳跡於廢墟者 若春雪之鴻印 未經幾日餘痕盡泯矣 拯溺救燒者 其非立於現場者之責乎 故自奉勅以來不遑憩息 往年再入突厥搜探古碑遺文 輪廻各地 盡收石室藏書 玆成前後檀朝朝鮮奇子三編 以副上意 刻而藏諸書庫 布敎于民 以示後世 有東方神政之國焉兄之責乎

欣受察焉著述者 大野勃 重刊人 皇祚福 註釋人張上傑也 其册形 同一於王常春之示本故 心甚奇珍 熟讀玩味 其曰檀典者 彷佛於書之二典褒貶外內 模魯史之大義而文勢之雄豪健全 非高麗李朝士之所能及也

嗚呼是書也 雖逑於數千載之遠 而其參考也博故 其記也詳 所硏者深故 所證者明 豈可與尋少史 同日而論哉 惟吾檀奇疆域 何物非可愛之故蹟 鳥語虫聲 猶傳心之妙訣 花英草色 亦形德之光明 瞻彼長江喬嶽 起原點於白頭山之流麓 西至歐洲赤羊島 東日本南洋灣 布傳以一率者 大野勃之史 量而光容字內也 豈因久於長夜而疑朝陽之復明哉 上慕檀朝之聖德 下爲吾族傳統之心 因讀史而尤篤 付印刷而公布 大韓光武十一年 三月 九日 學部編輯局長 李庚職 識

2. 단기고사 중간서(檀奇古史重刊序)

天下崇德大業 孰有勝於愛國 然眞愛國者拾國史而無可憂可喜可希望可爭鬪者何 於諸往事 無所考 其眞蹟故也 夫愛國之方向不同而或以舌或以血或以劍或以械 前者唱而後者隨 如射者之所立 雖殊而向鵠則一也 且東西古今之偉勳至德及其國民者何限而能萬千秋之保全 不忘者果有幾國哉 我國之半萬年以來 可以可歌以舞可以哭可以拜之忠豪烈士不止數萬而至於檀奇事蹟 以爲歷年未詳 以周武王封奇子之說 爲徵 如金富軾則妄言以夷事 無可考 夷言不知義而彼中華人之書則以尊華攘夷 自以爲義 讚揚同族 凌侮外國自域外所存之國則盡謂之蠻夷 如此書籍 雖汗牛充棟 無考於我史之實蹟則如之何無掩卷痛嘆也 壬子二月 余至安東縣 志友李華史(李允珪 長子) 帶一卷古史 將出刊之意請余以序文 余心異而讀之 渤海國盤安郡王大野渤編纂而渤海大文人皇祚福 重刊之册也 册形雖故弊 無疑於其爲眞本故 詳問來由則曰文人柳應斗 博通古今之碩學也 嘗遊歷中華各地 偶入一書店 暫見此書則感悅

心喜者如得千金故 卽買歸之 囑諸門人 李膺庵允珪等 謄寫數十卷 將重刊之預定也 嗚呼吾亦思檀奇二千年 必有實史以累經兵燹之故 姑無得見則豈不痛惜哉 幸天不使實史歸虛 奴婢柳氏得此原本 公現于世 柳氏之得來者豈偶然也哉其平生念誠之報也 孰不悅而讀之 講而傳之 吾祖上二千年事 復明於世 眞千古奇事而 原著大野勃

先生之跨十三餘星霜而親傳古蹟 其後百餘年 大文人皇祚福重刊之功 畢吾民者大 今者李柳兩氏 後民不迷之助 亦不少 後之眞愛國者亦續刊而不使先烈 至於泯沒則何德業之重於此哉壬子仲秋 丹齋申采浩 識

3. 단기고사 목차(檀奇古史 目次)

歷代統系表 倍達民族統治事記 檀君世系又檀帝朝鮮扶餘國呑除蝗虫 奇子朝鮮雙立 歷代署記

前檀帝時地圖 後檀帝及奇子時地圖 天符經古史目次一世檀帝創建中華軒轅黃帝 受內皇文於紫府先生而歸八大臣政治始發

二世 檀帝夫妻 高矢長姪舜爲中華皇帝 博士乙普勒發明國文正音高契爲國史元祖 救恤鰥寡孤獨 始造曆書 五世 檀帝裁無窮花 麻西子造酒 八夫妻治國用兵論

八世檀帝親察夏國 乙成文德上疏民權始作 松花江濱立機械工場 有爲子預測成湯建國 立國境表石九月山馬韓村送龍加來良於夏桀湯謝罪

十二世檀帝封馬韓辰韓 有爲子生物原理論 十四世檀帝時生鳳凰 始倔金壙 殷國來察善政 無憂謂杞憂 高叟論化身 十九世檀帝封舍弟桓

縱鮮于平壤爲菁莪王曾孫桓西余卽奇子朝鮮 始製紙物及葛布 二十世檀帝立別宮于寧古塔 封尋心爲滄海君 築城于寧古塔

二十五世檀帝 移都于寧古塔爲後檀朝 一世後檀帝遷都善政 奇子朝鮮使臣來朝姜周文上政治疏文 六世周太甫上新周易

十三世生八足牛 十四世白鶴和舞音樂

十九世五言詩初作 齋大夫田宏入國 魯人顔思得持周易入國

二十二世白頭山夜鳴下赤土雨

二十四世無後嗣解慕漱擧叛旣於古都扶餘稱北扶餘奇子朝鮮行井田法及新政 改築五世檀帝陵立一世檀帝殿于江東平壤

三世周武王發與姜子牙伐紂建國　殷箕子胥餘率姜達弓欽等五十人請避亂地于遼西

四世奇子問周易於鮮于明

五世時箕子子入國帝愛恤　十世立父母三年喪新建檀帝三聖祠於九月山 後檀帝遣太子 同祖同孫之情

十四世後檀帝親臨作兄弟五言詩 韓文渠著道德仁義禮一理論 分布大同法律趙明星比準隣國興亡作政治論十八世張一炳論王覇道賞米帛於老人有百四十歲老人　二十五世以千金買言免禍　二十六世元漢三論祭祀感應 二十八世老文乙上書言民族精神 四十二世 中華人陳勝吳廣起兵燕齋趙民多避亂入國燕人衛滿襲擊奇子避居于金馬

倍達民族統治中國事記

歷代統系表 肅愼 濊 貊 靺鞨 勿吉 女眞野人 沿海人

東海王 弁韓侯 — 駕洛侯 弁韓 駕洛

神州侯 耽羅 濟州

馬韓侯

馬韓

辰韓侯

辰韓

鷄林 新羅 高麗 李氏朝鮮 大韓民國

檀君朝鮮 奇子朝鮮 帶方

後馬韓 樂浪

燕衛滿

國都滿洲

吉林扶餘

後檀君朝鮮 卒本扶餘 高句麗 渤海 金 元 後金

大淸 滿洲 蒙古王

東扶餘後 北扶餘先 南沃沮 北沃沮

一舜 二金 阿骨打 三元國 四淸國

4. 본문(本文) 서(序)

一世 檀帝時 高矢長兄子舜在中國帝位五十年

新羅敬順王後孫金阿骨打建金國於寧古塔使北宋徽宗欽宗靑衣行酒統一楊子江以北歷年二百十年

四世 檀帝封弟烏斯達于蒙古後孫爲元國忽必烈九代二百十一年 統治中國新羅後孫自金國又爲清太祖親愛覺羅二百八十五年統治中國檀君世系 朝鮮扶餘國 桓因 桓雄 前檀朝 一世桓帝壬儉

(檀君桓儉) 二世 扶婁 三世 嘉勒 四世 烏斯丘 五世 丘乙 六世 達門 七世 翰栗 八世 西翰 九世 阿述 十世 魯乙 十一世 道奚 十二世 阿漢 十三世 屹達 十四世 古弗 十五世 伐音 十六世 尉那 十七世 余乙 十八世 冬嚴 十九世 縱年 二十世 固勿 二十一世 蘇台 二十二世 索弗婁 二十三世 阿忽 二十四世 延那 二十五世 率那率那帝 移都寧古塔桓西余立奇子朝鮮東國平壤同立後檀帝 一世 率那 二世 雛魯 三世 豆密 四世 奚牟 五世 摩休 六世 奈休 七世 登乙 八世 雛密 九世 甘勿 十世 烏累門 十一世 十二世 買勒 十三世 摩勿 十四世 多勿 十五世 豆忽 十六世 達音 十七世 音次 十八世 乙干支 十九世 勿理 二十世 丘勿

二十一世 余婁 二十二世 普乙 二十三世 古列加(宗室人) 解慕漱(高朱蒙父) 擧反旗於古都扶餘稱北扶餘 前檀朝千二百七十四年 後檀朝八百七十五年 共二千八十九年

奇子朝鮮後檀帝一世雙立 一世桓西余 二世阿洛 三世率歸 四世任那 五世魯丹 六世馬密 七世

牟弗 八世乙奈 九世厤休 十世登那 十一世 奚水 十二世勿韓 十三世奧門婁 十四世婁沙 十五世

伊伐十六世阿勒 十七世厤休 十八世多斗 十九世奈伊 二十世次音 二十一世不理二十二世 余乙 二十三世嚴婁 二十四世甘尉 二十五世述理 二十六世阿甲 二十七世固台 二十八世蘇台 二十九世馬干 三十世天韓 三十一世老勿 三十二世道乙 三十三世述休 三十四世沙良 三十

五世地韓 三十六世人韓 三十七世西尉 三十八世可索 三十九世山韓 四十世水韓 四十一世奇否 四十二世馬韓 註曰奇準爲太子而亡於衛滿而居金馬是爲馬韓

5. 역년약기(歷年畧記)

前檀二十五王千二百十四年 後檀二十三王八百七十五年 合二千八十九年 解慕漱四王百三十九年 檀紀二千二百十五年壬戌誕降立國年代百八十六年奇子四十二王千五十二年 衛滿三王八十七年漢武帝四郡樂浪臨屯玄菟眞蕃二府共七十二年 奇準十王二百二年桓氏朝鮮扶餘國都滿洲松花江濱吉林 後檀帝都滿洲寧古塔東扶餘解夫婁老而無子以金蛙爲子與國相阿蘭弗還都迦葉原(今海蔘威附近) 四世八十一年北扶餘解慕漱自稱天帝代王古都凡五十三年自檀君共二千八百二十七年 卒本扶餘王室寧稟離見解夫婁東遷據卒本稱卒本扶餘(西間島)在位二十三年王薨婿高朱蒙嗣

東北扶餘亡於高句麗後孫 桓氏奇子朝鮮亡於衛滿於漢四郡二府降於高句麗後馬韓亡於百濟三韓國始祖 馬韓始祖韓不信 前檀帝十二王以菁莪大夫對馬韓亡於奇準 辰韓始祖高士深 前檀帝十二王時 以前沃沮大夫封 辰韓弁韓大夫申突蓋同時封弁韓俱爲諸侯

三國時代 新羅五十六王九百九十二年都慶州始祖朴赫居世朴昔金三姓順相傳朴氏十王昔氏八王金氏三十八王建國于樂浪五十一年歸順于高麗十九年 高句麗始祖高朱蒙二十八王七百五年都滿洲于平壤(朱蒙生於檀紀二千十三年癸亥四月八日) 建國于赫居世二十一王亡於新

羅 百濟始祖溫祚三 十一王六百七十八年都稷山移公州泗沸稱南扶餘亡于新羅 駕洛始祖金首露王三百九十一年大伽倻始祖阿鼓王十六世五百二十年合于新羅後百濟甄萱一王四十四年都全州亡于高麗渤海始祖大祚榮 十四王二百二十八年都滿洲牧丹江東京城亡于契丹泰封弓裔一王十八年都鐵原亡于高麗 高麗始祖王建三十四王四百七十五年都開城亡于李太祖 李氏朝鮮始祖李成桂二十七王五百十九年都京城亡于日本 日本明治三十六年檀紀四千二百七十八年乙酉解放

前 檀 帝 時代．後檀朝朝鮮奇子時代(疆域圖)

天符經(檀君天符經神誌篆見於古碑文昌候崔孤雲先生解其字刻于太白山)

一始無始一 一析三 極無盡 本一 天一一 地一二 人一三 一積十巨無匱 化三 天二三 地二三 人二三 大三合六 生七八九 運三四成環 五七一妙衍 萬往萬來 用變不動本 本心本太陽 昂明人中天地一 一終無終一

6. 단기고사(檀奇古史)〈渤海 大野勃 原著〉

檀典 第一世 檀帝 桓氏典 曰東邦扶餘族 散居太白山左右 有桓因氏誕降于檀木下 以運三四成環五七一妙衍之理 立乎無窮 行天地自然之道 世稱神人 又謂上帝 生桓雄 教之以止感調息禁觸通性命精之道于與以天符三印 行人天造化 乃命以弘濟衆生 率雲師風伯雨師雷公 至于天坪吉林東部 定法度 設教以天符經 聽講歸化者若市衆故 曰神市生桓儉 卽檀君壬儉 及長 娶于匪西岬(哈爾濱)河伯女神熊 生子扶婁

是扶餘族之本也 第一世檀帝壬儉 桓雄之子 桓因孫也 神聖文明 率父祖之業 益修文德 又以三百六十六事 訓化民衆 德合天地 明侔日月 萬民悅服 推戴爲帝 戊辰十月三日也 都于吉林西部平壤 稱扶餘朝鮮 追尊考公 謂之地一 王考公 謂之天一 封長子扶婁 爲太子 先時有紫府先生 上通天文 下察地理 道德高明 中華國軒轅黃帝來學 受內皇文而歸 封紫府先生 爲桓夫帝光明王 帝命神祐曰敎民五典 須寬厚期博愛■銘心 命高矢曰汝司農 敎民稼穡 民安惟食 民食惟時無奪民時 克合天德 曰神誌民解文字 向明而治 惟汝功 復命典樂 敎民音樂 和暢心神 母相侵暴 命海月曰汝 司工令百工 發技能 小大器用 具完無缺 命雲牧曰汝作監侯 協歲月日時 以興百務 二十四節七十二候 定四時成歲 三光無差 晦朔符合 曰磨玉 物有五色 以彰其形以五采

繪圖儀形 著其內 曰元輔彭虞 天地有一大主神以御上下四方 虛虛茫茫不見其所 四時不乖 終始無窮 以生萬物 是之謂大慧大德大力 察此以身 ■物墜 日月星漢 循環以運 恒有中道 惟厥地軸 引而不動 立人極之道 惟精惟一 允執厥中 精者性也 定而不變 一者命也 潔■之道 周而復始也 允者實也 萬物之果實能執厥中 受法於物 自明自治 能保其身 治山治水 如保其身 亦補缺成命之道 圓形如弓 直心如矢 如是之發 一大主神 有物在中 非指虛空 帝治天下百二十年 雨順風調 國泰民安 人物無病長壽 山無盜賊 途不拾遺 夜不閉門 老人歌謠 兒童舞蹈 忠君愛國滿於人心 家家設壇 敬天致誠 遣三子扶虞於江華 築城於傳燈山 名曰三郎城 築壇於摩尼山 東邦祭天之俗 自此始焉 築壇之法 加一石於二石之上 是八卦四象兩儀一太極之形矣 百五十年 帝位九十三年 王位五十七年 合王位前六十七年 二百十七載 而帝崩 百姓如喪父母 四

海撤廢音樂 家家立檀祖神位 朝夕敬拜 太子扶婁立

第二世 檀帝名扶婁 元年九月 封仲弟扶餘於遼西爲莅球王 封三弟扶虞於東海邊爲東海王 三韓東海王之後裔 二年春正月 大連爲攝司職 小連爲司徒(震檀記出生地半島) 大連小連爲檀朝重臣 忠孝兼全 三年居喪之道爲東洋元祖 高叟(漢記高叟)檀朝高矢之親兄也 其子舜不仕檀朝 仕於唐堯 意見不和故 欲殺舜 舜克諧以孝 堯嘉之 妻二女 終讓以位 闢四凶而罪之 是以見害於中國人 崩於蒼梧之野 二妃悲哀而自投瀟湘江 子商均 返仕於檀朝 爲司徒 蚩尤之子特明(命) 亦仕於檀朝 爲司徒 治化深於夏朝 帝爲太子時 與伯禹相親 及治水爲后 會諸侯於塗山 帝遣彭虞 展親誼論經邦 三年九月 下詔 使國民 編髮尙青衣 同律度量衡 行政以仁十年 四月施行井田法 民無私田 十八年 六月褒賞忠義烈士孝子烈婦及賢良者有子十六人 以長子嘉勒爲太子餘十五人封國者八 親王者七 國泰民衆 國境東滄海西遼西北西非路 至西伯利亞 大民族九部 小民族十四部 威德普及 人倫明於上 敎化行於下 風俗鮮美冠於天下 二十六年石子丈 奏曰考察始祖天符經 生物之形色 雖異皆原於包靈之一種 故曰一始無始一 析而爲三 一陽二陰 謂之兩儀 兩儀合則爲太極道也 分而爲器 萬物之偏也 太極之中 自有五氣 伸而爲人 歸而爲神 精集而神發 神集而形合 形精不離 與天爲一 與天爲一 恒久之道 敬天敬神 治民之易也 帝然之 乃下詔於天下 立三神殿 桓因桓雄桓儉也 使國民奉安而崇拜焉三十八年 邏闍連 上奏曰臣去年 渡南閻地逢法經賓波羅文敎徒 聞其設 反覆思之 是眞實工夫也 敎心猿不得橫走近理者多 似南閻地 有聖人 作此說 願基下 遣使者於南閻地 察其道德

及政治 去短取長 施行於國民 文明進步 可爲良道 帝曰人道上眞理惟一也 兩點間直線惟一也 各國民族雖異 平治之中道惟一者 朕嘗聞之於先帝也 惟精惟一 執厥中樞 惟其不失直道 奚必視異國政治道德而加減哉 鳥獸居於陸 魚鱗生於水 使水生 易處於陸 勢不長久 使吾國 效他國亦不得長久 群臣不敢更說 五十八年帝崩 百姓痛哭 是日也 日蝕而黃霧 蔽四方 山獸號於諸山 可謂天人共悲 太子嘉勒立

第三世 檀帝 名嘉勒 在位四十五年 元年以長子烏沙丘爲太子封弟嘉祿 爲阿沙達王 定都于九月山唐藏京 二年春 命博士普乙勒精選國文焉 至今黃海道白岳馬韓村 有古代國文刻碑 三年秋命太修官高契編選國史 命刪修加臨多 方言也是東洋史學之元祖也 神訓勅敎 論音道德政治法律風俗 備載此書(大野勃 以渤海文刊行) 太學太史高辛諸行父母三年喪 帝曰可 愛苗無道 討伐于悉段 遼東太守索精 政治不順 帝震怒 流配于弱水(黑水)爲凶奴族 三年春 下詔曰天下之大本在於心之中正 人失中正 事無成就 物失中正 體卽傾覆 人心危險 道心微妙 惟精惟一 執厥中樞 物失其中正 心其中正然後 萬事惟正 中正之道 爲父當慈 爲子當孝 君則當愛 臣則當忠 夫婦當相敬 朋友當有信 小者當恭於長子 以恭儉持身 以博愛接類 修學硏業 啓發智能 鑄成德器 弘公益 開世務 崇國是 遵國法 各守其分 勤勉增産 一朝有難 忘私從公 冒險勇進扶國家大運 是乃于與汝膍膍服膺之事 一心精進 庶實踐至意 八年 康居叛 帝討平於支伯峙 十三年春 下詔曰方春節和暢 草木羣生 皆有自樂 吾民之中 鰥寡孤獨困窮之人 常懷憂愁 展眉無日 豈不可憐 乃使人詳察救恤 中華人 聞其風聲 願爲國民者不少 是歲帝登太白山 望見羣

衆炊煙之家小 減租稅之半 翌年復登東山 見起煙之家多 乃欣悅 二十年 東巡狩 至滄海 望山川曰美哉 山河之明麗也 朕將遷都於東方 治天下四十五年 天下太平 民生安樂 是三世治平時代也 九月帝崩 太子立

第四世 檀帝 名烏斯丘 在位三十八年 元年以長子丘乙 爲太子 弟烏斯達 爲內蒙古王 是孫爲蒙古族 秋夏國使節 入朝 二年春遣使於夏國而回謝 五年 鑄圓孔貝錢 七年設船工廠於薩水上流 十年春大建宮室 二十五年而成 名乾淸宮 東西六百間 南北百間 上坐萬人 下立四丈竿 二十年 築平壤城 蘇奈伐上奏曰治天下之道 正風俗得賢才 爲本 富國財强兵力爲要 文武幷行 長久之術 國雖大 好戰則亡 國雖小 忘戰則危 古之聖帝明王之道 在於恩威幷用 是故如殺人而安民 殺亦可也 伐國而安邦 伐亦可也 但文而施恩 如蠅聚于臭肉 政至於腐敗 惟武而用威 如霜覆于田野 民失其活力 基下獨不見春生秋殺之時序 日陽陰之化力乎 願基下 革新舊政 肅淸軍紀 勵民志 合君臣 成萬伐不萎神聖之國 帝嘉納 以蘇奈伐 爲上將 方民伯 爲太宰三十八年 六月 帝崩 太子立

第五世 檀帝名丘乙 在位十六年 元年以長子達門 爲太子 封第三人 爲蕃王 二年田野蝗虫大盛 帝親臨田野 呑蝗一箇 告滅蝗蟲於上帝 數日後蝗蟲盡滅 四年春 夏國使節來朝 有熊氏無道 遣蘇奈伐討平 五年春 夏國士二人 持 曆書及斗建甲子 入朝八年夏身毒國(印度)人漂流到東海濱 九年秋立接賓館於東門外 十年百穀大凶 發太倉栗賑恤 十三年 使監星官造渾天機 合於天度 十五年監星官皇甫德 奏曰臣觀測天文

五十年 畧知天體大綱 天體中大者 若北極星之恒星 其次太陽之類 其次水星金星地球星火星木星土星明星海明星新明星之類 包太陽而回轉地球外廓 日調和地球溫度 生長萬物 是以居地面之物效地 地效天 天效道 道效自然 人不測自然之道則不順 四時之氣 民不得適合農期 收穫不充而年饑矣 先明曆法 適合吾國氣候者似爲急務 帝然之 新製國曆 十六年 帝行幸古歷山(江東平壤)築祭天壇 多樹周邊以無窮花 七月 帝遊於沸流江 崩於江東 因葬於江東 太子立

第六世 名達門 在位三十六年 元年長子翰栗 爲太子 乙支仙爲首宰 淵石泉爲上將 陳無競爲攝司職 關基乙爲肅政使 帝南向黃山谷 見結縛罪人 下車泣問曰爾以何事犯乎 罪滿天下而汝獨罹兮 三聖時民 以三聖爲心 寡人爲君 各以其心者然歟 效我心者然歟 盖民智不足而詐言 力不足而欺罔 財不足而盜賊 爲民主者見民處此不安之心境 可一日安心而臥哉 麻西子 淫荒之人也 一日奉美酒進上 帝飮而甘之曰此 傷性之狂藥也 必後世 有亡國敗家者 遂斷飮 七年春有獻千里馬者 帝曰天子之行 有一定之度 吉行一日四十里 私行五十里 國旗在前 隨車在後 不可獨行 朕乘千里馬 獨先行何地 朕之不受獻馬 使四方 知無來獻之法 八年 葛毛侯叛 遣師討平 十年秋夏使節來朝 十一年 八夫婁上奏曰 天下之道 在乎先明自己之德 其次親愛國民 終則知止於至善 夫人之智能 先知物情及物理 漸發達則至於知眞理 推物情物理而用於日常生活 則夏衣葛布 冬衣裘帛 逐寒暑而保體也 山■野■ 五穀百果 備歉穰而養形也 修身齊家之本 齊家治國之本 治國平天下之本 故於常時不無臨戰之勢 守己如堅壁高壘 攻己如猛將精兵 正防誘惑之侵 急救懈怠之劫

欲安一生敢冒九死 爲成一功而克涉百險 成敗之飜覆 不許於暫時之緻完 虛實之因果 每起於毫末之怠慢 豈一秒一刻之放心 不無堅甲利兵之知行 常持强弓■ 矢之意志 實用制度 恒豊足 信行士卒 勇晝■ 智能謀士 愼運籌於惟幕之中 熟達主將 任指揮於陣門之內然後 儀容振於此威武 燿於彼 大抵戰爭 護者護之 整者整之 其要在於凱旋 然是亦一時誇力吐氣而已 最後勝筭 惟在於一 彼無常勝敗 一時利鈍 或出料外 雖七顚八起 九死十生 終收成功者 惟一信念之忍耐也有忍耐之力 畏何危險困難 顚沛之中 有希望 猛爆之下 勵志氣 心如萬疊青山 行若千廻長江 必成所期而後 乃己 臣以爲身而天下 亦可得而平 帝曰善哉 八夫婁得治平之道於一身之上 拜上將 勵三軍 三十五年 帝會列國王侯於常春(新京)大國二 小國二十 酋長三百六十 三十六年 帝崩 太子立

第七世 名翰栗 在位五十四年 元年長子西翰爲太子 二年有甘泉湧於宮城東 三年方士尹巴奴以神仙術說帝 帝不信曰人間 豈有神仙哉皆妖罔惑世之術 不可同處於君子之道 逐忽方士 海外妖怪之士不敢近二十五年 主父溫伯說帝曰今夏國政法 不明 國勢萎縮 民窮軍弱 外侵不息 此是天帝之國 富且軍强 一擧兵擊之 席捲夏國 如反掌 勿失期會帝曰無故伐人國 非君子之道 且欲得土地 害生命非仁人之行 吾則不取夏國人 聞之乃遣使謝禮 三十八年 是歲大荒 發太倉救民 四十八年減租稅之半 五十四年 帝崩 太子立

第八世 檀帝 名西翰 在位八年 元年 長子阿述爲太子 二年大豊有一莖六穗之禾 帝自爲太子時 有英雄之度 兼德行 多民望 及登位 善

治國 擢賢才練將兵 合統一天下之志六年 支干栗 爲上將 烏干爲太宰 七年 三足烏飛入宮中 其翼廣 三尺餘 三年 達突國使節來朝 四年帝以微服 入夏國 察地理人情政治風俗 半年後歸國 大改官制 八年 帝崩 太子立

第九世 檀帝 名阿述 在位三十五年 元年 長子 魯乙爲太子 春如兩日竝出 三年夏 青海侯干促起兵入帝城圍宮 帝避亂於長春 上將支干栗 出兵討誅 七月 還宮 行幸朔方 察實情 五年命高蘇 改選國法全書 六年春乙成文德奏曰國家 萬民之國家 非一人之私有 故君臣相議 豫定國事 每年使府郡代表 會集干議事院 議定國事然後 得天帝之允諾 申實行干政府責任者 是君臣合議之之政

伏望制定會期 許與國民參政權 帝許之 以每年八月一日 爲定期會日 民權始此焉 三十五年 帝崩 太子立

第十世 檀帝 名魯乙 在位五十八年 元年 長子道奚 爲太子 赫普爲太子太傅 風五爲首相 乙成文德爲上將 龍加來良爲護軍 伊阿漢奏曰天子有不召之臣 欲謀則親臨而決疑 是政事之最高諮問處 伏望基下 當設置 帝從之 行諮問禮 二年伊阿漢爲肅政處長 考試人材 五年各都首部 置伸寃函 使民之含寃者 投伸寃書而解寃 十年 嚴年來侵 遣支干栗而伐之 十六年 東門外 陸地出蓮 長白山 臥石自起 渤海龜龍出現 黑水江岸金塊靈出 數量十一石 十八年 新築天文台 置監星官 帝崩 太子立

第十一世 檀帝 名道奚 在位五十八年 元年 長子 阿漢爲太子 有

爲子爲太子太傅 有爲子上奏曰 我天帝國神祖 刱宗教爲國教 人民皆尊新行道 代遠經殘 不知教之眞理 流於形式而淫失 溺於迷惑而害蔓及于國政 伏乞 基下 革新倧教 使入本旨 明心講道 切磨成德 不使國民滔於浮華淫亂之禍■ 帝從之 革新倧教 復明天道人倫 誠實質朴 無賣天祈幸之風 眞理復明於世(渤海王時發行三一神誥) 八年夏國使節 來朝 十年發布金剛律令 四十六年 遣臣祐於夏國 締結修好條約 四十八年 大開萬國博覽會 於國都平壤 列國珍奇之物 輻湊陳列 下詔使國民皆賦兵役 遣留學生二十五人於夏國 修學夏書 五十六年 設機械工廠於松花江內 製造各種機械 懸賞國內 使新發明者受之 新發之品 若黃龍船 揚水機 自行輪船車 輕氣球 自發電車 天文鏡 照瞻鏡 驅石鞭 自鳴鐘 輕重漏器 消滴發展 動春機 索琴千里相應機 木流馬 震天雷 御風升天機 吸機潛水船 測天機量海機 量晴計 測雨器 測寒計 測暑計 量雨計 測風計等 爲發明極盛時代(居柒夫小史亦有記)

第十二世 檀帝 名阿漢 在位五十二年 元年 長子屹達 爲太子 封次子爲安平王 二年有一足獸來松花濱 遊且悲鳴 帝請有爲子問曰此 吾不知之獸而一足■行悲鳴也 有爲子對曰國之將興 必有禎祥 國之將亡 必有妖怪 神物之現 事體亦同 禍福之至 善惡可知 天地運化之兆也 此夏國南方神明之陽獸而預知夏國之將亂 避來而悲之也 非特此獸 察天道則萬世之事 可預知矣 帝曰代夏國王者 其誰也 有爲子曰臣察夏國之人物則無其人 殷有天乙者 得賢佐伊尹 存養德行 名高當世 代夏國而王 其子孫 傳六百餘年 曰其次誰也 曰有聖人出西夷間 修德施恩 人心皆歸 賢相良將 輔弼子孫 繼位傳八百餘年 曰吾之雲孫盛衰之期 果何

如 曰國家盛衰 在於天定 非人力所致 基下善治人民 德洽萬方 文明程度遠超中華 然中華至于殷而禮樂法度燦然備具 聖賢輩出 經傳施設 百家爭鳴 各發理想 文明進展 天下風靡 萬國仰慕 或建國南方 大邦數千里 小邦數百里 後屬疏遠 相尋以干伐 文化漸退 不顧祖國文字 慕華思想 日漸高廣 後其千年則慕華狂儒 遍萬國中 全廢吾國文字 專用漢文 至於國名王號官名地名人名物名 相同於中華 終至於子孫 失其祖先 想見將來 眞所痛恨也 伏乞基下 深思遠慮 預備後事 帝曰先生 眞千古神人 能推測半萬年後事 乃河詔立石碑於四方國境 刻帝王名號 刻以本國文字曰永遠保全國文 至今黃海道九月山馬韓村 有古代國文碑 字形如梵文 後面 有詩曰 村名稱馬韓 別有殊常石 帶荒躑蠋紅 字沒莓苔碧 生於剖判初 立了興亡昔 文獻俱無徵 尙(倘)非奇氏迹 長白山興安嶺 亦有古碑

五年春下詔 登庸賢良方正直言極諫之士 十年以開基波 爲首相 馬千得爲上將 弘景爲諫官 十一年 帝益修國政 朝罷問於諫官弘景曰 我何如之君 弘景對曰基下 不仁之君也 帝曰由何而之我不仁 曰不封親弟而封次子 胡爲人君 帝不悅 弘景出 有爲子八見 帝更問曰我 何如之君 有爲子對曰人君 曰何以知仁 曰臣聞君仁臣直 向者弘景之言 直也 帝大悅 封弘景爲諫議大夫 此後直言之士 如雲集 二十二年 遣龍加來良救夏桀伐殷湯 湯謝罪 來良回軍厭夷(九族之一) 因居於關中鄉西岐周岐山下 二十九年 初命菁莪大夫韓不信 沃沮大夫高士深 貊大夫申突蓋爲諸侯而封土地 是爲馬韓(莫)辰韓(眞)弁韓(番) 三十年有爲子爲國太師 建太學館 養賢士 三十六年 有人自中華來 言夏國桀 無道將亡 帝曰夏國之亡 我已知之 不過幾年 果亡於商湯 三十八年帝見夏桀暴虐無

道 自取滅亡益勉政恤民 國內善治 不願夏國臣民 多來歸 厚恤之 伊尹嘗受學于有爲子 才德兼備 相湯伐桀 有爲子聞曰此 亦應人順天 然非伊尹 不可也 五十二年 商國使節始來朝 七月 帝崩萬民如哭父母 太子立

第十三世 檀帝 名揔達 在位 六十一年 元年 長子古弗爲太子 夏國遣臣寒爵 欲復國請兵 帝曰此亦天意 非人力所定故 道可道 非常道 名可名 非常名 隨時變易 謂之道 自天地至一微塵 無非包含於道故 天地有天地之道 人有人倫之道 物有物性之道 各業務皆有道 成無形有實之道者神也 聽而不聞 視而不見 爲物之主體 而不可遺也 天地雖大 不離於其內 秋毫雖小 能容其道 昭昭冥冥 乃生其形 有形生於無形 精神生於道 形本生於精 萬物以形相生故 九■者胎生 八■者卵生 細孔者生於根 其命之來無象跡 其往遺殘質而無定涯 出入無門 充滿者一眞氣也 眞氣常運於空間 做出永久輪回狀 然或有一定時間進化之過程 其進化狀態 每由其密度變化而生 其密度有可計量不可計量者 判然區別 而各生小小體 經由無數凝集中心 乃成實體 隨此感性傾向 且爲一原因如此微小實體漸集成大 經過漸集經路 竟成一方形體則因其他方反動力 中間必有改良實質 發緊張勢力 此時宇宙諸物體相衝動破壞 能生高度回轉力 運動大氣依機械的沖突原因 發高度之熱 必生新陳運動勢力乃起星雲 星雲卽萬物之本體也 自有升降推挽之力 或集衆或分散 乃成暢 旋陀圓環形 更因集衆作用 竟成球形星群 其集團星員 作數個或十或百 此太陽界之物成氣體也 氣體中包含者 又因運動力 分散內外部間漸生寒熱度數之異性 時時斷落環形之一部 成一物體 猶行分化作用 漸與同類 合同度而成重大形容 此恒星太陽惑星衆星之生起形狀也 地球

亦太陽界之一行星也 而本太陽之分體也 因空氣水素之高熱 成各形 又合他料素反射作用 畢成冷却固體 與太陽溫度 太陰冷度 相和爲雨露霜雪 相沖爲風雷電光 昇氣之淸濁 與太陽交映 爲赤燈黃綠靑藍紫色 皆吸收而爲黑 發射盡爲白因太陽適度適時 化生形形色色動植物故 無數種之原因 一氣之變化 而時與位之相異 有上下永暫苦樂呼吸相對之原理而附帶生命 人之最靈者 宇宙生命之突發點 人之最貴者 有一思想此乃天地自然道之現狀也 帝曰善也 先生眞千古聖人 乃賜几杖(出於萬理原論) 三十八年時歲豊民安 南門外建太平樓 會군臣下 詔曰安而莫忘危 樂而莫忘苦 人無遠慮必有近憂 今無預備 後日困乏 一器粥一盂飯 當思其來之艱辛 一襤衣一롱袍 常思其縷之積累 勤儉節用 國家之大本 朕與群臣百姓 一致力行 五十年 五星聚于婁星 五十六年 黃鶴來樓苑松 九月有爲子卒 帝痛哭 國禮葬之 六十一年帝崩 萬民絶息三日 太子立

第十四世 檀帝 名古弗 在位六十年 元年 長子伐音 爲太子 彭雲爲首相 吳成爲上將 六年此歲大旱 帝至誠祈雨 大雨降數千里 十年 晩考侯叛 遣吳成討平之 二十四年 玄育侵掠 使軍卒討平 二十五年 殷國使節入朝焉 三十六年 渤海濱黃龍出 人魚雙上陸 四十二年 鑄子母錢九月枯木生芽 五色大鷄生於東城村家 謂之鳳凰 五十二年 設國立大學使四方學生 來習 五十六年查全國人民 總一億八千萬人 五十八年 測量山野田土 改正租稅率 六十年帝崩 太子立

第十五世 檀帝 名伐音 在位五十一年 元年 長子尉那 爲太子 殷子仙爲太子太傅 二年夏洪水大降 百姓多■苦 帝隣之 遷民於滄海濱 三年帝北行至弱水 使禹栗 採掘金鑛 二十八年 帝登長白山 立大石記頌功業 二十九年帝召潯陽太守 曰卿守潯陽以來 毀言日至 吾使人察之 田野闢 人民足 牛馬蘩殖 是卿不阿事吾左右也 增官爵且賞之 召青海太守曰卿守青海以來 譽言日至 吾使人察之 田野荒廢 人民貧困 六畜不蘩 是卿■吾左右而求譽也 外飾之人 擧世惡之 況爲郡守者乎 吾已知卿才能 姑不爲也 非不能也 更往青海而善治之 召滄海太守 曰卿守滄海以來 無譽無毁 爲官之道 在於忠君治民 不思責任 竊取祿位 非臣子之道 卿其思之 更任滄海 自此內外無尸位素餐者 三十六年叔父古仙謀叛 發覺自殺 四十年 帝封代心 爲達但王 五十一年 帝崩太子立

第十六世 檀帝 名尉那 在位五十六年 元年 長子 爲太子 有爲子之子有德子(者) 爲太子太傅 帝革新國政 肅整國紀 削除戚權 登庸人材 祛民弊禁奢品 奬農商 國雖舊邦 基命則新 三年 左右言國城南門古毁請重建 帝曰國家之萬民之家産 乃停止 四年順治德政 殷遣使觀察十六年 兵畧家新尤天 上奏曰兵國家之大事 死生之地 存亡之機 不可一時所(疎)忽也 國雖大 好戰則必亡 民雖衆 忘戰則必危 當敎練將兵預備不意之變 是萬全之策 獻新兵書一帙 帝嘉納 新尤天 爲上將 二十八年 會諸侯於寧古塔 黃克乙 上奏曰 人必自侮而后 人侮之國必自伐而后 國伐之 朽木生虫 腐水生蠡法久生弊 道久魔誘 國兵維新 政法改革 結繩之政 不可用於文明之人 無兵之德 難可治於複雜之世 行舟於

陸者 苦勞無功 衣葛於冬者 凍冽縮氣 古代現今 猶水陸冬夏之差 胡可不革新 昔日政法乎 我國之建立 將近千年而不受外國之侵害 皆由先烈聖帝之有德 然今世人民 長享安樂 不知患亂 陷於文弱 不務勇敢 文明漸退 如此不已則 將有輕薄者

醉殷國文風 竟被陰謀者弄權 至失國之慘禍 惟基下念慮焉 帝深納奏言 更新法典 以黃克乙爲首相 四十五年 是歲登豊 封建諸侯皆來朝 帝觀諸侯 問曰諸國民生形便何如 杞國侯對曰臣等之國民 家給人足 無他憂慮 惟憂天之傾頹而已 帝笑之 後人指無憂 謂杞憂 五十八年帝崩 太子立

第十七世 檀帝 名余乙 在位六十八年 元年 長子冬嚴 爲太子 三年 嚴年來侵 遣兵討滅 六年 大凶發太倉栗賑之 七年帝問天下高士於宋術 術對曰世無高士 惟高叟老 似可爲者 帝曰將召問議 十年春 帝召高叟老問政 叟老對曰治民之道 雖在一政府之下 隨地之遠各異 逐民之知昧而不同 難可以一率治之 假令幼兒非乳難育 壯者非食難飽 老人非肉則榮養不足 病者非藥飴不能療 故施合各人之政者 是治平之術也 夫政令敎導人民者也 法律懲治人民者也 不先敎而懲治者 是網民也焉有仁人在上 網民認可爲哉 夫敎導之法 有種類幾個 下民以食爲天 恒豊食足衣然後 敎之以禮義 導之以法度則民 扶而歸順者如水之就下 山無盜賊 途不拾遺 此養民之政也 若民無恒産則無恒心 無恒心則詐欺盜賊 任意行之矣 夫飢不得食 寒不得衣 雖慈父不能保其子 君主者安能保衆民乎 古語曰倉廩實而知禮節 衣食足以知榮辱 是以古之聖帝明王以殖産富民 爲政之要領 或減稅或貸賦或均輪或貸畜 不懈 帝曰此言爲我之藥石也 益勵政事 五十二年春觀于白山 白山封人 請祝聖人 使

聖人壽富多男子 帝曰辭 壽則有隣辱 富則受衆怨 多男子則召人 天下有道 與民同樂 天下無道 修道養德 老而化身 至于天宮 此人生之亨福也 五十八年 帝崩 太子立

第十八世 檀帝 名冬嚴 在位 四十九年 元年長子縱年爲太子 二年殷使節來朝 遣使回謝 五年 高叟老撰國史十八卷 十年若木爲首相 金乃勿爲上將 二十年 帝巡西蕃 有人到西藏 求咸文經而來 四十九年 帝崩 太子立

第十九世 檀帝 名縱年 在位五十五年 元年 長子 固忽爲太子 弟縱鮮 爲菁莪王(菁莪王曾孫桓西余爲朝鮮奇子始祖) 三年設國文書堂 使民學習 十年鑄貝葉錢 十六年 設工廠 以桑皮造紙 以葛皮造布 二十四年 南裳(越裳)人來朝 二十六年 設造船工廠於松花江南岸 四十五年 萬雲甲發明指南車及木行馬 帝厚賞之 五十一年牧雅得 作宇宙理論 五十四年支離叔作太陽曆 及八卦相重論 五十五年 帝崩 太子立

第二十世 檀帝 名固忽 在位四十三年 元年 長子 蘇台爲太子 殷國使節來朝 遣使回謝 四年北凶奴寇邊方 遣師擊退 十一年春白虹貫日 二十八年帝巡西南 至殷京逾月而還 三十六年置別宮于寧古塔 四十年 工乙忽 製天下地圖而獻之 四十三年帝崩 太子立

第二十一世 檀帝 名蘇台 在位五十二年 元年 長子 索弗婁爲太子 尙有德爲太子太傅 封功臣黎尋心 爲滄海君 三十年 東海濱有力士

身長九尺兼千人力 帝使人招聘 爲守邊將 號絶人迹 四十四年 殷國使節來朝 五十一年封弟忽那爲回乙王 五十二年帝崩 太子立

第二十二世 檀帝 名索弗婁 在位四十八年 元年長子阿忽爲太子 六年陸右奏曰吉林 千年帝都之地 大運盡 寧古塔王氣濃厚 不如移都於寧古塔 帝嘉納其言 使人築城於寧古塔 三年十月蒸黃霧 三十六年逆臣神督 起兵犯帝城 帝避亂於寧古塔 自此人民多移居寧古塔 城東北方大都會 四十八年帝崩 太子立

第二十三世 檀帝 名阿忽 在位七十六年 元年長子延那爲太子 吳漢爲太子太傅 四年殷國使節來朝 五年開重臣會議 吐遷都寧古塔 十二年突厥使節來朝 厚待之 十九年神督之子又來侵遣阿德討誅 二十五年修理松花江岸各工廠三十二年設軍官學校 教兵學 五十五年 帝親察寧古塔 教井田法 六十一年重修寧古塔 七十年大旱散太倉粟 賑恤百姓 七十五年 賢相亞德輔佐 國家昇平 七十六年 帝崩 太子立

第二十四世 檀帝 名延那 在位十一年 元年太弟率那爲太子 吳漢爲太子太傅 四年殷國使節來朝 八年越南蠻來朝 十年趙大元獻政治元論十卷 十一年 帝崩 太子立

第二十五世 名率那 在位三十九年 元年長子雛魯爲太子 帝行幸寧古塔 三十九年帝移都於寧古塔 自一世至二十五世率那在位三十九年 歷年一千二百十四年

7. 제2편(第二編) 상고사(上古史) 후단군조선(後檀君朝鮮)

第一世 名率那 前檀朝 第二十三世 阿忽二子 二十四世延那弟 檀君紀元千二百十四年七月十五日 遷都于寧古塔 帝武勇明哲 剛毅公平 政令如一 以仁撫民 五年春詔曰君非民治何 民非君載何 民國家基本 君國家樞軸 無基本軸無所用 無樞軸 基本無所依 君臣上下同心一體然後 乃成完國 我與爾之臣民 同心協力 克終素望 二年減租稅之半 七年豊登財盈府庫栗滿太倉 老人歌詠 兒童舞蹈 眞烟花春風 八年帝問於洪雲桂曰直臣佞臣 何以別之 對曰仗義不屈者 直臣也 威而盲從者佞臣也君源也臣流也 濁其源求流淸者 未可得也 故君仁然後臣直 帝曰善也 九年帝從容問於洪雲桂曰 何如則可長遠乎 對曰雖得天下 增修仁義然後 乃得長遠 若崇詐行僞 則國運必短夭乃已 取天下或可逆得 至於守成 必然順理 而况世襲治國之君乎 帝曰善也 十五年奇子朝鮮來朝 十九年黃鶴來僂苑松 二十年全國登豊 有一莖五穗之栗 二十二年趙允國爲首相 甘羅德爲上將 二十八年帝問趙允國曰何如則良臣 何如則忠臣 對曰君臣同心協議 治國民同亨樂 是良臣也 不顧諸冲體面 爭諫於廷 不懼誅及自身 惟思國危者 是忠臣也 人欲察自容者 必以明鏡 欲知自過者 必近忠臣 有賢君然後 有良臣 有明君然後 有忠臣 帝曰善哉善哉

第二世 名雛篤 在位六十五年 元年長子豆密爲太子 慈雲爲太子太傅 二年姜周文奏曰昔日彭吳鑿山治水 民無怨咨 與民同利也 今日基下營造宮室 民多怨聲 害人利己也 君而有害人利己之心 是部身藏珠也 故仁君利人不利己 暗主利己不利人 利人兼聽無所不聽 利己偏聽 如面

墻而立 不聞近言 況遠言乎 是以明君 好問而好察邇言 利人不利己 故諸奸臣不能蔽 暗主惟信一偏 不廣聽百僚故 其所見 如是窺天 賢臣良佐雖在傍邇 棄而不容 不異無人 誰與治民 願基下 壯賢士之氣 採用衆議 棄短取長 可以平天下 帝善之 三年 帝問於尼師今曰音樂 有興亡之操乎 對曰昔 聖君明王 因物施教 音樂能感動人心 音樂聽之則樂 悲者聽之則悲 喜悲在於人心 不在音樂 將興之政 民喜之故聽樂而樂之 將亡之政 民憂之故 聽樂而悲之 世人觀時代之現狀 發其興亡之操而已興亡惟在於悲樂故 太平盛代 雖奏悲曲 吹興快樂之致 帝曰善 羣臣入朝帝曰不明察人心 爲大禍 凡事注意 羣臣皆悅服 吳聖源奏曰便安之民 易驕佚驕佚則雖敎難化 經亂之民 多憂苦 憂苦則易化 譬如飢者易爲甘食 飽者難爲甘食 今國家昇平已久 百姓入於驕佚 敎之甚難 基下下察民情 禁驕佚慣習 帝從之 二十年奇子朝使節入朝 二十八年 韃靼酋長入朝 三十九年立 醫學院 敎國民醫學 四十年高朱滿上書曰擇人必明察 用一君子則諸君子皆至 用一小人則衆小人爭出 夫天下濁亂 惟取其才而用之猶可也 至若天下旣平 非才德兼備 不可用也 臣近觀百官之形態 至於基下之前 未奏欲奏之言 三分之一 況責諫官之言以不可則不得直言告之 非基下之特許 安能盡其情哉 伏願基下 溫和聲色使諫官百僚 各盡其情 奏達天下之事 帝從其言 五十八年魏文國述政治論二十四卷 獻之 五十五年帝崩 太子立

第三世 檀帝名豆密 在位二十六年 元年長子奚牟爲太子 黃克明爲太子太傅 韓眞基爲首相 金日黃爲上將 三年鄭知先奏曰上書而非激切 不能動人主之心 奏言而非質實 不能感人主之意 人君不察其情 往

往有下罪其臣 是以善路不通 忠諫之言 不得聞 俗言曰乳兒之言 聖人擇之 願基下 擇激切質實之言 帝善之 八年大旱之餘多大雨 民無收穫審查之 太倉栗賑恤貧民 二十六年 帝崩 太子立

第四世 檀帝名奚牟 在位二十八年 元年長子摩休爲太子 黃老明爲太子太傅 三年黃老明上奏曰 爲人君而善始者多 善終者寡 豈非取之易而守之難乎 大抵憂患則盡誠愛人 安逸則驕姿輕物 愛人則仇敵同心輕物則親戚離散 若以威動 貌雖從 內心不服 人主之行 見可欲而思知足 見濫溢而思知止 居高位而思謙下 臨滿盈而思減損 遇放蕩而思存節在宴樂而思防淫 見僞邪則思正己 行賞功時 思喜而過施 處刑罰時 思怒而過激 兼此數思 居賢任能 誠非虛言 可爲善 帝 稱讚不止 卓巖 造石鼓獻之 九年奇子朝鮮使節來朝 十年黃老明上奏曰基下好善之心 不及昔時 聞道改過之志退於向日 每向罰 多因怒而無休息 古語伝位不期驕 綠不期 者非虛言 昔者夏國未及亂 自謂無亂 及其有亂 自謂不亡賦役無數 驕奢無常 禍將及身而未悟也 鑒容莫如平水 證禍莫如亡國願基下 鑑於夏國 去奢從儉 親忠遠佞 今日之無事 思來頭之有事而預備焉 則此之於國家 如金石之干城矣 帝稱善不已 十一年夏旋風大起暴雨注下 魚類亂在於陸上 十三年黃老明上奏曰 言而信之者 信在言前令而行之者 行在令外 基下治民十三年 德化不洽者 正是左右待下之不盡誠也 夫立法行政 必任於君子 於事猶有得失 或委任於小人乎 是由待君子以敬而疏 遇小人以輕而親 親則言無不盡 疏則情不相通 若中智之人 豈無小慧 然非經國之材 素昧原理 雖竭力盡誠 猶未免失敗 況心懷凶奸而參政 旣禍豈云輕哉 雖君子不無小過 不害於正義而行則是 近

道也 旣謂君子而不信且疑 是猶立直木而疑其形容不曲也 基下能選用君子 以禮使之 何憂不治乎 危亡之機當於朝暮而自以爲安 如燕雀 處於堂上 不知火及棟 而母子句句相樂也 爲君上者 當遠思之 帝曰善哉善哉 以黃老明爲國太師 十八年駕洛弁韓人來朝 二十八年帝崩 太子立

第五世 檀帝名摩休 在位三十四年 元年弟奈休 爲太弟 李長善爲太子太傅 二年周太元 上奏曰昔 歷年長久之國 皆結恩於人心 使不能忘 福祚短夭之國 無結恩於人心之故也 恩者無報酬於現在 將有大報償之實也 根深則葉茂 根固則枝輝 基下當效先聖治國 以固子孫萬代之根 豈惟見目前之事哉 今之戶口不及昔日十分之六者 人民汲汲於賦役 兄歸弟入 連屬於道路也 雖有恩詔之典 免於損害 不止土木之役 民不得休息 臣鑑古事 自古以來民集悲寃爲盜則未有不亡之國 夫爲帝王者以今之不仁 笑前之不仁 以今之不德 誹前之不德 然人德 似古今不同 昔年有九年洪水 猶有積栗而民無怨心 今則連歲登豊 太倉無積栗而民怨不少者 基下多營不急之工務也 然則興亡 不在豊凶 在於民之苦樂 先察民苦 爲急務 不可以徵收爲强 徵收當待民富饒而不晩也 民富則君誰與不富 基下欲爲長久之計 先結恩於人心 使千秋不解焉 帝稱善不已 八年夏有地震 九年秋南海潮退三尺 十五年高文述 上奏曰君臣同得天下者 一生冒險萬事故 知刱業之難 同治天下者親見其國之驕奢 生於富貴 禍亂生於疏忽故 知守成之極難 爲君臣者知刱業守成之難然後隨勢而安國家則是爲明主良佐也 帝善之 二十九年賢臣申雲 善輔佐 國家昇平 三十四年帝崩 太子立

第六世 檀帝名奈休 在位三十五年 元年長子登乙爲太子 二年奇子朝鮮人四十名入京觀光 五年 凶奴遣使請好乃許 二十年朴達摩奏曰人民文化向上之發達 惟在政治文學之一致也 盖政治概念文學具體 政治之威信 欲使民從法則從 親法則親 然有升進經路 文學敎化 有向上傾方 通具體而結合人心 從倫理實行之如何 而和具體生活化形象 則是乃政治文學之成一致也 文學爲政治先驅而不歸虛無亂倫 政治爲文學之扶植而不行專權濫威 互爲密接則如肉體之血脉 循環相生 時人各異其道 文學自爲文學 政治自爲政治 所爲文學 失其司(使)命 欲附於無主之文學故 殷之文學 乘期會而間入 反爲人民生活之害者 伏願基下遠斥無用之文學 確立有用之文學 以助國民之實生活 帝善之 遠斥無用文學 二十三年周太甫上新周易十三卷 內面則太陽太陰說懸空說天文說地水說 帝覽而不快曰後世 必有因此書惑世者 二十年扶奮錫獻政治原理論 三十五年 帝崩 太子立

第七世 檀帝名登乙 在位二十五年 元年長子雛密爲太子 二年趙子文 奏曰政治法律 互有密接之關係也 然行政司法之官 各異職責 不相侵權然後 政治法律明白無失 公正施行矣 帝然之 各異機關而之 兩者公平 五年吳介爲上將 善用兵故 稱兵仙 十六年 麒麟來遊上林苑 二十三年 高三道卜承子楊花康等 爲賢佐 二十五年帝崩 太子立

第八世 檀帝 名雛密 在位三十年 元年長子甘勿爲太子 高三道爲太子太傅 奇子朝鮮使節入朝 三年鮮卑族們古酋長入朝 四年北狄來侵卽討 六年周亡命客胡先入國 九年秦人原檜入境 十二年楚大夫李文起

入境 十三年日有蝕之 十五年農作大饑 二十六年權臣孫興作亂 遣兵討滅 三十年帝崩 太子立

第九世 檀帝 名甘勿 在位二十四年 元年長子吳婁門爲太子 二年周商人韓直多獻虎皮象皮 三年宋人文述 來言周國諸侯戰亂事 四年黃光文製硫黃發射銃 七年立始祖檀君廟于寧古塔西方 八年舜吉製藥稱長生不死丹 九年帝問於高三道曰何如之法 可以辨相國之材乎 對曰居視其所親 達視其所處 富視其所與 貧視其所取 窮視其所不爲 難視其所救 急視其所不入 貴視其所誇 此八者 可以擇之 十六年帝從容問於高三道 曰善擇賢人之法 先以何也 對曰近吏視其謙 遠而視其信 猝問而視其辨才 急與而視其處置 告難而視其勇 醉之以酒 視其態 試之以色 視其操 驗之以財 視其廉 通之以書 視其文 問之以言 視其論 同處雜人 視其節 此十一徵俱美 可以爲賢者 帝笑曰此方之外 更無所知乎 十八年趙人廉先官 探得寶玉而來朝 十九年 魏卞文亡命入國 二十年宦臣趙錫伏誅 二十四年 帝崩 太子立

第十世 檀帝名烏婁門 在位二十四年 元年長子沙伐爲太子 徐正年爲太子太傅 黃太明爲丞相 姜八年 蔡人乙普天 持卜術書而入境 九年魯國文人孔明之 持中華書籍入國 十年兩日并出 黃霧蒸四方 二十一年 有白巾賊之亂 帝避於遣積(賊) 翌年八月還宮 二十三年帝崩 太子立

第十一世 檀帝 名沙伐 在位六十八年 元年長子買勒爲太子 齊人婁景持夏殷書入國 三年漢人固太侯持神農藥方書入國 四年魏大夫伯

則入朝 六年有蝗蟲及水災 八年四月有日蝕 十一年 吳太史徐春文入國 十四年有大虎入宮墻內 十六年 右僕射趙太國家後園陸地生蓮 趙太國生子名陸蓮 二十八年衛人狄人問持新天學來朝 三十六年采人持樂器入境 四十年周國使節來朝 四十五年大水有山崩谷夷(以)之變 四十八年晋人明文柄來言周公典章法度燦然備具 帝嘉之 五十年楚國文人右文述入境 六十年犬戎侵邊境 遣師討之 六十一年帝行幸奇子朝鮮月餘後還宮 二十二年(六十二年)趙陸蓮爲丞相 六十八年帝崩 太子立

第十二世 檀帝名買勒 在位五十八年 元年長子麻勿爲太子 夏國使節入朝 三年春燕王遣使觀國政而歸 四年徐世謀奏曰方今諸侯不從命者多 且隣邦周微弱 所封子弟相爭如讐 臣作春帶命入周 察其大勢則有相戰之態 故臣言于周國太宰 先充實情報 以强其國 太宰納臣言 歸國而深思則吾國之政 與周大同 伏望基下明察 帝嘉納其言 復遣使於周協約所行 六年楚人吳子度持木棉種而入國 十年華人薛三德傳 人死不死靈之說 十八年蔡著明傳政治刑法書 二十年唐莊京學士二人入境 二十五年五經博士宇文忠 著上測量土地及地圖遊星說 二十六年命蒙古大夫桓善爲諸侯 (四世檀帝烏斯達後孫)二十八年有地震海溢 三十年虞世叔著獻性理學心理學 三十二年西村民家有生八足牛 三十五年東海濱出龍馬 背有星文 三十八年夏人張世德來獻美女珍珠 帝曰無約獻物者 其中必有詐計 退却之 四十年北狄叛 遣師討平 五十年孫叔文著醫學化學而獻上 五十八年帝崩 太子立

第十三世 檀帝名麻勿 在位五十六年 元年長子多勿爲太子 晋國

使節入朝 四年大起土木重修宮闕 五年鑄方孔錢 八年毛文侯有禮叛 遣師討平 十年娶周公主爲妃 十三年晋人昔無得 持來千里馬而獻 十五年建列聖帝頌德碑於東門外 十八年李善良爲丞相 十九年或有竊宗廟彝器 減刑流配 自此刑政寬平 民皆頌德 二十五年有大蛇來宮苑而死 宮掖記曰大蛇入宮苑 見大蛛欲食之 蛛伏於蛛綱下向上 口吐毒氣 未幾月大蛇死而蛛如前 人怪之剖蛇腹檢視 有石雄黃一塊 以此知蛛欲報仇 求石雄黃 用妙計食之也 三十八年城北池湧出大水可以容舟 四十八年道人黃鶴老有神術 以風力 來往四十里號龍師 五十年長白山有稱養仙子而隱居 至百六十年皮膚如嬰兒五十六年帝崩太子立

第十四世 檀帝名多勿 在位四十五年 元年長子豆忽爲太子 三年奇子朝鮮使節來朝 魏博士陳德基入境 十年鄭人申屠懷率徒來居 十五年白鶴來捿宮苑松樹 聞樂飛舞 十八年文人表相述爲五城判尹 二十年宋人黃老述之女以父命入國 同居太子宮中 三十二年吳秋寧以善畵爲文院尙書 文海廣以能筆登大夫列 三十三年表相述上奏曰 覆翼之下 有完卵 亡國之中 無安民 火燒之屋 無不救之心 累日之飢 無不疲之身 夫國家天下之大器也 至若一傾則猝難扶正 聖帝明王 勵於傾前者 有傾則難扶之虞故也 願基下 明察 帝從其言 審察國政 表文述詩曰 [孤燈滄海夜 秋雨讀兵書 洗劍■掛石壁 雷聲動天西] 三十五年 晋人金日善持天文地理學 入國朝 四十年齊商老一明載緋緞來獻 四十二年楚亡命人奮釋文持黃金四十斤入國 四十五年帝崩 太子立

第十五世 名豆忽 在位三十六年 元年長子達音爲太子 燕國使節

來朝 二年楚人使節來朝 四年悉侯子攝珥來朝 十年宋人鄭尙忠自率五十人入國 十一年大旱 十五年魏國齊國使節入朝 二十一年八月日蝕 三十年秦忠老上奏曰治天下之道 在正風俗得賢才 爲此事之急先務 設立各種學校 使國民英材受業 各部門養成適合之器然後 收而用之則天下可期日而待矣 帝然之 多設各校 教育國民 外國人來受業者多 三十六年帝崩 太子立

第十六世 檀帝 名達音 在位十八年 晋國使節來朝 三年尹卜地著道德經而獻上 五年楚國使節來朝 十年秦門著治國要覽而獻上 十八年帝崩 太子立

第十七世 檀帝 名音次 在位二十年 元年長子乙干支爲太子 二年燕國使節入朝 四年孔尙義獻宗教論 十五年韓國使節來朝 二十年帝崩太子立

第十八世 名乙干支 在位十年 元年長子勿理爲太子 鄭國使節入朝 哲人李善著天理經而獻上 五年白好敦著地理學鑛物學獻納 曰吾國到處地下有黃金 八年帝問於李一善 曰方今與隣國交通 此前複雜 如何則一見其人而知善不善 入圓論而交際乎 對曰知人難於知天 天有陰陽中風雲變化 看以證驗豫測大綱 人心有有朝夕變幻故 難能豫知也 人之性質 各有不同 看護相對者之性而交際則似無錯誤也 十年帝崩 太子立

第十九世 檀帝 名勿理 在位二十五年 元年長子丘勿爲太子 齊大

夫田宏余亡命入國 二年趙人荊婁泌率徒來居 四年奇子朝鮮使節來朝 八年張子學著論理學原本說獻上 十五年北狄遣使來朝 十八年五穀登豊 內外學文輻輳多發生新思想 爲多事時代 二十五年帝崩 太子立爲太子

第二十世 檀帝 名丘乙 在位四十 元年長子余婁爲太子 二年鄭國使節入朝三年二月日有蝕之 五年濯和德著動物及植物學獻上 七年魏國博士蘇文卿入朝 十年徐伯元著太陰太陽少陰小陽四象醫學而獻上 十六年國學博士黃雲元著百科書而獻上 二十一年狄于順著心理學而獻上 二十五年因洪水田事大凶 三十八年奇子朝鮮使節來朝 四十年帝崩 太子立

第二十一世 檀帝名余婁 在位五十五年 元年長子普乙爲太子 齊國使節來朝 三年改正法令分布天下稱大同律令 六年大饑 盡散太倉栗而救恤貧民 十年有甘泉 湧出太廟前 十二年郭大原著獻養生論 十八年溫泉湧城南三舍(百二十里許) 二十年鄭人婁景持漏時計入朝 二十一年奇子朝鮮使節來朝 二十三年大夫禮爲大山侯 二十五年大旱 草木盡枯 二十八年莊召著醫學大方而獻上 三十年洪文善著大學條文而獻之 三十五年宋國學士吳文偃入朝 四十年趙大體著資本論而獻之 四十二年魯國學士蘇文術持禮記入朝 四十五年魯人顏思得持周易入境 四十八年八月如兩日幷出 五十年北犬戎來侵 遣師討平 五十二年 帝行幸中華 察列國而還 五十五年帝崩 太子立

第二十二世 檀帝 名普乙 在位四十六年 元年長子古列加爲太子 奇子朝鮮使節來朝 四年白頭山 夜鳴 天池漲溢 六年混西經來侵 討却之 十年吳成桂叛逆伏誅 十三年張老術獻美女美玉 帝甚寵愛 十五年蝗蟲盡食田穀 二十年鄭人鄭拔持音樂入國 二十三年北風大作折木拔屋 二十八年四月赤土雨急下 三十年國政紊亂 權歸於外戚桓允 三十四年宮殿自崩壓死者多 三十八年 火起於都城 盡燒五十餘戶 四十六年逆臣韓介弑帝自立 太子古列加(寧禀이王) 率師擊殺韓介 八月十五日卽位

第二十三世 檀帝名古列加 在位五十八年 二年帝親緝國政 削除外戚之權威 擧賢任能 五年犬戎不服 遣師討平 十年奇子朝鮮使節入朝 十六年衛國使節入朝 二十年豊登 北海魚獲甚多 二十二年蘇定國著建築學而獻上 二十五年歐老先著種樹學上之 三十一年 設伸寃函於各處使寃者投書 四十年使御使暗行民間 密探不正事而歸正 四十五年燕大夫荊雲亡命入國 四十八年 立先檀帝廟於城南 五十八年帝崩 無后嗣宗室人解慕漱 擧叛旗於古都扶餘 稱北扶餘 後檀朝乃絶嗣 自延那至古列加 二十三世歷年八百七十五年 合前檀朝一千二百十四年 共二千八十九年

8. 제3편(第三編) 상고사(上古史) 기자조선(奇子朝鮮)

第一世 奇子姓桓 名西余 前檀朝十九世檀帝從年弟 菁莪王縱善曾孫 聖哲文明 德洽萬方 仁及禽獸 親人撫民 前檀朝二十五世三十九年登寶位 定都于平壤王儉城 國號朝鮮 元年命微西 開井田 勵民稼穡 使

民知納稅之務 獻所得九分之一 長子阿洛爲太子 雲養太子太傅 賜姓次子以韓單于奇 三年 立國民大學 敎民以政法 五年敎民以八條 曰殺人者死 傷人者依法酬以穀 强盜者入其家爲奴婢 窃盜者 惟自身爲奴 男爲耕作外務 女主織組內務 婚制一夫一婦不侵名分 一爲奴隷者 其後雖有贖良 結婚時認爲羞恥 十年擧賢良方正者 使之參政 敎化人德忠烈道不拾遺 夜不閉門 十一年改築前檀朝五世檀帝陵於江東(今平壤) 十二年立檀君殿于平壤 奉安檀君畵像 (一世桓儉帝) 二十三年初封宗室爲王侯 三十四年立普通門於平壤西城 多種柳與桑木 三十八年殷國商人來言殷國政治紊亂 法網解弛民無得安居 移居朝鮮者幸也 自此殷人來居者多 三十九年蘇奈伐爲首相 蒙得利爲上將 四十年後檀朝使節來朝 遇以上國禮 四十一年 叙非利族侵邊境 以援兵遣蒙得利退却之 四十八年楊兵憲上奏曰萬物之中 惟人最貴者 以有禮義也 人無禮義 近於禽獸 何貴之謂 是故列聖之治天下也 以禮義爲敎民之本 千有餘年 永享福祉 以至于今 願聖上基下 極重禮義 敎民習熟 日新又新 使吾舊邦其命維新 帝嘉納其言 敎民以禮義 國民明於禮義 犯法者小 五十八年減租稅之半 使民益就義勇奉公之道 國民勇於公戰 劫於私鬪 六十一年帝崩 太子立

第二世 奇子名阿洛 在位四十年 長子率歸爲太子 二年建大同門于大同江邊 改築平壤城 五年 大起土木 造新淸宮 衆民厭勞役 怨聲滿國 十年定國界 北接後檀朝東南 西連大海 十三年遣李善于伐東北戎狄 十八年遣馬以四 伐北狄 二十年務征伐 大起土木 重民賦役 有稅未納者 派遣嚴父陳祥等 督促徵收 三十六年上國使節來臨 遣使回謝 四十

年召文羅奏曰商君受無道 大失民望 不遠而亡 願基下擧義師伐之則大業 可成 帝曰亦有意之導也 益練兵備軍器 八月帝崩 太子立

第三世 奇子名率歸 在位四十八年 元年長子任那爲太子 帝見民窮軍乏 知國政實情 力加肉治 勸農商産業 輕減租稅 這間窮乏之民 漸達殷富之境 四十三年西周武王得姜子牙(姜太公) 有伐商受之意 會諸侯於岐山下 民知其情勢避亂來居者多 不數年殷亡於周 四十五年殷紂親戚奇子子胥餘率姜達弓欽等五十人 來駐于遼水西遼東邊阿(河) 帝憐之使居遼西一隅 殷民之仰慕箕子者會居 有箕子井箕子境 四十六年遣使於周結友好 四十八年帝崩 太子立

第四世 奇子名任那 在位三十一年 元年長子魯丹爲太子 鮮于明爲太子太傅 四年帝問鮮于明以周易奥義曰人 持易書來曰無極 生太極太極生兩儀 兩儀生四象 四象生八卦 是以萬物皆化生 於 陰陽精氣 萬物之吉凶禍福 以堞作掛 斷評來事 如合符節 是果實情乎 鮮于明 對曰所謂周之易者 不過空間時間說 夫陰陽者 日月地光 露與蔽之名 明暗兩像 自無實體 無實質者安有生生之理天下萬國之位置不同 隨其位之不同 日月照掩之時亦有不同 然照掩寒暑之時分則均也 聖人應天道著易理故 惟曰一陰一陽之爲道也己 陰陽不能爲萬物父母 但以氣溫調和養成萬物 旣不得爲萬物父母 胡能得爲萬物元氣 夫天地日月星辰土石金水等 皆宇宙間同列之物也 以旣成物質 胡能變爲他物哉是未達合許多元素而化生萬物之理也 運籌作掛 不過懸空說 五者天地元定之數而

大衍五十則模空間位置者也 四四揲之者 取四時之久速也 但以位之得失 時之當否 斷其吉凶 吉者當則吉 凶者當則凶 基下獨不見殷周之事乎 此其證也 得罪於天下則禱無所避無所 有德者之事 不卜而吉 未有易掛之前 自有運行不空之氣 六合雖大 不離其內 秋毫雖小 待之成體者惟聖者能知 中國之人假想而作卦爻 牽强傳會 以應萬物 誠通事體德合天地者 自知吉凶 若無誠實 運籌作卦 欲知吉凶 如坡浪撈月 不得把握 眞理反作惑世誣民器具 恐遺迷信於後世人民而爲害也 帝曰善哉 八年築天壇於東城長慶門外 祭上帝 下詔於天下國民 各洞築天壇 應天一地二下置二石 上覆一石 每年十月三日 會於天壇 祭上帝 因擊鼓而歌曰祝皇運兮 萬萬世 瞻百姓兮樂豊歲(滿洲實錄 亦傳) 十年遣魏堯等俊才十八人於周國鎬京而見學焉 十五年後檀朝使節入京 以母國禮遇之 十六年首相右文述善輔弼 法度與周相(商)等 友誼漸厚 三十年帝崩太子立

第五世 奇子名鶩丹 在位十三年 元年長子馬密爲太子 二年殷人子胥餘之子入境 帝召見之 感慨不己 五年周使節來朝 六年帝東行幸郡縣 至金剛山 極讚山水佳麗 十年北狄入寇邊境 遣路日突退却之 十三年帝崩 太子立

第六世 奇子 名馬密 在位十八年 元年長子乙奈爲太子 周人元胡來獻古詩二十章 八年長成子著獻性理學 九年築天文臺 使監星官 合節候明農曆 十年設立大學 教國民而政法 教師黃日錫中華人 十一年交趾

國人漂流倒着南海岸 十二年老文屹爲國師 十五年老文屹著治國經法十三編而奏上 大要智仁而窮理正心脩己治國平天下之道 帝稱善 二十年帝崩 太子立

第七世 奇子名牟弗在位二十年 元年長子乙奈爲太子 周人元昊來獻古詩二十章 八年長成子著獻性理學 九年築天文臺 使監星官合節侯明農曆 十年設立大學教國民以政法 教師中黃日錫中華人 十一年交趾國人漂流到着南海岸 十二年老文屹爲國師 十五年老文屹著治國經法十三編而奏上 大要智仁而窮理正心脩己治國平天下之道 帝稱善 二十年 帝崩 太子立

第八世 奇子名乙奈 在位四十年 元年長子摩休爲太子 後檀朝使節入境 遣使回謝 六年夏地震 八年周使節來朝 九年曺子史作經濟原論而奏上 十五年蘇文翰著財政商業學而奏上 二十四年黃克老奏上百科通書 二十五年韓文子著天文星學而奏上 二十八年師尙乙著論理學而奏上 二十九年白亞業作天下輿地勝覽而獻上 三十年周使節來朝 四十年帝崩 太子立

第九世 奇子名摩休 在位二年 元年長子登那爲太子 二年帝崩 太子立

第十世 奇子名登那 在位二十九年 元年長子奚水爲太子 秦何子爲太子太師 封弟登魯 爲駕洛侯 以登元爲神州侯(濟州) 三年秦何子著

哲學倫理學而獻上 五年黃雲谷著性善說而獻上 老文翰著性惡說而獻上 吳空悟著無性說而獻上 六年申自元著刑名書 王定高作新法論而獻上 自此百家各發 思想 十八年李克魯上書請行父母三年喪許之 十九年孤竹國人來說伯夷叔齊義不食周粟 採薇首陽山而食 蕬餓而死之 帝聞而嘆之曰眞千古義士也 二十九年帝崩 太子立

第十一世 奇子名奚水 在位二十年 元年以長子勿韓爲太子 五年立三聖殿於白岳山 祭桓因桓雄桓儉(唐莊京附近)七年後檀朝使節入境十年帝崩 太子立

第十二世 奇子名勿韓 在位二十一年 元年以弟吳門婁 爲太子 三年公孫成著農稼及種樹學而獻上 八年尙子文編緝醫學總書四十八卷而獻上 二十一年帝崩 太子立

第十三世 奇子名吳門婁 在位四十八年 元年長子婁沙爲太子 四年亖子上奏神仙術曰道之情 精而神 神之情 靜而淸 無塞其情 神守其形 形乃長生 愼修其內 以閉其外 守一處和 長生之道 帝曰此 間人之事也 四十八年帝崩 太子立

第十四世 奇子名婁沙 在位二十八年 長子伊伐爲太子 三年後檀朝太子入境 以母國禮厚待之 四年帝遣太子於寧古塔 相叙同祖同孫之情 五年帝使白太普修國史 總九十二編 十年春 後檀朝親臨 檀朝十一世之時也 兩帝同升天壇 敬拜神祖之靈 四月而歸國 十一年后妃命國民

埋甕於後庭 每三日貯藏一升米 以備不虞 翌年大凶 國無收穀 因以所藏 救民生命 感謝明鑑 十二年帝感與後檀(朝)爲同根之苗 作兄弟詩曰 兄須愛其弟 弟必恭其兄 常以毫末事 莫傷骨肉情 馬猶同槽食 鴈亦一行成 寶室雖云樂 婦言愼勿聽 十五年突厥使節入境 厚待以國賓 十八年帝益察國政 四境無事 韓文渠盡忠輔弼 君臣相讓功 二十八年帝崩 太子立

第十五世 奇子名伊伐 在位二十六年 元年阿勒爲太子 韓文渠爲國太師 王佐明爲首相 高力合爲上將 二年韓文渠上書曰 道德仁義禮一體而治國平天下之器也 道者人之所蹈 使萬物不知其所由 德者人之所得 使萬物各得其所欲 仁者人之所親 有慈惠之心 以助其生成 義者人之所宜 賞善罰惡 以立功立事 禮者人之所履 夙興夜寐 以成人倫之序 五者具備則法律 無所用矣 然失道而後 德失德而後 仁失仁而後 義失義而後 禮 禮者如四時之變 隨時而易故 過其時或有害是以當季世法律又不得無也 法者治民之威權也 用於民而無信 亦不可得而治之矣 故信莫神要於立法 長莫要於博謀 禍莫禍於無倫 樂莫樂於歸善 神莫神於至誠 明莫明於察勢 吉莫吉於富民 勝莫勝於强軍 欲行此事則先求其志 欲求其志 先要有法 絶嗜禁欲 所以除累 貶酒闕色 所以無汚 避嫌遠疑 所以不誤 博學切問所以廣知 高行微言 所以身 恭儉謙約 所以自守 深計遠慮 所以不窮 親仁友直 所以扶顚 隱惡揚善 所以接人 任賢使能 所以濟物 疏奸斥詐 所以解亂 溫故知新 所以推理 設權置變 所以解結 是以古之聖帝明王 卑言厚幣 以遇賢者 一飯三吐哺 一沐三握髮 孰不感化哉 爲人君者 不可不深思勉行 隣邦周國 今爲戰國 其影響之及於

我國者不少 今基下之左右諸臣 皆先帝之故臣也懷先帝之道德 不怠侍衛 盡忠補佐 審明聖聽 固列聖之遺業

弘志士之義氣 毋自尊自矜 以塞忠諫之路 臣亦先帝之遺臣 年當九十餘 久臥病床 呻吟痛切 命在朝夕 無更侍天側故 强忍苦痛 欲奏數言 精神昏迷 罔知所告 帝下悉末 悲感稱嘆曰鳥之將死 其鳴也哀 人之將死 其言也善 今韓文渠之言 善哉美哉 使人問病 是日韓文渠果卒 命以國葬 十五年帝登太白山 追思聖朝大恩盛德 不勝感慕之心 設壇祭天而後還宮 二十六年 帝崩 太子立

第十六世 奇子名阿勒 在位二十八年 元年長子麻休爲太子 石勒祥爲首相 乙丙古爲上將 三年作大同法律 分布國民 六年周使節入朝 遣使回謝 八年首相石勒祥上書曰 夫隨事適應曰權 處事合宜曰義 權以應變 義以制方 皆爲國之道而道不可以幷有者 是非也 事不可以同有者 利害也 但以利害爲急務而不顧是非則傷制方之義 惟以是非 爲注意而不計利害則短應變之權 然權無規定而貴於得中 義無常制而貴於合宜 得中合宜 是與利 皆在其中矣 苟便於國利於民 此皆可爲之事也 誠不能便其國保其民 此皆不可行之事也 知權與義而處理則天下 豈有難決之事 或處理之時 是非不詳細 利害難分辨 疑於取拾在於輕重緩急而己有何憂哉 重急則當取 輕緩則宜拾也 是故

殺一人而安萬人則殺亦可也 費一金而得萬金則費亦可也 今國勢重且急者多也 而不重急之爲務 而惟輕緩 是勞 適如虎狼之侵近 惟虎兎是問也 今天下似小安 隣邦列國 干戈日尋 如火之燎于原而將及蕃籬也 夫國家者 天下之大器也 法律者 集耳目之標節也 若使標節 輕擧而不

中則安能一耳目而守大器耶 故法之不公而民不信法 國家之大不幸也 硏法若苛酷則民皆厭之 君視其民如草介 民視其君如仇讐 同朝之人相爲敵國矣 願基下 察刑法寬德政 使無苛法之怨 正平公直 每事得中 處理合宜則先代之治績 可以復興矣 帝嘉納之 二十八年 帝崩 太子立

第十七世 奇子名麻休 在位二十三年 元年長子多斗爲太子 後檀朝使節入京 遣使回謝 三年英堅甲爲首相 洪文善爲上將 五年趙明星上書曰 地簿則大物不生 水淺則大魚不遊 樹禿則大禽不棲 林疎則大獸不居 山峭者崩 池滿者溢 棄玉取石者盲 走不視地者跌 棟撓屋壞 輔弱國傾 足寒傷心 人怨喪國 根枯枝瘦 民困國殘 與覆車同軌則顚 興亡國同事則滅 此皆目睹之實證也 臣伏惟商朝之亡 民困國殘也 周國之興民安國富也 瞻披商受紂王 言足以飾非 力能伸鐵鉤 才辯捷疾 腕力之超凡自遠 然國亡而身未免焚禍何也 盖以爲上而無常行 任下多疑 猜賢侮人 全無親信 疑其可信者 任其不可信者 惑於美色 心無主見 弄於奸臣 政令不能出於身 以帝王之體 處匹夫之列 身爲匹夫而欲行天子之事 是使蚊負山也 自招滅亡者必 前車之覆 後車之戒 隣國之亡存國之鑑 見險而者 有安身之道 見亡而思者 有存身之方 人之所行有道則吉 無道則凶 吉則百福所歸 凶則百禍所隨 願基下明察前鑑 細議時務 以道身以道事天 以道治國 以道安民 天下之民 從其道而歸奉者如水聚下 有何難關哉 帝稱善不己 六年帝渡江 有黃龍出現 十年大豊有一穀二十枚之實豆故 稱二十豆 十五年白頭山草木皆枯如白頭(滿洲散史亦記)二十三年帝崩 太子立

第十八世 奇子名多斗 在位四十三年 元年長子奈伊爲太子 馬栗糧爲首相 盖西文爲上將 四年張一炳上書曰 人主治天下之道 惟法天而已 天道有四時生成萬物 春夏以生 秋冬以成 開閉其氣 以行造化 古之聖帝明王 能效此法 故惠澤仁政 模春夏 法令刑罰則秋冬 一舒一捲 一張一弛 有牽確剛斷 然後敎化由此而成 若無好生之德 撫摩蒼生 惟以肅殺之氣 懲治蠢動則是猶 天之無春夏也 胡能成造化哉 比一國於一身則君頭腦也 臣手足也 平居無事心身安逸 手足之運動自然懈怠 若當猝然患難則手足之動作捷敏 此以觀之則天下之汚累 生於安逸 淸淨成於刷新 上效天時 下察人事 畏其安逸 思其刷新 不可不知其先後緩急 不知緩急 忠言嘉謨必無所助 不知先後 經綸智畧 必不見效 臣以爲朝廷急務 先立紀綱 然後萬事可以歸正矣 世之所謂王道覇道者 言其大小之差也 王道以仁爲本故能治天下 而猶有所餘 覇則以利爲主故 治一國而有所未及 盖王道其興也 舒故 其效也遠 覇業其起也速 其敗也促 王道之終條理柔弱 覇業之終條理强暴 天之運數古今不同 國家之治安 亦隨今古有異 王道用以經法 覇道生於權術 權術若得中則聖人有時乎用焉

王覇幷用將爲後世之法 文武兼用亦爲長久之計 然至近日觀之則不知世異之變遷 惟以口舌 斥覇道行王道 宣傳近於聖世之治 實蹟則無一點之效 不過輕口罔行 以廟堂言之則惟論官爵之階級 不問人材之賢愚以俸祿豊簿計其得失 以文士言之則非笑朝廷 空論窮達 幸爲受職則憑公營私 甚者無禮無法 自暴自棄 妄自尊大 任意行兇 以風俗言之則倫紀頹敗 廉恥倒傷 奢侈之風習 酒色財氣盛於民間 無長遠之意 以武人言之則以軍國主義 武備雖强 萬邦協和 文字而已 以經濟言之則太倉

無貯藏之粟 民間無買穀之錢 惟陰謀私利 國祚保全安可望乎 嗚呼 四海民衆之苦樂 都繫基下 豈可得閒漫而不勇斷乎 古語云治國之要 在於紀綱 立紀綱握綱領然後 法令行敎化成 此言紀綱 有必要也 朝廷國家之紀綱 君主萬民之紀綱也 基下欲治天下先立朝廷之紀綱 欲化萬民 勿失君主之紀綱 夫爲將者率百萬之衆 臨陣對敵 必行賞罰 將兵權揮三軍然後 乃成大功 今基下統億萬衆生欲治平天下之際 不明於生殺了奪之權 事期與心相違 經綸與意相左則紀綱 胡可謂之正 風俗胡可使之善 弊瘼胡可救也 羣下胡可督哉 我列聖檀帝應天順人 開國以來傳之又承至于基下 昇平日久 惟遵行前例 自然心情安逸 思想解怠 古今明明之理也 願基下如臨深淵 如履薄氷 可繼先列聖帝 大恩大德 深思之 帝嘉其言 刷新國政 四十年間國治軍强 稱中興時代 四十三年帝崩 太子立

第十九世 奇子名奈伊 在位二十年 元年長子次音爲太子 春有日蝕 三年春存問長老 八十以上賜米穀 九十以上賜之以帛 此時有百四十歲老人■膚如童子 十年後檀朝使節入境 以母國禮遇之 十六年周國三十人入境觀光 二十年帝崩 太子立

第二十世 奇子 名次音 在位十年 元年長子不理爲太子 魏文叔爲太子太傅 二年安南國人藜荊得漂流至南海岸 五年東林之中白鶴夜鳴后妃往見則有金櫃 開視一童子 名琥珀收養之 十年(帝)崩 太子立

第二十一世 奇子名不理 在位三十六年 元年長子余乙爲太子 二年製陶器及石器 極美麗也 八年尙留侯叛 討平之 十六年東海得人魚

雖不通人語 形容似人 見人涕泣 命復入海 二十八年身毒國人來獻夜光珠 三十六年帝崩 太子立

第二十二世 奇子名余乙 在位二十九年 元年長子嚴婁爲太子 元年發見金壙於西北 人人多掘取傳播 外國稱東方黃金國 至以金飾牛首云 五年(今平壤)設工敞 石沙於水而成器 乾則其堅如石 十九年淸流壁上作挹江樓 城內多種柳木 二十九年帝崩 太子立

第二十三世 奇子名嚴婁 元年長子甘尉爲太子 三年改築平壤城 修築一世奇子墓 五年蒙古使節入境 厚待之 八年立大學 敎國民以正法 十一年後檀朝使節入境 遣使回謝 二十八年帝崩 太子立

第二十四世 奇子名甘尉 在位六年 元年長子逑理爲太子 海文宮爲太子太傅 徐乃伐 爲首相 金力爲上將 二年乙達叛 遣金力討平 六年帝崩 太子立

第二十五世 奇子名述理 在位十年 元年長子阿甲爲太子 帝北行至達安郡 有賣言者 帝召問言價 對日千金 帝願買一言 賣言者言凡事始作時 當思將來事 帝還宮 以此言爲座右銘 刻字各種器具 因免後日事變 古史云帝之叔父 欲暗殺 ■毒藥於茶罐 使侍者獻帝 侍子見茶罐之銘箴 心悚懼而手戰慄 帝覗而問故 侍者以實告白 帝特赦侍者 遠疏叔父 十年帝崩 太子立.

第二十六世 奇子名阿甲 在位十五年 元年長子固台爲太子 元漢三爲太子太傅 帝問祭祀及降神之理於元漢三 對曰心與神相通 爲子孫者誠心感之則有同氣相應之理 帝曰卿知其畧 未言其詳 夫生命之氣充滿宇宙 徇環無窮 上下左右之氣自有不同 轉運之際 緩急相沖則電起謂神 現形者 物形之散也 其餘之氣 微渺不滅 謂之靈魂 久而分歸於五方本所 謂之歸眞 祭祀之禮 慰其散而未歸之靈 如旅之在中塗者 十八年後檀朝使節高維先 奉檀君畵像及實記而入境(金國黃子雲古史亦有) 十五年帝崩 太子立.

第二十七世 奇子 名固台 在位十四年 元年長子蘇台爲太子 三年周人王謝成持老子道德經入境 六年周儒生十餘人來見學文入敎 八年立大學 以禮樂敎國民 十四年帝崩 太子立.

第二十八世 奇子 名蘇台 在位十八年 元年長子馬干爲太子 三年周人甘奈見學井田法而歸 自此兩國田制相似 五年施行立法司法行政國泰民安 十八年帝崩 太子立.

第二十九世 奇子名馬干 在位十一年 元年長子天韓爲太子 趙正國爲太子太傅 吳先龍爲首相 奇文韓爲上將 五年帝問實踐道德於趙正國 對曰實踐道德者 知確然實存之理充滿宇宙 從其命令則有倫理而不亂 不從則亂而必亡 故不得不踐 此道之覺也 此道之正 本於日月之行無不周遍 無偏無私 此德之大 原於大地 品物同受生氣 覺得靈性 順於

此而不可違故 曰命令若違此道 從私欲而偏於一方 不覺此德 惟利己而害物我同胞則禍不旋踵故 惟可踐此塗也 故曰實踐道德 有自律法則 帝曰善哉 十一年帝崩 太子立

第三十世 奇子名天韓 在位十年 元年長子老勿爲太子 八年帝東行諸縣 讚山水之美 十年帝崩太子立

第三十一世 奇子 名老勿 在位十五年 元年長子道乙爲太子 二年周人魯進善獻春秋及禮記 八年齊人孔安明傳孔子敎 趙人茵明善來傳黃老書 十五年 帝崩 太子立

第三十二世 奇子 名道乙 在位十五年 元年長子述休爲太子 二年老達國使節入朝 三年人口三千四百萬 十年封道景爲安奉侯 十五年帝崩 太子立

第三十三世 奇子 名述休 在位三十四年 元年長子沙良爲太子 五年巡察城址 東文秀逢 南波長西祭山 北大聖山 三十四年帝崩 太子立

第三十四世 奇子 名沙良 在位十八年 元年長子地韓爲太子 五年徐定國爲首相 郭相輔爲上將 十八年帝崩 太子立

第三十五世 奇子 名地韓 在位十五年 元年長子人韓爲太子 二年白崇善奏曰儒者難與進取 可與守成 願基下招儒生 起同一禮樂 帝從其

言 帝善寫字 稱龍虎體 十五年帝崩 太子立

第三十六世 名人韓 在位三十八年 元年長子西尉爲太子 改政治機關 組織立法行政考試監察五院制 改造最高政治咨文處 十五年北扶餘使節見政府改造 歸告其實 扶餘亦欲模法也 二十六年周國衰微列國相戰 人民厭兵役 來居者多 三十八年帝崩 太子立

第三十七世 奇子 名西尉 在位二十五年 元年長子可索爲太子 沈無競爲太子太傅 黃成爲首相 十六年設地方自治制度 二十三年姜子文告曰人性本善 染於薰習 乃作惡根而害善本 當以快斷舊習 爲就道德之門

第三十八世 奇子 名可索 在位五十八年 元年長子山韓爲太子 二年韓允國著道德三十二卷 上奏曰福生於淸儉 德生於謙卑 道生於安靜命生於和暢 憂生於多欲 過生於輕慢 禍生於多貪 罪生於不仁 知此而行者 可謂實踐道德 帝稱善 三年春方士許植獻上丹書術書十三種 曰伏氣胎息潛神柔術氣合術練丹辟邪等 可以爲護身術 帝曰此非帝王之所事 一時救急之術也 推送將軍府 俾參考用之 六年于時哲學思想擡頭宇宙眞理 解以各意 有風論師火論師水論師空論師有神論無神論惟(唯)心論唯物論等說 爭鳴一世 使人精神昏迷 十六年燕亡人徐文仲入國 爲地方小吏 居寧海 自此燕人來居者多 二十八年楚人吳廣持諸子書而入國 三十六年命功臣索精 爲定平侯 四十年老文乙上書曰 天下之勢最宏大隆厚激烈者 出於不得不然也 夏殷之對立我國數千年友好之邦

而來者 因彼我文化水準 同一之致 周國統一以後 彼之禮樂法度典章文物 燦然備具 漸有超於我國故 天下民望 歸於周而爲中華全盛之時者不無我國之恐感 然周之所封子弟同姓甚多 後屬疏遠 相攻如讐 諸侯僭稱王號 其中得覇者 晋楚燕齊趙魏韓之七雄也 干伐日尋 釀出戰國時代人之注意思想 極致澎張 百家爭鳴 發揚各意中爲屈指大匠者 孔老莊揚墨學也 其所論理初簡終煩 多詭辯名利學派 異端縱橫之說盛行于世 人民無憂國之眞情 國家失强國之基礎 王風掃地 殺氣衝天 是以尊夏攘夷之風 排斥外族 我國則寧世已久 民心解弛 渾忘自國精神 頗高賣國慕華習慣 悲夫人之通性厭舊愛新 以舍本取末 爲能 至使精神不一 臣之對此甚憂懼也 國家之患 莫大於其民之喪愛國精神 無愛國之民 如死灰枯木而無活氣 無活氣之民族 其國不能保 安能與他國爭强 中華民之入居吾國者多 振興教育及産業則吾國之富强 可推而知 不能興起民族思想於國民而實行則非但漢族之敗亂而禍且不無同化之慮　使國民持民族思想則畢竟 起民族戰爭矣 使吾民族對立漢族則準備萬全然後 使吾國民 化得明朗地位 今日正民族精神喚起之時也 遲延則有自然退却之虞 豈可安然坐忘 昔者檀朝受九夷推戴 登寶位之後 九族化一家 呼泰平於壽域烟花之中 至今疏遠者各受分封之國 東離西散 乃成異族形狀此統一業績 所不密也 中華反此民族思想統一而一遵儒教 比於吾國 有星淵之差 蒙古突厥凶奴西夷 雖曰分離 猶吾東方扶餘之族 合一思想惟以此族 足以對抗漢族 亦可保吾國自主精神矣 帝稱善 興起民族精神國民精神不滅 振扶餘文明 四十二年 帝登九月山 望西海落照 作詩云老松寧死無秋色 落照雖殘勝月光 五十八年帝崩 太子立

第三十九世 奇子名山韓 在位十八年 元年長子水韓爲太子 申專信爲太子太傅 洪農爲首相 韓震爲上將 燕人張先世爲左右輔翼 四年五月大風從西北起 飛沙石下泥雨 又有雹如鷄卵 穀物盡落 牛馬被害 八年西關盜賊紛起如蜂 遣兵討伐而未定 十年秦亡人皇甫老入國 十八年帝崩 太子立

第四十世 奇子 名水韓 在位五十年 元年長子奇否爲太子 二年燕亡人衛民 因張先世拜見於帝 五年中華秦國 富强山東 六國不好戰爭多避亂來居者 四十六年 越南人到着東海岸 五十年帝崩 太子立

第四十一世 奇子 名奇否 在位四十六年 元年長子馬韓爲太子 齊人元術入朝 元術墨翟之流 以兼愛主義 橫行天下 五年趙人黃老明入境黃老明楊朱之流 拔一毛而爲天下不爲也 二十五年 陳蔡地二人入國 四十六年帝崩 太子立

第四十二世 奇子名馬韓 在位二十五年 長子奇準爲太子 秦亡人明德入國 二十一年張西雲 主儒佛仙三合道受刑 二十五年中華人陳勝項梁起兵 天下大亂燕齊趙民 避亂入國 帝容於西方一隅 及漢封盧綰爲王 盧綰背漢入凶奴 燕人衛滿(朝鮮人亡命入燕有傳說) 以亡命客 胡服而東渡朝鮮 投降於太子奇準 拜帝而求處所 帝許爲博士 與西郊百里之地而居之 滿窺見國之虛弱 遣人急告漢兵 猝至 請入侍衛 乃率燕亡人數千來襲擊 帝不能抗不意之變 率左右 浮海避身(日支國)金馬郡(今全州北益山)而居 稱國名馬韓 自一世奇子 至四十一世奇子 歷年一千

五十二年

9. 서단기고사귀본편후(書檀奇古史歸本編後)

天下之書畧分以經史子傳則此書之宜其稱 史而然且不欲與外史로 同論者는 余中心藏之之感也라 其故는 何也오 有道脉之載於中也얀새라 夫外史之唐虞三代以下近世及西歐之史는 一盛一衰와 一起一僨者隨其一人一時之心故로 政體之變詐百端이 如朝雲暮雨之或聚或散하야 無所取法이로대 惟吾檀聖則先定民心하사 本於所天之農하야 得其恒産然後에 教以合天道之三百六十事하사 使民으로 知禍福之源이 由干自取라. 故로 善則不賞而民勸하고 不善則不罰而民畏하나니 治心歸性之道孰有加於此哉리오. 余欲名之以經而猶未得盡之也며 是檀聖之治經二千餘載而如一者有道脉傳之故也며 及其末也하야 雖因外來之風이 如菽被女蘿와 棗冒寄生之禍하야 不容於無道之世나 猶有因其根而生枝者是大野勃之再編也라. 然至于近代하야 又恐時人之難於升高攀剛하야 乃伐而爲薪하고 斫而爲炬하니 是緇之以俚言者也라. 如穀之有性을 磨而粉之則更無生氣也니 惡可復得見道脉之有所隱哉아. 故로 方山子復歸以吾國本文하니 夫未及及慣吾古史與眞本者는 應嘲以漢文은 非神誌之文矣리라. 然漢文이 非孔文而孔文蝌蚪之書는 乃神誌蒼頡之古文也라. 因歸本而培養하야 見華而推實則此木은 乃上古之大椿也오 仙園之蟠桃也라. 若夫珍而重之와 汎而置之는 存乎見者所感之如何矣리라.

檀紀四千三百十五年 壬戌夏 光山 李玟秀 書

10. 단기고사(檀奇古史) 여록(餘錄)

서기 719년(무왕 1년) 3월 3일에 탈고(脫稿)한 것으로 보이는 단군(檀君) 기자조선(箕子朝鮮)의 연대기(年代記) 원문(原文)은 발해문(渤海文)이다. 약 300년 후 황조복(皇祚福)이 한문(漢文)으로 번역(飜譯), 현재의 국한문(國漢文) 혼용본(混用本)은 1959년 정해박(鄭海珀)이 다시 한문본을 번역한 것이다. 여타 상고사와 비교해 볼 때 기본틀이 다르지 않다.

저자인 대야발(大野勃)의 서문(序文)을 비롯하여 제1편 전단군조선, 제2편 후단군조선, 제3편 기자조선으로 구성되어 있다.

대한제국(大韓帝國) 학부(學部) 편집국장(編輯局長) 이경직(李庚稙)의 중간서(重刊書)와 신채호(申采浩)의 중간서가 부록으로 되어 있는데, 신채호는 단기(檀奇)의 실사(實事)라 찬사를 아끼지 않고 있다. 출판인 김해암(金海菴)·이화사(李華史)의 출간경로가 있다.

四. 신단실기(神檀實記)

開天四千三百七十一年甲寅刊

1. 神檀實記

金生

帝釋經

字神

穴口 開天山

碑字檀

忠州 開天山

碑字

丹陽 羽化橋實

碑字記

神檀實記 目錄

2. 檀君世紀

檀國 扶餘 高句麗 百濟 新羅 渤海 濊貊 東沃沮 沸流 肅愼 三韓

神檀實記目錄 終

3. 본문(本文)

神檀實記

檀君世紀

桓因桓雄桓儉이(一云檀因 檀雄檀君) 是爲三神이시니 上元甲子十月三日 以神化人하샤 持天符三印하시고 降于太白山(今白頭山) 檀木下하샤 乃設神教而教民하시니 時에 人民이 被化하야 歸者-如市함으로 有神市氏之稱이라 乃眞三千團部하시다 開天一百二十五年戊辰十月三日에 國人이 推戴神人하야 爲壬儉하니 是檀君이시라 國號를 檀이라하다.(稱號 倍達) 娶匪西岬河伯女하샤 爲后하시고 生太子扶婁하시다 當洪水하야 命彭虞하샤 治山川하야 · 奠民居하며 神誌로 掌書契하며 高矢로 治田事하시다 一百四十七年庚寅에自太白으로 移都平壤하샤 改國號하야 朝鮮이라 하시다 一百九十一年甲戌에 遣太子扶婁하야 往夏禹氏塗山會하시다(交際之始) 封支子于扶餘하시며 以余守己로 爲濊君長하야 使其子九人으로 分掌諸郡케하시며 以 緋天生으로 爲南海上長하시다. 設祭天壇하시며(壇 在江華摩尼山) 築三郎城하시다. (城在江華傳燈山 遣三子築城曰三郎) 後에 徒都唐莊京하시다. (京在文化今莊坪是) 二百十七年庚子三月十五日 入阿斯達山하샤(今文化九月山) 化神御天하시니 開天이 二百十七年이오 在君位가 九十三年이오 傳不知幾世오 歷一千二百十二年이라 太白과 阿斯達에 皆有祠하니라 扶餘之先은 出自檀君하니 北徒하야 爲北扶餘이라 以解로 爲姓하니 盖-檀君이 封支子於餘地하야 後世에 因號曰扶餘하고 或曰扶餘는 其始封君之名이라하니라(傳世史闕) 開天二千三百九十

九年壬戌四月八日에 王解慕漱-立하야 自稱天帝子라하고 又號檀君이라하더니 生子夫婁하니 夫婁-立에 得金蛙爲太子하다 其國相阿蘭弗이 謂夫婁曰東海之濱迦葉之原에 有地하야 土壤이 膏腴하야 宜五穀하니 可都라 遂勸王移都하고 稱東扶餘라하다 夫婁－昇遐하고 金蛙－嗣하고 金蛙－昇遐하고 太子對素－立하다 二千四百五十二年乙卯에 遣使高句麗하야 責入質子하니 其太子都切이 不至라 冬十一月에 王이 率師五萬하고 伐高句麗하다가 雪寒하야 士卒이 凍死하야 十에 二三만 引還하다 二千四百六十六年己巳에 高句麗－殺其太子解明한대 王이 使人으로 責麗君曰始에 我先王이 與王先君으로 相好를 如父子어늘 而乃招誘我臣民하며 逃據我邊裔하야 開國稱君之日이 久矣라 夫－幼事長하며 小事大는 禮也며 順也니 禮順이면 天之所助어니와 不以禮順이면 天其助乎아 二千四百七十六年己卯에 王이 伐高句麗할새 至鶴盤嶺下하야 遇伏大敗하다 二千四百七十七年庚辰에 民이 得異鳥하야 獻王하니 或이 曰以烏而赤하고 又一頭而二身이니 其以二國으로 而爲一之徵이라한대 王이 喜하야 遣高句麗하고 言其所以爲應하니 麗王이 報曰黑爲北色이어늘 今變爲赤하니 南色也오 且, 赤烏는 瑞物이어늘 君不自爲하고 爲我有하니 未知存亡이 在誰也로다 王이 悔之하더라 二千四百七十九年壬午二月에 高句麗-擧國來侵하니 王이 自率衆하고 出戰하다가 遇泥淖하야 王의 御馬－陷하야 不得出이라 麗將怪由－直前하야 殺王한대 餘師－猶不屈하고 圍麗王數重이러니 適에 大霧七日하야 麗王이 潛師遁去하다 王의 弟－與從者數百人으로 奔至鴨綠谷하야 見海頭王出獵하고 遂殺之하고 取其民하야 走保葛思水濱하야 即王位하니 是葛思王이라 王의 從弟－謂

國人曰先王이 身弑國망하야 百姓이 無所依어늘 葛思는 偏安하야 不能自國하고 吾亦才智魯下하야 無望興復하니 寧降以圖存이라하고 以故都人民萬餘口로 投高句麗하니 麗王이 立爲扶餘王하야 寘之椽那部하고 以其背有絡文으로 賜姓絡氏러라 二千五百二十五年戊辰 八月에 曷思王의 孫, 都頭－微弱不振하고 高句麗는 日强이라 都頭－擧國臣屬於高句麗하니 曷思遂絶하고 (凡三世四十七年而國絶)而扶餘는 保守本國하야 後稍自立하니라 二千五百六十八年辛亥에 扶餘王이 以步騎八千으로 入漢樂浪郡하야 殺傷吏民이러니 後에 福與漢으로 結好하다 二千五百七十八年辛酉十二月에 高句麗-伐漢玄菟郡한대 王이 遣太子尉仇台하야 率師救之하고 其衆이 二萬이라 與漢兵으로 夾攻麗師하야 大破城下하다. 二千五百七十八年壬戌七月에 高句麗及馬韓濊貊이 伐遼東한대 王이 助漢兵破之하다 遣尉仇台하야 往漢하니 漢이 以金綵로 禮謝러라 二千五百九十三年丙子에 王尉仇台-往漢하니 漢이 作黃門鼓吹牴戲하야 慰之러라 漢이 以扶餘-處在句麗鮮卑之間으로 難以防禦라하야 妻以宗女리라.

尉仇台-昇遐하고 子夫台－立하다 二千六百二十四年丁未에 王이 與漢으로 絶和하고 率師二萬하야 伐玄菟라가 爲太守公孫域의 所敗하다 夫台－昇遐하고 簡位居－立하다 二千六百三十一年甲寅에 王이 復與漢으로 結好하다 簡位居－昇遐하고 子麻余－立하다 麻余－昇遐하고 子依慮－立하다. 二千七百四十二年乙巳에 鮮卑慕容廆－來侵 餘師－大敗 王 憂迫自殺走保沃沮 廆－遂屠其都城 驅萬餘人而居明年에 依慮의 子依羅 自立하야. 請援於晉하니 晉校尉－何龕이 遣督護賈沉하야 救之어날 斬廆將孫丁하고 還復故國하다 爾後에 廆

ㅡ復侵掠國人하야 賣於晉하니 晉이 輒以官物로 贖還하고 禁邊郡에 市扶餘之口리라 至王玄하야 二千八百十四年丁巳에 燕王皝이 遣三將軍 騎, 萬七千하야 來襲하니 王都ㅡ不守라 燕이 獲, 王及臣民五萬餘人而去하야 署王하야 爲鎭軍將軍하고 以其女로 妻之하니 扶餘益微하야 不能國이러라 二千九百五十一年甲戌에 扶餘孱王이 其國으로 折入于高句麗하니 扶餘氏ㅡ遂不祀하니라 高句麗始祖朱蒙의 姓은 解氏라 初에 北扶餘王解慕漱ㅡ娶河伯女柳花하야 生子하니 骨表英寄하고 年甫七歲에 然異狀하야 自作弓矢射之하니 發無不中이라 扶餘俗語에 善射者를 爲朱蒙이라하니 朱蒙은 卽夫婁之異母弟也라 及夫婁子, 金蛙ㅡ嗣位에 有七子하야 技能이 皆不及朱蒙이라 其長子帶素ㅡ請除之하야 以去後患호대 金蛙ㅡ使養馬하니 朱蒙이 私試하야 知其善惡하야 駿者는 減食하야 令瘦하고 駑者는 善養하야 令肥하니 金蛙ㅡ以肥者로 自乘하고 瘦者는 給朱蒙이러라 後에 狩于田할새 以朱蒙으로 善射라하야 與矢小호대 而殪獸多라 王子諸臣이 又謀殺之하니 其母ㅡ陰知하고 以告朱蒙曰國人이 將害汝하리니 以汝才略으로 何往而不可리오.

與其遲留而受辱으론 不若遠適而有爲니라 朱蒙이 乃與親信한 烏伊 摩離 陜父等三人으로東南走하야 渡淹遞水하야 欲渡하니 無梁이라 祝曰我是天帝子오 河伯外孫이라 今日逃難에 追者ㅡ垂及하니 奈何오於是에 魚鱉이 浮出成橋하야 得渡에 橋解라.

追騎不及이러라 遇三人하니 麻衣者의 名은 再思오 衲衣者의 名은 武骨이오.

水藻衣者의 名은 默居라 而不言姓이어늘 朱蒙이 賜再思의 姓은

克氏요 武骨은 仲室氏 黙居는 少室氏하고 乃告衆曰我-方承景命하야 欲啓元基를새 而遇此三人하니 豈非天賜乎아 遂揆能任事하다 至卒本川하야(魏書作訖升骨城) 觀其土壤이 肥美하며 山河險固하고 遂欲都焉호대 而未遑作宮室하고 但結盧於沸流水上하야 居之하다 開天二千四百二十一年甲申에 國號를 高句麗라하고 亦稱卒本扶餘라하야 因以高爲氏하니 時年이 二十二라 四方이 聞之하고 來附者-衆이러라.

其地 – 連挹婁하야 遂壤斥之하니 挹婁-不能犯이러라(餘見高句麗史) 傳二十八世오 歷七百五年이라

百濟始祖 溫祚의 姓은 解氏니 初에 扶餘王解夫婁之庶孫優兒 – 娶卒本人延陀勃之女, 召西奴하야 生二子 長曰沸流 次曰溫祚라 優兒死에 朱蒙이 自扶餘로 南奔하야 至卒本하야 立都하고 娶召西奴하야 爲妃하니 開基創業에 賴有內助라 故로 朱蒙이 寵接之하야 待沸流等을 如己子러니 及朱蒙子類利 – 嗣位에 沸流 – 謂溫祚曰始에 大王이 避扶餘之難하야 逃歸至此할새 我母氏 – 傾家財하야 助成邦業하니 勤勞多矣라 及大王이 厭世하시고 類利, 嗣位하니 吾等이 在此에 如贅疣라 不如奉母氏하야 南遊卜地하야 別立國都라하고 遂, 母與烏干 馬黎等十人으로 南行하니 百姓이 多從之러라 渡浿帶二水하야 至彌鄒忽하야 (只今仁川文鶴山) 欲居之 十臣이 諫曰至漢山하야 登負兒岳하야 (今三角山) 望可居之地하니 惟此河南之地는 北帶漢水하고 東據高岳하고 西阻大海하야 天險地理難得之勢니 作都於斯-不亦宜乎잇가 沸流는 不聽하야 分民居彌鄒忽하고 溫祚는 居河南慰禮城하야 (今稷山聖居山) 以十臣爲輔하니 馬韓이 割東北百里之地하야 以與之하니라 後에 沸流以彌鄒忽이 土濕水鹹으로 不得安居하고 歸見慰禮하니 都

邑이 鼎定하고 人民이 安泰라 遂慚悔而死하니 其臣民이 皆歸慰禮러라 開天二千四百四十年癸卯에 國號를 百濟라하고 後에 徒都漢山하다 出扶餘故로 以扶餘로 爲氏하다 (餘見百濟史) 傳三十一世오

歷六百七十八年이라新羅始祖 赫居世의 姓은 朴氏라 初에 扶餘帝室女東神聖母, 婆蘇-不夫而孕하야 父母-逐之어늘 乃入辰韓地하야 生赫居世하야 棄之楊山村, 蘿井林間17이러니 人이 收養한대 英特夙成하야 有神德이러라 先是에 朝鮮遺民이(古朝鮮族) 分居東海濱,山谷하야 爲六村하니 曰閼川楊山,曰突山高墟, 曰觜山珍支(一云于珍) 曰茂山大樹,曰金山加利,曰明活山高耶,是辰韓六部라 耆老皆會於閼川하야 議曰我輩-無君하야 民皆放逸하니 盖求有德者하야 以爲君乎아 時에 楊山村에 有朴赫居世者하야 有神聖之質이라 高墟村長蘇伐公이 與六部人으로 推尊之하야 開天二千四百一年甲子四月丙辰에 立爲君하니 時年이 十三이라 稱居西干하고 國號를 斯盧라하다가 後에 改稱新羅라하니 居西干18은 辰言에 王이오 或云貴人之稱이라하니라 (餘見新羅史) 傳五十六世오 歷九百九十二年이라 鷄林西岳에 有聖母祀하니라

渤海太祖高王의 姓은 大오 名은 祚榮이니 其先은 高句麗, 粟末靺鞨人也라 及, 高句麗亡에 有乞乞仲象하야 率衆保東牟山하니 其地는 直營州東二千里오 南은 新羅니 以泥河로 爲境하고 東은 窮海하고 西는 契丹이라 築城郭以居하니 麗, 亡衆이 稍歸之러라 開天三千一百四十年間에 仲象이 因契丹李盡忠之亂하야 與靺鞨酋, 比羽及麗衆으로 東渡遼水하야 保太白山東北하야 阻奧婁河하야 樹壁自固하니 唐武后-封比羽하야 爲許國公하고 仲象으로 爲震國公한대 比羽不受命이어

늘 后－使李楷固로 擊斬之러라 是時에 仲象이 卒하고 子－祚榮이 引衆遁去하니 楷固－窮躡하야 度天門嶺이어늘 祚榮이 引麗靺兵하야 拒破楷固하다 於是에 契丹이 附突厥하니 唐師－祚榮이 卽幷比羽衆하 據險自衛하다.

三千一百五十六年己亥에 乃建國號曰震, 年號曰天統이라하고 遣使交突厥하니 地方이 五千里러라 後에 改國號하야 渤海라하고 寘五京十五府六十二州하야 爲海東勝國하니라 三千三百八十三年丙戌에 至王, 諲譔하야 爲契丹의 所滅하니 太子, 大光顯, 及將軍申德, 禮部卿大和均, 老司政大元均, 工部卿大福暮, 左右衛將軍大審理, 小將冒豆干, 檢校開國男朴漁, 工部卿吳興等이 率其餘衆數萬戶하고 投高麗하니 麗王이 賜太子姓名王繼하고 附之屬籍하야 使奉其祀하고 僚佐는 皆賜爵하니라 (餘見渤海史) 傳十四世오 歷二百二十八年이라

濊貊之先은 與扶餘로 同出하니 皆檀君의 子孫이라 其地가 多山水하고 嶺阨이 間之하니 東爲濊, 西爲貊이라 貊은 甚微하야 常附庸於濊하니 而濊貊이 皆臣屬朝鮮하니라 濊는 或稱滄海니 其開國, 傳世, 歷年은 茫無可推로대 秦時에 濊有滄海君이라 韓人張良이 大父父, 相韓五王이러니 韓亡에 良이 欲報仇秦할새 聞滄海에 多力士하고 良이 東見滄海君하고 求士하니 有藜道令하야 擧一百二十斤鐵推라 良이 與俱歸하야 開天二千二百四十年癸未에 擊秦皇帝於博浪沙中이라가 誤中副車하니 秦皇帝－大怒하야 大索天下十日타가 不得이라 力士－與良으로 俱免하다 後에 至君南閭하야 衛滿의 孫, 右渠－驕하야 絶交通하니 南閭－怒하야 遂絶衛氏하고 率二十八萬人하고 遼東降漢하니 漢武帝－遂郡縣其地하야 號를 滄海라하얏더니 以險遠으로

數年에 而罷하다 後에 復屬樂浪東部都尉하니 濊貊이 遂亡이라 二千四百八十七年庚寅에 棄單單大嶺以東地하야 悉封其渠帥하야 爲侯하니 無大君長하야 不相統率하고 其官은 有侯, 邑君, 三老 者舊러라 後에 屬高句麗하다. 東沃沮는 檀君之苗裔야라 國이 在蓋馬山하야 東濱大海하고 北與挹婁扶餘와 南與濊貊接하니 其地 – 東南은 狹하고 南北은 長하야 可折方千里라 土肥美하야 宜五穀하고 人性이 質直强勇하야 便, 持矛步戰이러라 開天二千四百五十三年丙辰에 沃沮君이 聞南韓王 赫居世의 神聖하고 遣使하야 遣良馬二十匹하다 二千五百十三年丙辰에 高句麗王, 宮이 遣兵來伐한대 沃沮君이 以小國으로 介大國之間하야 不能自立이라하고 遂擧國하야 降高句麗軍하니 東沃沮 – 遂絶祀하니라 沸流는 檀君之後라 國於沸流水上하야 與卒本 挹婁 扶餘로 相隣接이러라 至神明王하야 有聖德하니 百姓이 神明之하야 死而因謚神明이라 今祥原郡에 蓋有神明王塚云이러라 至王,松讓하야 扶餘人, 朱蒙이 稱天帝孫이라하고 據卒本하야 來見王하니 王曰寡人이 僻在海隅하야 未嘗見異國賢君子러니 今君이 親屈弊邦 하니 寡人이 受賜 – 大矣라 然이나 卒本과 沸流 – 壤地가 相接하야 國小에 無以容兩君이라 寡人은 雖不肖하나 先人不腆之業이 式至今日하고 君은 雖神武하나 立國이 日淺하니 若論其先後인대 君이 其, 附庸我乎고뎌 朱蒙이 怒하야 曰寡人은 繼天之後하고 今, 王은 非神之胃라 雖號爲王하니 若不歸我면 天必之하리니 請較武藝하노라 與之射하니 王이 不勝이러라 朱蒙이 有神術하야 呪天하니 雨七日하야 沸流城이 沉이라 明年에 王이 以國으로 降高句麗한대 已而오 朱蒙이 復封松讓, 爲侯하야 使復其舊土하고 納其女하야 爲子類利의 妃하다.

肅愼氏, 國은 在不咸山(白頭山)北, 混同江東하니 東은 濱海하고 西는 接寇漫汗하고 北은 至弱水하니 (今寧古塔等地皆其地) 上古東方九夷之最强國也라 居深山之地하야 車馬不通하고 父子 - 世爲君長하고 男女 - 皆, 編髮이러라 其國東에 出石砮하며 有皮骨甲, 檀弓, 楛矢하니 檀弓은 三尺五寸이오

楛矢는 尺有咫라 弓矢 - 通于虞舜, 夏禹, 周武之世하니 盖, 中國人이 指東人하야 曰夷者는 夷是大弓이라(夷一作■ 說文夷從大從弓東方之人也) 指肅愼의 出大弓而名也러라 昔에 孔子-在陳하실새. 有隼이 集于陳侯之庭而死하야 楛矢石砮 - (砮鏃矢也)貫之하니 其長이 尺有咫라

陳惠公이 使人으로 問孔子한대 曰隼之來-遠矣라 此는 肅愼氏之矢也로다하시다 唐虞曰息愼이오 殷周曰肅愼이오 亦曰稷愼이오 漢以後曰挹婁오 元魏曰勿吉이오 唐曰靺鞨이니 地雖同하나 而種族之代興者-不一故로 中國之人이 亦隨而稱異也러라 其部落이 有七하니 一은 粟末部니 與高句麗로 接하고 二는 伯咄部니 在粟末部北하고 三은 安車骨部니 在伯咄東北하고 四는 拂涅部니 在伯咄東하고 五는 号室部니 在拂涅東하고 六은 黑水部니 在安車骨西北하고 七은 白山部니 在粟末東南이러라 開天三千一百六十九年壬子에 其地-盡爲渤海大氏의 所有라가 後에 爲女眞之地하니라.三韓之地는 在朝鮮南하고 與齊魯로 隔海相望하고 北은 過帶水하고(今臨津) 東은 接濊貊하고 西와 南은 際海하니 地方이 千里라 有大小七十八國하야 歷檀箕累千年而不絶하니라 通典에 云호대 朝鮮之遺民이 分爲七十八國하니 地方이 皆百里라 信乎라 其檀君之遺民也이더하니라 (餘見三韓史) 安定은 本

馬韓之種이니 爲契丹의 所攻破하야 其酋帥-糾合餘衆하야 保於西鄙하야 國號를 安定이라하고 乃建元하다

開天三千四百二十七年庚午에 其國王烈萬華－因女眞하야 遣使通宋하니라 遼之先은 出高麗하니 爲檀君之後라 遼太祖, 神册元年에 建廟于永州木葉山하고 每年十月에 用豫和樂하야 親祭하고 又敬天尊祖하야 出入必祭라하더라

金之先은 高麗人이라 初에 平州僧, 今俊之子, 克守－入于女眞하야 居阿之古村하야 娶女眞女하야 生子하니 曰古乙太師오 古乙이 生活羅太師하고 活羅－多子하니 長은 曰劾里鉢이라 季는 曰盈哥라 盈哥－最雄傑하야 得衆心이러라 盈哥－卒에 劾里鉢의 長子, 烏雅束이 嗣位하며 烏雅束이 卒하고 弟－阿骨打－立하다 高麗睿宗四年六月에 東藩使, 裒弗史顯等이 來朝于高麗할새 曰昔에 我太師盈哥－嘗言호대 我祖宗이 出自大邦하니 至于子孫하야 義合歸附하고 今太師, 烏雅束이 亦以大邦으로 爲父母之國이라하니이다. 十二年三月에 阿骨打, 遣雅只等하야 寄書稱兄弟하야 曰自我祖考로 介在一方하야 以契丹으로 爲大國하고 高麗로 爲父母之邦하야 小心事之云이러라 眉叟許穆, 曰檀君之世, 當帝嚳唐虞之際러니 而自衛滿, 三韓以降으로 攻戰이 不休하며 滅亡이 旣多하야 載籍이 不備함으로 旣無文獻可徵하고 後世에 雜出於傳記者－實多夫婁, 朱蒙, 赫居世, 溫祚之世에 傳道古事而已라

修山李鍾徽－曰余嘗聞摩尼山에 有祭天壇하고 九月山에 有三聖祠하고 其東에 有古所謂唐莊京하야 往往, 有佳氣其上云하고 又觀中國古史에 其, 表見檀君王儉之名이 章矣니 盖, 檀君은 首出聖人으로

在中國에 其, 伏羲神農之君乎이더 又曰扶餘는 大國也라 迫近中原하야 其俗이 嚴急小恩하고 而好戰하니 其得北地肅殺之風乎이더 檀君後數千百年에 立國稱王이 世世不絶하니 此는 始封에 必有賢聖之君하야 人惠及于物하고 流澤이 至于子孫也로다 又曰余聞古史에 稱호대 扶餘, 濊貊 沸流 – 皆出於檀君하야 立國傳世 – 或數千年不絶이라하니 此는 所從來 – 遠矣라 無乃檀君之德이 如姚姒湯姬耶아 不然이면 何如其久也오

4. 三神上帝

桓因은 天也오 桓雄은 神也오 檀君은 神人야 是謂三神 (古今記)

司馬相如 – 謂漢武帝曰陛下 – 謙讓而弗發하야 契(絶也)三神之歡하리이다. (註)三神은 上帝라 (漢書) 至今人家에 製布囊하야 盛精米하고 以檀木으로 爲錠하야 掛壁而敬奉者를 稱曰三神帝釋이라 小兒十歲之內에 知慧不足하야 或臨危險之地면 則三神帝釋이 必保護云하니 三神者는 東方人民之始祖檀君이오 帝釋者는 天竺語에 上帝之稱이니 古史가 出於僧侶之手故로 譯爲帝釋이오 決非巫風陰祀者也라 國內寺刹에 必奉安帝釋桓因之位-亦此意야라 (風俗考) 三神山은 卽太白山이니 今所謂三聖山이 是也라 檀君이 是三神이신 故로 指其始降之山하야 而名曰三神이라 開天後二百十七年에 化神하사 復御于天하신 故로 後世人이 謂天仙이라하야 燕齊之士-籍演迂怪之說하야 三神山이 在東海中하니 曰蓬萊, 方丈, 瀛洲라 山有仙人宅하고 亦有不死藥云하니 秦皇漢武-所以狂惑이오

而東儒-亦曰蓬萊는 金剛也오 方丈은 智異야 瀛洲는 漢拏야라하니라 附夫婁 家內에 擇地築壇하고 而土器에 盛禾穀하야 寘於壇上하고 編葺藁草掩之者를 稱夫婁壇地라하고 或稱 業主嘉利하니 卽掌財之神也라 檀君子夫婁－賢而多福故로 國人이 奉爲財神云이라 (風俗考) 按三神帝釋은 卽三神一體上帝시니 三神은 無形無爲無言호대 而能生之化之成之하시니 小兒十歲內에 危險地면 必保護云者－誠然矣라 布囊盛米는 爲報賽主穀之義오 檀木爲釘은 爲記念檀君之義니 檀君敎化－浹洽于萬世人心者를 乃可見矣오 檀君子夫婁-又有神德하샤 爲民主業하시니 尙家家尊奉者－是也라 敎化源流 東方에 始無君長하더니 神人이 率其屬三千하고 降于太白山檀木下하시니 謂之神市라 立爲君하니 是爲檀君이시니라 (海東樂府 太白檀歌) 檀君이 以神設敎하시니 其神이 有風伯,雨師,雲師라 主治人間三百六十事하시니라 (古紀) 檀君이 立敎하실새 主穀 主命 主刑 主病 主善惡하시며 以男女 父子君臣 衣服 飮食 宮室 編髮 盖首之制로 化之하시다(古紀 太古에 自黑水로 至漢南해 有九小國하야 各保一方하나 曰犬族과 曰干族과 曰方族과 曰黃族과 曰白族과 曰赤族과 曰玄族과 曰風族 曰陽族이 是爲九夷라 檀君이 以神敎로 化之하시다. (古紀)

伯夷避村하야 居北海之濱하니 非受封이오 不過檀君之世에 一時寓居라 其始에 聞檀君이 開國海上하샤 有仁賢之風하야, 傳世不替故로 以身歸焉이라가 旣而오 聞文王이 善養老하고 復西走하야 至周하니 皆史氏의 所遺라 故로 錄之하노라 (星湖僿說) 東國이 自檀木聖人으로 始有國社人民이오 箕聖이 仍之하시니라 (藥坡漫錄) 東國에 檀君이 與堯並立하시니 舜이 肇十二州할새 而幽幷營이 皆東北之地 謂之肇

則堯時에 未有也라 舜이 生於諸憑하사 而稱東夷之人하니 卽其地與遼瀋으로 接近矣오 按周禮에 職方氏-幽州에 其山은 醫巫閭이오 其利는 魚鹽이라하니 今燕路右에 見巫閭魚鹽하니 亦遼海의 所産이라 而與我東으로 相連을 可以見矣오 朝鮮之地-始에 幷有遼瀋하니 必與諸馮으로 不遠하야 其從化-無疑로다 (星湖僿說) 北海에 有國하니 名曰朝鮮이니 天毒 (毒育也) 其人하야 水居偎 (偎愛也) 人이라 (山海經) 東方人이 男은 皆朱衣, 縞帶 玄冠이오 女는 皆綵衣라便轉可愛하야 恒恭坐而不相犯하며 相譽而不相毁하고 見人有患이면 投死救之 名曰善人이오(俗云士人) 一名은 敬이오(俗云敬謹) 一名은 美라(俗云美人) 不妄言하며 然笑하니 倉卒見之하면 如痴하더라(神異經) 孔子의 五十三世孫 愆 聖公, 浣의 第二子 昭가 元順帝時에以翰林學士로 陪魯衛公女 大長公主하고 嫁于高麗恭愍王할새 臨行에 感夫子의 居夷浮海之意하야 曰東國이 素稱禮義之俗者는 盖, 檀君, 箕子, 神聖之君의 教化之故也라 吾將因居焉이라하고 乃率妻皇甫氏而來하니라 (東國闕里志)

東方에 檀君이 首出하사 以神聖之化로 教民厚勤하샤 濟濟爲疆族하니 教名은 扶餘曰代天教오 新羅曰崇天教오 高句麗曰敬天教오 高麗曰王儉教니 每十月에 拜天하니라(續宛委餘編) 我東倧教를 誤指爲仙教나 然이나 實은 檀君의 設教也라(東事類考) 國有玄妙之道하니 實乃包含三教하야 ■化羣生이라 且如 入則孝於親하며 出則忠於君은 魯司寇之旨也오 處無爲之事하야 行不言之教는 周柱史之宗也오 諸惡을 莫作하며 諸善을 奉行은 竺乾太子之化也라 (崔致遠鸞郎碑序及三國史)

我國이 在海隅하야 稱禮義之邦者는 盖,檀君之神化와 箕子之彝倫故也라(武陵集) 主神이 有統治全世界之無量知能하샤 而不見形體하고

坐於最上之天하니 在地上者는 皆其驅使小神이라하고 又扶餘族論에 曰宗敎는 拜天이라하니라(滿洲志) 神異徵驗 檀君이 南巡海上하실새 赤龍이 呈異祥하고 神女-奉金榼이어늘 檀君이 開之하신대 有緋衣童子-在焉이라 着以緋衣故로 姓을 緋라하고 天以生之故로 名을 天生이라하고 及長에 爲南海上長하시다(裵氏舊譜) 江界郡南一百二十里에 至頭白嶺(今秋踰嶺)之左四季山前하야 有三石人像하니 稱之曰扉三門이라 世傳,檀君時에 有三異人이 住此어늘 檀君이 召爲相하샤 以佐其治러니 檀君이 入阿斯達山하샤.

化神御天之日에 三異人이 還入此山하야 化石人云이라(東事類考) 海南에 有頭輪山하니 白頭山이 輪流止此故로 名이라 鷄林古記에 云, 天神桓因이 降童男女於此山中이라하니라(大芚寺事蹟) 扶餘相臣 阿蘭弗이 夢登于天하니 天帝謂曰吾子孫에 將有立國爾舊都하리라王解慕漱 果柳花하야 生朱蒙하야 爲高句麗始祖하니라(東事類考) 新羅,率居는 農家者라 自幼時로 志於畵하야 樵則以葛根으로 劃巖하고 耕則以鋤添으로 劃沙호대 而僻鄕에 無師受하야 終無以遂工이라 率居가 日夜心祝于天神하야 願受神敎하니 如是者-有年이라 一日은 有老人이 夢臨하사 曰我는 神人檀君이라 感汝至誠하야 受以神毫하노라 覺乃悅然하야 卒成名工하니라 率居가 感銘神恩하야 畵檀君御眞者－殆近千本하니 像想其夢中所見也러라 高麗李奎報가 題率居畵檀君御眞贊曰嶺43外 家家神祖像이 當年半是出名工이라하니라(東事類考) 高句麗, 寶藏王, 十三年에 神人이 見馬嶺上하야 謂人曰汝國君臣이 奢侈無度하니 亡無日矣 未幾에 高句麗가 亡하니라(三國史)

新羅, 金生이 常祈于天神하야 而得神書하니라 世傳,有人이 來至

金生所하야 請書帝釋經하니 生이 寫畢에 問所從來한대 曰我는 帝釋使者라 命請書故로 來爾라하더라(李相國集)

高句麗 山上王이 無子하야 常禱于天神이러니 一日은 天神이 謂曰汝-勿憂生男하라 後에 果得小后하야 生子하니라(三國史) 太白山에 有虎豹熊狼호대 不害人하고 人이 不得山上溲溺하야 行逕者-皆以物로 盛去하더라(魏書勿吉傳) 九月山,三聖堂에 烏鵲이 不棲하며 麋鹿이 不入하더라(春官通考)

神誌는 檀君時人이라 書雲觀秘記에 有九變震檀之圖하니 朝鮮은 卽震檀이라 其說이 出自屢千載之前하야 言, 本國歷代定都 - 凡, 九變其局하고 並言朝鮮受命建都之事하니라(大東韻玉及龍飛御天歌) 朝鮮太祖高皇帝, 夢에 神人이 執金尺而授之曰

慶侍中, 復興은 淸矣而老하고 崔都統 瑩은 直矣而小戇하니 持此正國이 非公而誰오(龍飛御天歌) 朝鮮太宗時에 廢三聖祠하야 合設于平壤檀君廟러니 黃海道內에 惡疾이 熾行하야 屢年不息이라 朝鮮成宗辛卯에 下書黃海道觀察使李芮曰昔日本道惡疾이 何因而發歟아 檀君神祠가 前在何處며 而今故移之歟아 其祭祀之制는 又何如며 今民俗이 亦致祭歟아 行祭節目은 何以爲之며 民俗所願救病者는 何事며 何藥이 有驗歟아 其悉廣問以啓하라 又下書曰人言 檀君天王堂이 本在九月山上峯이러니 後移於前峯이라가 又移於山麓하야 設天王三位하며 又設使者配享廳, 及典祠廳하야 降香致祭가 行之已久러니 其後에 廢不祀하야 惡疾이 遂起라하니 天王堂及使者配享廳, 與典祀廳, 古基가 猶存歟아 神位建設之因이 有傳之者歟아 降香致祭가 前禮를 可考歟 惡疾이 果, 前所無而因此始起勵아 必有諺傳之言하리니 其遂條訪

問하야 詳究病源하야 以啓하라 壬辰二月에 黃海道觀察使, 李芮가 馳啓曰臣이 因前下諭하야 訪問文化縣,古老人, 前司直崔池와 前殿直崔得江하야 得三聖堂事蹟하야 條錄以聞하나이다. 檀君은 神人이시라 九月山祠宇가 在貝葉寺西, 大甑山, 臨佛刹後러니 自移于寺下小峯하고 又移于小甑山하니 卽今之三聖堂也라 大甑山及貝葉寺下峯에는 今無堂基이오며 檀君, 檀雄, 檀因이 是爲三聖이시라 建祠宇祭之러니 自廢享後로 堂宇傾頹하야 庚午에 縣令申孝源이 重創하고 戊寅에 縣令梅佐가 施丹靑이오며 三聖堂은 檀因天王, 南向이오 檀雄天王, 西向이오 檀君天王, 東南이니 並板位라 俗傳, 古皆木像이러니 我太宗朝에 河崙이 建議하야 革諸祠木像할새 三聖木像이 亦例罷오儀物設寘의 與否는 未可知오 三聖堂에 西夾室은 九月山大王이 居中하고 左에는 土地精神이오 右에는 四直使者라 並位板이니 南向이오며 古에는 無典祀廳이러니 梅佐－乃於三聖堂下에 作草屋數間하야 令緇徒로 居之케하고 祭祀時에 則齊宿于此하며 祭物도 亦於此에 辨設이오며 三聖堂祭器는 古用金銀이러니 自倭亂後로 用沙器라 梅佐－始造鍮器이오며 廟宇를 移平壤後에 廢此堂之享이 今已六十餘年이온대 或云, 我太宗朝庚辰辛巳壬午年間이라하니 未知是否오 其, 降香致祭儀軌도 亦不可知이오며 九月山上峯은 非天王堂이라 乃名爲四王峯이니 亦古降香致祭處라 我太宗乙未年間에 始革之라하난대 其堂基는 曾無見者오 今氷凍危險하야 人不得上이오며 關西遊覽에 載文化縣古蹟하니 云호대 九月山下, 聖堂里에 有小甑山하며 有檀因 檀雄, 檀君三聖祠라하오며 自三聖堂을 移平壤後로 雖, 國家는 不致祭나 若, 祈雨祈晴이면 縣官이 具朝服親祭하난대 祭用白餠 白飯 幣帛, 果實이

오 邑俗이 稱爲靈驗이라하야 不敢來祭이오며 祈雨龍壇은 在三聖堂下百餘步하야 未知設寘日月이로대 縣의 所藏儀註에(宋景德三年高麗穆宗九年丙午五月謄錄)

載用餠 飯, 酒及白鵝하야 行祭러니 今에 代用白鷄하고 不用豚이오며 三聖堂下近處에 人家가 稠密이러니 自廢享後로 惡疾이 始發하야 人家가 一空하니 百姓이 皆謂三聖堂을 移設于平壤府하고 不致祭하야 其後에 惡疾이 乃興이라하니 是雖無稽나 然이나 古記에 檀君이 入阿斯達山하야 化爲神이라하니 卽今本道文化縣九月山이라

其廟가 存焉하고 且, 前此에도 降香致祭하얏스니 請從民願하야 依平壤檀君廟例하야 每年春秋에 降香祝하야 行祭하압시다 從之하다 李芮, 又啓호대 臣이 今因前下諭하와 每巡行에 招古老人하야 訪問惡疾根因하며 兼以所見으로 修錄以聞하노니다 惡疾은 比前輕歇이나 然이나 黃州鳳山載寧文化康翎瓮津長淵豊川江陰白川平山이 最多하고 海州延安松禾長連殷栗信川安岳瑞興이 次之오 遂安谷山新溪兎山은 僅有而不見이오며 惡疾諸症은 則全身不遂와 腰下蹇濕과 癲癎과 骨蒸과 膧脹 癩疝症과 青盲과 咳嗽와 喘滿爲多이오며 惡疾所起之由는 始於文化三聖堂里云이외다(成宗實錄)

朝鮮宣祖, 壬辰에 行在義州하실새 夜夢에 一老人이 天降而坐하야 曰我는 神人檀君也라 今夜에 當保護海州芙蓉堂하야 誕生仁祖라 其夜에 定遠君(追上元宗)夫人이 果在芙蓉堂하야 誕生仁祖라 以夢驗으로 諱以倧하니 倧은 字義에 上古神人이라 按上古神聖之誕降也에 膺符命하고 受圖籙하야 必有異於人이라 河出圖하며 洛出書에 聖人이 作하고 虹繞而生羲하고 龍感而生炎하고 簡狄은 呑卵而生契하고 姜

媬은 履跡而生棄하니 今我檀君在天之神은 卽三神一體上帝시라 其靈驗이 昭昭然하야 誠則降福하고 不誠則降罰하야 神之格思를 誠不可度思니 故로 曰上帝照臨이라하며 上帝降衷이라하니라 壇祠殿廟 祭天壇은 在江華摩尼山하 檀君이 於穴口之海, 摩尼之邱에 塹城爲壇하야 名曰祭天壇이라 壇은 十七尺인대 而石으로 累之하야 方上圓下하니 四方이 各六尺六寸이오 下各十五尺而圜之라 或云 摩尼는 江海之隈라 地-孤絶潔淨하고 而靚深하야 神明之宅이라 故로 立畤하야 祭上帝라하고 又曰天은 好陰하고 而地는 貴陽 故로 爲壇을 必于水中之山이오 上方下圓은 地天之義-立焉이라하니라(東史及修山集)

朝鮮仁祖十七年에 改修築하다(文獻備考) 朝鮮肅宗二十六年五月에 改修築하고 立碑爲記하니 曰環東土數千里에 江都가 爲保障之重地하고 環江都數百里에 摩尼가 爲望秩之名山이라 山之西, 最高處에 累石爲臺하니 卽所謂塹城壇也라-世傳檀君이 築而壇之하야 爲祭天之所云하니 顧, 年代가 瓊邈에 風磨雨嚙하야 西北兩面이 太半頹圮하고 東偏堦級이 亦多傾仄하니 州之父老-相與咨嗟歎咄者-久之라

不妄이 忝叨居留 來守是邦일새 是年春에 因巡審之役하야 試一登覽하고 慨然有重修之意라 船頭浦別將, 金德夏와 傳燈寺摠攝僧 愼默이 主其事하야 改築之하니 二旬에 而訖工이라 噫라 興壞補缺하야 不廢舊觀은 有官守者之所宜勉이온 況, 檀君이 生並唐堯之世하니 實爲我東生民之祖오

壇之設이 又其圜丘禋祀之地라 而歷數千年에 迄爲遺民之所瞻(贍)敬인 則修完之擧를 烏可已乎아 愼默이 請記始末하야 以示(目-)後人일새 書此하야 以識之하노라(留守崔錫恒撰) 朝鮮端宗壬申에 慶昌府尹

李光齋■■에 曰臣이 修史라가 至戊申에 有右議政致仕柳觀의 上書하니 曰文化縣은 臣之本鄕이니 九月山이 是縣之主山이라 在檀君時하야 名阿斯達山이니 山之東嶺이 高大透타하고山之腰에 有神堂하니 不知刱於하대라 北壁에 有檀因天帝하고 東壁에 有檀雄天王하고 西壁에 有檀君父王하니 縣人이 稱之曰三聖堂이오 其山下를 亦稱聖堂里라 檀君이 入阿斯達山하샤 爲神하고 此山之下에 三聖堂이 至今猶存하니 其跡을 可見이오 縣之東에 有地하니 名은 唐莊京이라 父老－傳以爲檀君之都라 或者－以爲檀君이 初都王儉城하셧스니 今宜合在箕子廟

蓋檀君이 與堯로 並立하시니 至箕子－千有餘載라 豈宜合於箕子之廟歟아 臣光齋－夷考三國遺事하니 有曰檀君王儉이 以唐堯卽位後, 五十年庚寅에 都平壤하샤 始稱朝鮮하시고 又移都唐莊京이라가 還隱於阿斯達山하샤 爲神云하니 然則檀君이 爲君於斯하시며 爲神於斯하시니 不厭於此地 -明矣라 箕子-傳四十代하고 燕人衛滿이 都王儉城하야 傳二世하고 高句麗－傳七百五歲하고 新羅-並二百餘歲하고 高麗王氏－傳四百餘年하니 則檀君之去平壤이 遐哉邈矣라 其肯顧戀於平壤乎라 且爲神하샤 致土人之尊祀하니 豈有樂遷於平壤하야 與東明王으로 同廟哉아 遺史註에 云한 桓因天帝는 卽柳觀所謂檀因也오 桓雄天王은 卽所謂檀雄也라 邃初之人이 不忘其本하야 刱立祠宇하고 改桓爲檀하야 號稱三聖하니 果不知刱於何時也라 向者,移檀君於平壤하면 寘二聖於何地오 臣은 以爲修葺舊堂하고 新作神像하야 分坐左右하야 尊敬如舊하고 命遣朝臣하야 致告聖堂하야 以祈陰佑면 則豈無昭格降福耶아 或者－以爲,天帝降于檀樹下는 事涉怪誕이라하

나 然이나 神人之生이 異於常하야 簡狄은 呑玄鳥卵而生契하고 姜嫄은 履帝敏而生后稷하니 此는 中國上世之事라 豈易議爲也리오 伏願殿下는 聿尊世宗之念하고 延訪大臣하야 究論天帝降於檀樹之源과 與夫遷主作怪之事하야 廣問耆老之人하야 改建聖堂之主를 幸甚이로이다(春官通考) 朝鮮成宗三年壬辰에 三聖堂을 改號三聖祠하고 奉桓因桓雄檀君位版하고 依平壤檀君廟例하야 歲送香祝以祭(春官通考)

朝鮮英祖四十一年乙酉에 命設櫝於三聖廟하고 仍致祭하다 先是에 成宗朝,建三聖廟할새 位版을 以土造成이러니 年久毁傷이라 遂遣禮官하야 以木으로 爲櫝하다.(春官通考)

朝鮮正祖,重修三聖祠하고 致祭하니 其文에 曰,曰若稽古하니 三聖于東이라 始有君長하야 迺拓鴻濛이라 彼樹之檀이여 光啓無窮이라 都於唐莊하니 並堯宅中이라 歲積一千에 玄化匹隆이라 越瞻西岳하니 有覺新宮이라 寧考之祝은 惠于神功이라(文苑黼黻) 朝鮮正祖五年에 又致祭하니 其文에 曰,於赫檀君이여 首出我東이라 德合神明하고 運啓鴻濛이라 孰先啓之오 奧有二聖이라 濬發其祥하고 誕膺明命이라 天符寶篆이 事雖無徵이나 神聖相仍에 東史攸稱이라 世傳幾葉하고 澤流千蓂이라 卒彼阿斯는 地以人靈이라 廟人舊跡하고 禮重泝源이라 每歲香祝이 一體銂樽이라 昔我寧王이 載親規畵하니 今玆替酌이 是繼是述이라 予雖否德 이나 神人所依라 誠惟不愆에 靈庶無違아 保之佑之하사 壽我宗國하며 豊我稼穡하소서 靡我多求라 維神之責이라(文苑黼黻) 高麗時西京仁里坊에 有聖帝祠하야 以時로 降御押行祭하고 朔望에 亦令其官으로 行祭하며 邑人이 有事면 輒禱하니라(麗史及西京志) 檀君廟는 在平安道平壤府城外하니 朝鮮世宗十一年에 始寘

正殿東西行廊하야 享檀君及高句麗東明王하고 春秋에 降香祝하야 以祭之하다(文獻備考). 朝鮮世祖元年丙子에 改位版하야 曰,朝鮮始祖檀君之位라하고 五年庚辰에 率王世子하고 西巡親祭하다(文獻備考) 朝鮮肅宗五年에 遣近臣하야 致祭하고 二十三年에 又致祭하고 有御製詩하니라(文獻備考) 朝鮮英祖五年에 賜額檀君廟하야 曰,崇靈殿이라하고 五年에 寘殿參奉二人하고 二十五年에 遣承旨하야 致祭하다(文獻備考)

朝鮮正祖五年에 致祭하니 其文에 曰, 維嶽會精에 有苑檀木이라 篤生神人에 並堯而作이라 如日方昇에 遂有朝鮮이라 混沌初闢하고 人文漸宣이라 嶺海之西와 遼野以東에 始君始長하시니 永被神功이로다 太師設敎와 夫子欲居가 爲嘉乃俗이니 不顯厥初아 我家文明도 亦自多賴하니 報豈或愆가 澤猶未沫라 翼翼西京에 廟■ 有侐이라 肅祖揭詩하고 寧王宣額하시니 秩我祀典이 歲厥明禋이라 眇予寡躬이 添主神人하야 越瞻淸浿에 曠世馳情이라 矧玆替酌은 列朝攸行이라 地莫云遐하소서 誠有不隔이라 尙克歆斯하샤 誕垂陰隲하소서 朝鮮太皇五年에 敎曰是歲는 卽檀君立國舊甲也라 肇基東土에 歷年千餘而今此正衙가 又適告成하니 迓納景命이 事不偶然이라 遣道臣行祭하라(文獻備考) 朝鮮列朝歲祭祝에 曰, 實天生德하샤 肇基東土라 是用享祀하니 載錫純祜하소서(春官通考) 渤海時에 設報本壇於太白山하고 每歲行祀하니라遼太祖-永州木葉山에 建廟하야 東嚮設天神位하고 廟庭에 植檀木하니 名曰君樹오 前植羣樹하야 以像朝班하고 又偶植二樹하야 以爲神門이라하고 每歲皇帝, 皇后 — 至君樹前하야 親尊飮福하며 有軍事면 必先告廟할새 乃立三神主하고 刑靑牛白馬하야 祭之하

니라(遼史) 金大定十二年에 有司 — 言太白山이 在興王之地하야 禮合尊崇이니 議封爵建廟하소서 十二月에 禮部, 太常, 學士院이 奏奉勅旨하야 封興國靈應王하고 山北에 建廟宇하다. 明昌四年十月에 備袞冕, 玉册 儀物하고 上이 御大安殿하야 用黃麾立仗八百人과 行仗五百人하고 復册爲開天弘聖帝하다(金史禮志) 高句麗有神廟二所하니 一曰扶餘神이오 一曰高登神이니 高登은 是其始祖扶餘神之子云이라 並寘官司하야 遣人守護하다(後周書) 按檀君之設祭天壇은 蓋, 使民으로 以示報本追遠之意也라 故로 檀君御天之後에 人民이 尊守遺敎하야 太白에 設報本壇하고 阿斯達에 建三聖祠하고 歷代帝王이 各立壇祠殿廟하니 事天之禮, 其有原始也哉이저 歷代祭天箕子, 爲周王하야 陳洪範九疇하니 其三八政에 三日祀는 所以報本追遠이오 而交神明也라 箕氏之世에 神人이 大順하고 民知所從하야 而方內泰寧이러니 及衛滿之季하야 神人이 無主하니라(神事志) 扶餘는 每十月에 大會하야 禱天神하고 歌舞鼓吹하니 名曰迎鼓라 濊, 貊은 每十月에 祭天하고 晝夜歌舞하니 名曰舞天이라 馬韓은 每十月農事-畢에 國邑이 各立一人主祭하야 祭天神하니 名曰天君이라 高句麗는 每三月, 十月에 大會하야 祭天하니 名曰東盟이라 百濟는 每歲四仲月에 祭天하니 名曰郊天이라

新羅는 因三韓俗하야 以十月로 祭天하고 晝夜聚飮할새 鼓瑟歌舞하야 蹋地爲節이러라 高麗는 十月, 二月에 燃燈하야 祀天神하니라 遼는 每十月에 用豫和樂하야 祭天神하고 金은 承遼俗하야 於三月, 九月에 拜天하며 射柳하니라 按天下之有祭天이 久矣라 封禪之儀와 圜丘之制가 在在爲時王之典이로대 而塹城이 爲初出頭第一天壇하고

且, 司馬相如封禪文에 曰陛下-謙讓而不發하야 契(絶也)三神之歡이라 하니 三神은 卽我檀君也라 盖, 其制가 有所由自者乎이더 族統源流 檀君之裔를 曰倍達種族이라 分爲五派하니 一은 曰朝鮮族이오 二는 曰北扶餘族이오 三은 曰濊貊族이오 四는 曰沃沮族이오 五는 肅愼族이라 朝鮮族은 扶婁之後니 朝鮮이 傳韓族하고 韓이 與半倍達族으로 合하야 分二支하니 一은 辰韓族이오 一은 弁韓族이라 辰韓은 傳新羅族하고 新羅는 傳高麗族하고 高麗는 傳現朝鮮族이라 弁韓은 傳駕洛族하고 駕洛은 入于新羅族이라

半倍達은 一名,後朝鮮族이니(箕子之後) 半倍達이 傳馬韓族하고 馬韓이 與韓族으로 合하야 分三支하니 一은 與百濟로 合하고 一은 與高句麗로 合하야 傳定安族하고 一은 爲耽羅族이라

北扶餘族은 分五支하니 一은 傳東扶餘族하고 一은 傳高句麗族하고 一은 傳百濟族하고 一은 與圭封族으로 合하고 一은 爲鮮卑族이라 東扶餘는 入于高句麗族이라 高句麗는 又二分하야 一은 與新羅로 合하고 一은 傳渤海族하고 渤海는 傳女眞族하고 女眞은 傳金族하고 金은 傳後金族하니 卽今滿洲族이라 百濟는 與新羅로 合하야 入于高麗族이라 圭封은 入于扶餘族이라 鮮卑는 傳契丹族하고 契丹은 與渤海로 合하야 傳遼族하고 遼는 入于女眞族이라 濊貊族은 二族合稱이니 濊與貊이 並入于高句麗族이라 沃沮族은 分二支하야 一은 與濊貊으로 合하고 一은 入于渤海族이라 肅愼族은 傳挹婁族하고 挹婁는 傳勿吉族하고 勿吉은 傳靺鞨族하고 靺鞨은 合于渤海族이라 按中東之史컨대 白山南北, 朝滿民族이 爲檀君之血統者-明矣로다 惟其代遠世遷에 各自爲小家族하야 曰李, 曰金에 以至萬姓이라 而但記家宗之世

代하고 不溯國祖之源流하며 但知門族之派系하고 不辨種族之支分하야 甚至有我是唐種云者하니 不識커라 所謂唐種者-流入東方하야 世世與唐氏之種으로 結親而傳世哉아 不然이면 其不爲,檀君之血統者-無矣리라 詩詞樂章 檀君祠甲子開基遠하니 神人異跡存이라 餘風看舊俗이오 祠屋匝重垣이라 亦有東明配오 遙瞻象設尊이라 興亡千古恨은 一酌奠芳蓀이라太白檀歌天壽何歲며 地■何際며 日月何時紓其■며 山何世奮이며 木何時托柢오 日月蓄其精氣하야 乃降聖人于彼山木之下하니 日月侔明하고 天地侔大하야 生己祥靈에 不事而化하니 建國朝鮮하야 化被千四百歲라(海東樂府) 檀君 權近 聞說鴻荒日에 檀君降樹邊이라 位臨東國土오 時在帝堯天이라 傳世不知幾오 歷年曾過千이라 後來箕子代에 同是號朝鮮이라 又 鄭斗卿 有聖生東海하니 于時並放勳이라 扶桑賓白日이오 檀木上青雲이라 天地候初建이오 山河氣不分이라 戊辰千歲壽를 吾欲獻吾君이라

又 洪柱世聞說鴻荒日에 神人降樹邊이라 民推作君長하니 國號是朝鮮이라
平壤千餘載오 唐莊百有年이라 一歸阿達隱하니 非佛亦非仙이라 檀君廟 南孝溫 檀君生我靑邱衆하고 敎我彝倫浿水邊이라 採藥阿斯今萬世하니 至今人記戊辰年이라

又 金堉 神聖爲民主하니 天人降紫霄라 東方始君長이오 中國並唐堯라 太白龍飛遠하고 阿斯鶴去遙라 荒凉遺殿在하야 俎豆奠黃蕉又 金南重 肅肅檀君廟에 靈風萬古存이라 松聲滿虛閣이오 水色繞空垣이라 冠盖來頻謁이오 春秋祀亦尊이라 題詩■■ 起敬

하니 幽佩新蘭蓀이라

又 朴瀰檀下神人始此都하니至今遺廟古城隅라 不知當日阿斯達에 亦有攀髮墜者無아

又 朝鮮 肅宗 東海聖人作하니 曾聞並放勳이라 山椒遺廟在하니 檀木擁祥雲

又 明 史道檀君何所始오 聞說始於堯라 去今■千載에 遺廟在山椒라

又 明 唐皐 開國何茫然고 朝鮮此鼻祖라 荊棘非翦除면 伊誰樂東土오

又 明 龔用卿 檀君開國土하니 誅茅樹區宇라 至今邦之人이 稱爲朝鮮祖라

又 明 薛廷寵 檀君血食緜東土하니 松木森森蔭祠宇라 三韓五都何粉粉고 此是朝鮮第一祖라

崇靈殿 沈埈 肅肅檀君廟에 千年血食存이라 塵凝蟲篆榻이오 苔蝕鳥窺垣이라 並世堯俱立이오 開基道獨尊이라 春秋虔祀地에 香祝薦芳蓀이라

三聖祠 釋 秋谷 山僧飛錫下天風하니 眼底滄桑頃刻空이라 黃海之濱神祖宅에 萬年佳氣鬱葱葱이라. 古俗拾遺 檀君之世에 人民이 號檀爲倍達하니(今音轉爲朴達)倍는 祖也오

達은 輝也니 天祖之輝-光於天下之義也라 後人이 謂月有輝라하야 稱■이 亦倣其義也니라

今에 王字之訓을 稱壬儉하니 此는 號檀君하야 曰王儉이 是也라 壬이 與王字로 字體가 相似故로 轉訛爲王이오 帝, 皇, 君, 主는 亦從王字之訓義니라 嶺路古木下에 築石搆茅하고 曰仙王堂이라하야 每

十月에 鄕人이 設餠賽神하니 此는 檀君時에 尊高山大川하던 彭虞祀也라 農家田夫가 耦耕於野하다가 午이 方登하면 必, 先以一匙로 除之하고 祝念하야 曰高矢氏네 하니 此는 檀君時에 耦高矢가 掌田事하야 教民稼穡하니 後人이 不忘其本하야 而先祭也라 今에 見堅固之物하면 則曰檀檀이라 하고 有危殆之事하면 則曰脫이라 하니 此는 三國時에 佛像이 初入하매 國人이 指謂脫脫하니 當時에 有檀檀脫脫歌하니라 今에 衣領을 必以白色으로 緣之하고 曰東領이라하니 白色은 表章白頭山也오 其曰東領者는 東方人表出之衣領也라 今에 兒童이 編髮垂辮을 名曰檀戒라하고 或曰檀祈라하니 此는 檀君이 始教民編髮하시고 戒修靈性하시니 人民이 追慕神德하야 垂以辮曰檀戒라하고 必書壽福康寧하야 祈之하니라 今, 民家에 每十月農事ㅡ畢하면 以新穀으로 蒸大甑餠하고 兼設酒果하야 而賽神者를 曰成造라하니 成造者는 成造家邦之意라 此는 檀君이 始教民居處之制하샤 造成宮室故로 人民이 不忘其本하야 必以降檀月로 報賽神功也라 滿洲鐵嶺等地樹林中에 往往有古壇遺址하니 土人이 相傳하야 曰太古檀神祭餘墟라하니 此는 高句麗, 渤海時에 祭檀君之古址也라

今讀白字音에 必曰倍하니 白川, 白峙, 是也라 倍는 呼祖之稱이니 以白頭山으로 爲祖山之意也라 按檀國, 遺風美俗이 流傳於山樵野農하야 而猶有可觀者ㅡ存하니 禮亡而求諸野者ㅡ是歟아 檀君享壽辨 古記에 云호대 檀君이 與堯로 幷立於戊辰하샤 歷虞夏至商武丁乙未하야 入阿斯達하샤 爲神하시니 享壽가 千四十八年이라하니 今按堯之立이 在上元甲子甲辰之歲하고 而檀君之立은 在後二十五年戊辰하니 則曰, 與堯並立者ㅡ非也라 自唐虞로 至于夏商이 人君, 享國久長

者－不過五六十年하니 安有檀君이 獨壽千四十八年者하야 以享一國乎아 前輩, 以謂호대 其曰千四十八年者는 乃檀氏, 傳世歷年之壽오 非檀君之壽也라하니 此說이 有理오 且權近의 詩에 云호대 傳世不知幾오 歷年曾過千이라하니 時論者－亦以近之言으로 爲是라(東國通鑑按說)

檀君辨檀是國號故로 箕子孫이 皆稱檀君이라 後漢書濊傳에 云하대 樂浪은 檀弓이 出其地라하니 檀非可弓之木이라 則是는 以國稱而流傳耳라(東史綱目)

江東陵辨 眉叟記言에 云호대 松壤西에 有檀君陵이라하고 註에 松壤은 今江東縣이라하며 文獻備考에 云호대 檀君墓는 在平安道江東縣西, 三里하니 周가 四百十尺이라하며 與地勝覽에 云하대 俗傳, 檀君墓가 在江東이라하니 盖, 檀君이 以神人으로 降世라가 復爲神하셧스니 安有陵寢之爲乎아 檀君之稱은 卽檀君之號라 故로 其嗣君을 皆稱檀君하니 則江東之陵 無乃嗣君之陵耶아 非是降檀君之陵은 則明矣라 夫婁辨

三國遺事의 引檀君記에 云호대 娶西河河伯女하샤 産子夫婁라하고 又其北扶餘篇에 云호대 解慕漱－立國於北扶餘하야 生子하니 名은 夫婁라하고 又引高句麗記에 云호대 解慕漱－娶河伯女하야 産朱蒙이라하니 夫婁는 與朱蒙으로 異母兄弟也라 又其王曆篇에 云호대 朱蒙은 檀君의 子라하니 則此는 以解慕漱로 爲檀君也니 此所稱檀君은 非謂始降之檀君也오 而以檀으로 爲國하니 則其子孫이 以爲號호대 並稱爲檀君이라 所謂解慕漱者－亦始降檀君之後로 又名其子夫婁者는 若芉心之更稱懷王也니 夫婁則今爲二人하야 而錄之라(東史綱目)

太白山辨三國遺事에 云호대 太白山은 今妙香山이라하고(在寧邊府) 麗志及輿地勝覽에 並從其說하니 太白之變爲妙香이 未知在於何代로대 而我東諸山名號가 多出於僧釋하니 妙香之稱이 亦僧家文字也라 李牧隱, 妙香山記에 曰山在鴨綠水南하야 與堯爲界하니 長白山之所分也라 地多香木이라하니 然則妙香之稱이 以其香木之多而然也라 檀君이 降於太白山檀木下라하니 檀是香木故로 後人이 遂稱其君曰檀君이라하고 名其山曰妙香이라

三國史崔致遠傳, 上太師狀에 云호대 高句麗遺種이 北依太白山下하야 國號를 渤海라하니 此는 指今白頭山이니 而上所謂長白山이 是也오 卽檀君所降之地也라(東史綱目)

平壤及浿水辨 唐書에 安市城은 去平壤五百里라하고 鳳凰城은 亦稱王儉城이라하며 地志 又以鳳凰城으로 稱平壤이라하니 未知컨대 此何以名焉고 又地志에 古安市城은 在盖平縣東北七十里라하니 自盖平으로 東至秀巖河가 三百里오 自秀巖河로 東至二百里하야 爲鳳凰城하니 若以此로 爲古平壤이면 則與唐書의 所稱五百里로 相合이나 然이나 吾東之士 ― 只知今平壤하야 言箕子 ― 言平壤에 有井田則信하고 有箕子墓則信호대 若復言鳳城이 爲平壤則大驚하고 若曰遼東에 復有平壤則叱爲怪駭하니 獨不知遼東이 本朝鮮古地오 肅愼, 濊貊, 東夷雜種이 盡服屬於朝鮮하고 又不知烏喇 寧古塔 後春等地가 本高句麗舊疆하니 嗟呼라 後世에 不詳地界하야 則妄把漢四郡地하야 盡局之於鴨綠江內하고 牽合事實하야 區區分排하고 乃復覓浿水於其中하야 或指鴨綠江하야 爲浿水하며 或指淸川江하야 爲浿水하며 或指大同江하야 爲浿水하니 是는 朝鮮舊疆이 不戰蹙矣라 此其故 ― 何也오

定平壤於一處하고 而浿水로 前却하야 常隨事蹟일새라 吾 ― 嘗以爲, 漢四郡地가 非特遼東이라 當入女眞이니 何以知其然也오 漢書地理志에 有玄菟, 樂浪하고 而眞蕃, 臨屯은 無見焉하니 盖昭帝, 始元五年에 合四郡하야 爲二府하고 元奉元年에 又改二府하야 爲二郡하니 玄菟는 三縣인대 有高句驪하고 樂浪은 二十五縣인대 有朝鮮하고 遼東은 十八縣인대 有安市라 獨眞蕃은 去長安이 七千里오 臨屯은 去長安이 六千二百里니 金崙의 所謂, 我國界內엔 不可得當이니 在今寧古塔等地가 是也라하니 由是論之컨대 眞蕃,臨屯은 漢末에 卽入於扶餘 挹婁 沃沮하니 扶餘가 五而沃沮가 四라 或變而爲勿吉하며 變而爲靺鞨하며 變而爲渤海하며 變而爲女眞하니 按渤海武王大武藝-答日本聖武王書에 有曰復高麗之舊居하며 有扶餘之遺俗이라하니 以此推之하면 漢之四郡이 半在遼東하고 半在女眞하야 跨踞包絡하니 本我幅員을 盖可驗矣라 然而自漢以來로 中國의 所稱浿水가 不定厥居하고 又吾東之土-必以今平壤으로 立準하야 而紛然, 尋浿水之蹟하니 此는 無他라 中國人이 凡稱遼東之水를 率號爲浿하야 所以로 程里가 不合하고 事實이 多者 ― 爲由此也라故로 欲知古朝鮮과 高句麗之舊域인대 先合女眞於境內하고 次尋浿水於遼東하야 패수가 정한 연후에 疆域이 明하고 疆域이 明한 然後에 古今事實이 合矣라 然則鳳城이 果爲平壤乎아 曰此亦域, 箕氏, 衛氏, 高氏의 所都則爲一平壤也오 唐書裵■■傳에 言호대 高麗는 本孤竹國이니 周는 以封箕子하고 漢은 分四郡이라하니 所謂孤竹地는 在今永平府하고 又廣寧縣에 舊有箕子廟하야 戴冠塑像이러니 明, 嘉靖時에 燬於兵火라 廣寧人이 或稱平壤이라하고 金史及文獻通考에 俱言廣寧, 永平은 皆箕子封地라하니 以此推之하

면 永平, 廣寧之間이 爲一平壤오 遼史에 渤海顯德府는 本朝鮮地니 箕子所封平壤城이라 遼破渤海하고 改爲東京이라하니 卽今之遼陽縣이 是也라 以此推之하면 遼陽縣이 爲一平壤也라 愚는 以爲 箕氏－居永廣之間이다가 後爲燕將秦開의 所逐하야 失地二千里하고 漸東益徙하야 如中國晉宋之南渡라 所止에 皆稱平壤하니 今我大同江上平壤이 卽其一也라 浿水도 亦類此하야 高句麗封域이 時有嬴縮則浿水之名도 亦隨而遷徙하야 如中國南北朝時에 州郡之號가 互相僑置라 然而以今平壤으로 爲平壤者는 指大同江하야 曰此－浿水也라하고 指平安咸鏡兩界間山하야 曰此－盖馬大山也라하며 以遼陽으로 爲平壤者는 指■한 芋濼水하야 曰此－浿水也라하고 指盖縣山하야 曰此－盖馬大山也라하니 雖未詳孰是나 然이나 必以今大同江으로 爲浿水者는 自小之論耳라 唐, 儀鳳二年에 以高句麗王臧(高句麗 寶藏王高臧)爲遼東州都督하야 封朝鮮王하야 歸遼東하고 仍移安東都護府於新城하야 以統之하니 由是觀之컨대 高氏壤土之在遼東者를 唐雖得之나 不能有하고 而復歸之高氏하니 則平壤이 本在遼東이오 或爲寄名하야 與浿水로 時有前却耳라 漢樂浪郡治는 在遼東者니 非今平壤이오 乃遼陽之平壤이라 及勝國하야(王氏高麗)遼東은 乃渤海一境이라 盡入契丹함으로 則僅畫慈鐵兩嶺하야 而守之하고 並棄先春, 鴨綠而不復顧焉이은 而况以外一步地乎아 雖並三國이나 其境土武力이 遠不及高氏之强大어늘 後世拘泥之士-戀慕平壤之舊號하고 徒憑中國之史傳하야 津津隋唐之舊蹟曰, 此-浿水也라 此-平壤也라하니 已不勝其逕庭이로다.

此城之安市로 爲鳳凰을 惡足辨哉리오(熱河日記渡江錄) 檀君疆域考

東史綱目에 云호대 古初九夷之地에 舜이 置幽營二州라가 屬東夷하고 周武王時에 封箕子於檀君朝鮮故地하니 今奉天府之義州, 廣寧以東이 皆其封內也라하며 又云호대 古記에 北扶餘가 爲檀君之後라하니 按扶餘가 在遼東之北千餘里하니 盖, 檀氏가 世衰하야 子孫이 北遷하고 而舊疆이 因入箕封이라하며 渤海世家에 云하대 渤海는 檀君의 所發祥之地라하며 遼史輿地誌에 云호대 遼는 本朝鮮舊壤이라하며 東史에 云호대 遼瀋一帶는 卽檀箕의 舊疆이니 天下의 用武之地라 其地가 自檀氏以來로 至渤海大氏하야 爲東方有勝之國하고 契丹, 女眞이 皆以是起라하며 麗史地理志에 云호대 江都摩尼山, 塹城壇은 世傳, 檀君의 祭天壇이오 傳燈山은 一名, 三郎城이니 世傳, 檀君이 使三子로 築之라하니 盖, 檀君時疆域은 東至大海하고 南踰鳥嶺하고 西渡遼河하고 北跨黑水라 白頭山考白頭山者는 東北諸山之祖也라 白頭山이 凡有八名하야 曰不咸, 曰盖馬, 曰徒太, 曰白山, 曰白頭 曰太白, 曰長白, 曰歌爾民商堅이라 古今方譯之殊也라(疆域考)白頭山은 在會寧郡西七八日程하니 山凡三層이오 高가 二百里오 橫亘이 千里라 其■ 有天池하니 周가 八十里라 南流하야 爲鴨綠하고 北流하야 爲松花, 混同하고 東北流하야 爲蘇下, 速平하고 東流하야 爲豆滿하니 盖, 白頭山은 東北諸山之祖라 望見에 雄厚博大하야 千里一蒼이오 而獨其頂이 如覆白甕于高俎上하야 是名曰白頭라 嶺底에 無撮土寸草하고 往往有松彬하야 爲剛風의 所軋하야 皆矮而局卷하고 下嶺而北하야 渡一潺湲하야 得平地數里하니 有樹亦皆擁腫하야 高不過數尺이라 俗呼朴達하니(檀木)世稱, 檀君의 下降之地云이라(臥遊錄) 太白山을 以地理로 推之하면 當在今建州衛地分이니 今之白頭山이 無乃是耶아

東明이 自扶餘로 挑難南奔하야 開國於卒本하니 而卒本이 雖未詳地分이나 漢書所載 高句驪縣이 今爲蓋州衛地라 則扶餘之地가 當在其東北이니 正當白頭所在之地矣라 (東方地名辨)

5. 白岳考(附阿斯達)

三國遺事에 云하대 檀君이 徒都平壤이라하고 又移白岳山阿斯達이라하고 又阿斯達은 在白川地라하고 又或云, 在開城東하니 今白岳宮이 是也라하나 皆未定之辭야 麗史金謂磾傳에 引神誌秘詞하니 有曰白牙岡之說하야 而以西京으로(卽平壤)當之하니 世傳, 神誌는 檀君時人이오(權擥應製詩註) 所謂白牙崗은 卽白岳也라 檀君之移都가 猶高句麗之自平壤으로 移東黃城과 新羅之自金城으로 移月城耶아 麗誌에 文化九月山을 阿斯達山이라하니 方言에 阿斯는 近九하고 達은 近月故也라 古者에 東方地名을 皆以方言으로 呼之하니 則此亦然矣로다. 或云호대 山有宮闕하야 稱闕山을 爲九月山이라(東史綱目) 經史災厄 檀君의 古史와 經傳이 流傳於扶餘, 高句麗之世하야 譯繙刊行者 ─ 多호대 而新羅-與唐兵으로 滅高句麗하고 火其書庫하며 其散在於民間者도 亦皆收焚하고 扶餘所藏者는 傳于渤海로대 而金■踐羅唐之轍하고 天藏地秘하야 不無招火遺傳者로대 而至朝鮮世祖, 睿宗, 成宗, 之時하야 諭八道觀察使하야 收上이라가 因爲兵燹의 遺失하니라. 世祖, 三年丁丑五月에 諭八道觀察使曰古朝鮮秘詞, 大辯說, 朝代記, 誌公記 表訓天詞, 三聖密記, 安含老元董仲三聖記, 道證記, 動天錄 通天錄 地華錄等文書를 不宜藏於私處니 如有藏者어던 許令進上할줄로

其廣諭公私及寺社하다(世祖實錄) 睿宗己丑九月에 傳于禮曹曰誌公記, 表訓天詞, 三聖密記, 道證記, 地華錄諸書의 家藏者는 京中은 限十月晦日하야 呈承政院하고 外方의 近道는 十一月晦日로 遠道는 十二月晦日로 納所居邑호대 納者는 超二階하고 不納者는 許人陳告하야 告者는 依上項하야 論賞하고 匿者는 處斬할줄로 其速諭中外하라(睿宗實錄) 成宗卽位己丑十二月에 下書諭諸道觀察使曰前者에 誌公記 表訓天詞, 三聖密記, 道證記, 地華錄諸書를 無遺搜覓하야 上送할 事로 曾已下諭矣라 其已收册者는 依前諭하야 上送하고 餘書는 勿更收納하라(成宗實錄) 平壤法首橋에 有古碑하니 非諺, 非梵, 非篆이라 人莫能曉라

癸未二月에 掘覓石碑之埋于法首橋者하야 出而視之하니 則折爲三段이라 碑文이 非隷字오 如梵書樣한대 或은 謂此是神誌의 所書云이러라 神檀實記 終

大正三年三月二十日 發行

大倧教本司纂輯 京城北部三清洞五統二戶

編修發行者 金教獻 京城南部上■ 洞三十二統四戶

印刷者 崔誠愚 京城南部上犁洞三十二統四戶

印刷所 新文館印刷所發行所 京城北部三清洞 大倧教本司

發賣所 京城北部上犁洞 新文館

六

일제침략기(日帝侵略期)의 단군사상(檀君思想) 말살책(抹殺策)

六. 일제침략기(日帝侵略期)의 단군사상(檀君思想) 말살책(抹殺策)

1. 나철(羅喆) 선사(禪師)의 분투(奮鬪)

전남 보성 출신으로 일본의 침략이 심해지자 1904년 維新會라는 비밀단체를 조직하여 구국운동을 벌였다. 일찍이 일본으로 건너가 동양평화를 위하여 한 · 일 · 청 3국은 상호친선을 맺고 한국에 대해서는 선린의 교의로써 扶助하라는 의견서를 일본 정객들에게 제시했으나 응답이 없자 일본 궁성 앞에서 3일 동안 단식투쟁하였다. 나라 안에 매국노들을 모두 제거해야만 한다고 생각하여 단도(短刀) 두 자루를 사서 품에 넣고 귀국하였다.

전하는 말에 의하면 일본에 체류할 때 두일백(杜一白)이라는 노인이 찾아와 단군교회 포교를 사명으로 하라는 가르침이 있었다 한다. 귀국하여 오기호(吳基鎬), 강우(姜右), 유근(柳瑾), 정훈모(鄭薰模), 박호암(朴湖巖), 김춘식(金春植), 이기, 김인식 등 同志들과 함께 서울 齋洞에서 단군대황조신위(檀君大皇祖神位)를 모시고 祭天儀式을 거행한 뒤 檀君敎를 공표하였다. 이날이 바로 중광절(重光節)이라 불렀던 날이다.

곧 교직을 설치하고 초대교주인 都司敎에 취임하여 오대종지를 공포하였다. 또한 단군의 개국과 입도(立道)를 구분하여 서기전 2333에 124년을 가산하여 천신강세기원(天神降世紀元)이라 하고 단군교의 元年으로 발표하였다. 1910년 8월에는 단군교의 이름을 빙자한 친일분자들의 행각으로 인해 원래의 명칭으로 환원한다는 의미와 함께 대종교로 이름을 바꾸었다.

2. 대종교의 탄생

교세의 급속한 확장에 당황한 일제는 1915년 종교통제안을 공포하고 대종교를 불법화하였다. 이로 말미암아 교단이 존폐의 위기에 처하자 1916년 8월 상교 김두봉을 비롯한 시봉자 6명을 대동하고 구월산 삼성사에 들어가 수행을 시작하였다. 이해 8월 14일 사당 앞 언덕에 올라가 북으로는 백두산과 남으로는 선조의 묘소를 향해 참배한 뒤 오늘 3시부터 3일 동안 단식수도하니 누구라도 문을 열지 말라고 써붙인 뒤 수도에 들어갔다. 16일 새벽에 이상하게 인기척이 없어 제자들이 문을 뜯고 들어가니 그는 자신의 죽음의 이유를 밝힌 유서를 남기고 조식법으로 이미 숨을 거둔 뒤였다. 그의 유언에 의하여 백두산 북쪽에 위치한 청파호(青坡湖)에 유해를 안장하였으며, 그 이후에 대종교에서는 그가 운명한 날을 가경절이라 하여 사대절의 하나로 기념하고 있다.

서울에 2748명 모두 합해 18791명을 확보하였다. 1910년 8월 단군교의 교명을 대종교로 개명하였다. 나철에 이어 제2대 교주가 된

金敎獻은 총본사를 동만주 화룡현으로 옮긴뒤 제2회 교의회(敎議會)를 소집하여 홍범규칙(洪範規則)을 공포하는 한편, 군관학교를 설립하여 항일투사 양성에 힘썼다.

그가 남긴 저서로는 신단민사(神檀民史), 단조사고(檀祖事攷), 홍암신형조천기(弘巖神兄朝天記) 등이 있다. 제3대를 서일(徐一)에게 전수하려 하였으나 항일무력투쟁에 전념, 윤세복(尹世復)에게 교통을 물려주었다.

1945년 광복과 더불어 귀국할 때까지 대종교 교단은 수많은 고통을 겪었다. 1945년 8월 광복을 맞게 되자 총본사는 부활되고 수많은 애국지사는 환국하였다. 5천 년의 역사 속에서 무수히 휘몰아친 외래사조(外來思潮)에 시달리면서도 고유문화를 잃지 않고 이를 받아들여 섭취하여 찬란한 문화의 꽃을 피워온 것이다.

七

광복 후의 단기제정관계(檀紀制定關係)

七. 광복 후의 단기제정관계(檀紀制定關係)

1. 건국 직후의 일

민족의 전통적 명절인 상달(上月)을 대종교(大倧教)에서는 음력(陰曆) 10월 3일을 양력으로 고쳐 대한민국 건국 이후인 1949년에 10월 1일을 「국경일에 관한 법률」에 의거 음력 10월 3일을 양력으로 바꾸어 거행하게 되었다.

이에 따라 대종교에서 행하던 제천의식만은 음력 10월 3일 상오 6시에 단군숭모단체(檀君崇慕團體)들이 주체가 되어 마니산(摩尼山)의 제천단(祭天壇), 태백산의 단군전(檀君殿), 사직단(社稷壇)의 백악전(白岳殿) 등에서 제천의식을 거행하고, 상원갑자년(上元甲子年)인 서기전 2457년 음력 10월 3일에 거행하게 하였다.

이는 서기전 2333년을 원년으로 삼았는데, 이는 위서(魏書)에 2천년 전에 단군왕검이 도읍을 아사달에 정하여 나라를 개창하고 조선(朝鮮)을 국호로 정한 시기인 중국(高 · 堯)의 임금과 같은 시기로 보았기 때문이다.

이승휴(李承休)가 지은 제왕운기에 동국군왕개국연대(東國君王開國年代)에 단군이 제고(帝高: 帝堯)와 같은 무진년(戊辰年)에 즉위하여 은(殷)나라 무정(武丁) 8년 乙未에 아사달산에 들어가 신(神)이 되었는데, 그동안 나라를 다스린 기간이 1028년이라 하였으며, 그 뒤 164년이 되는 주(周)나라 호왕(虎王: 武王) 원년 기묘에 기자(箕子)가 조선으로 도망와서 나라를 세웠다고 서술하고 있다.

세종 18년 12월 정해조(丁亥條)에 전 판한성부사(判漢城府使) 유사눌(柳思訥)이 상소한 내용에 신이 세년가를 상고하건데, 단군이 처음에 평양에 도읍하였다가 뒤에 백악으로 도읍을 옮긴 후 무정 8년 을미에 아사달산에 들어가 신이 되었는데, 그 노래에 이르기를 1048년 동안 나라를 이르기를 지금도 사당이 아사달에 있다고 하였습니다라고 한 것을 보면, 제왕운기에서 1028년이라 한 것은 1048년의 잘못으로 보며, 그렇게 본다면 서기전 2333년이 합당하다. 단군기원을 뒷받침해 주는 고문헌으로 삼국유사와 제왕운기가 가장 오래된 것이며, 후대의 것으로 세종실록, 지리지, 동국통감, 권람의 응제시주 등이 있다.

단기를 처음 사용하기 시작한 것은 고려의 백문보(白文寶)였다. 우리 동방은 단군으로부터 지금까지 이미 3600년이라 이에 주년의 기회가 됩니다라고 공민왕에게 글월을 올려 단군기원에 언급하면서 천인(天人)의 도덕설을 강론 성학(聖學)을 밝힐 것을 청했다. 이후 광복 직후에 단군기원은 대종교가 1909년 창설되면서 채택되었다. 1909년 1월 15일 천신에게 제사를 지내고 교리를 폄으로써 시작되었다.

1948년 9월 25일 「연호에 관한 법률」에서 대한민국의 공용연호는 단군기원으로 한다. 부칙에 '본 법은 공포한 날로부터 시행한다'라고 법제화함으로써 단군기원이 국가적인 공용연호로 채택되었다.

1961년 12월 2일자 법률 제775호로 개정된 연호에 관한 법률은 대한민국의 공용연호는 서력기원으로 한다고 규정하고, 부칙에서 본 법은 서기 1962년 1월 1일부터 시행한다. 법률 제4호 연호에 관한 법률은 이를 폐지한다. 본 법 시행 당시의 공문서중 단기로 표시된 연대는 당해 단기연대에서 2333년을 감하여 이를 서력연대로 간주한다고 법제화함으로써 단군기원이 폐지되고 서력기원이 채택되었다.

이는 우리 민족사의 유구함을 실증해 주는 근거가 되는 것으로, 그것이 지니는 의의는 매우 크다. 그리하여 단군기원을 부활하자는 주장도 있어, 일부 신문에서는 단군기원과 함께 서력기원도 병기하고 있을 정도이다.

주간종교(週刊宗教)는 1985년 7월 3일, 단군성전건립대책위(檀君聖殿建立對策位)를 구성하였으나, 기독교 20여 단체가 반대하여 단군성전추진위는 없었던 일로 백지화(白紙化)하였으나, 1992년 4월 현재 단군신앙단체의 수는 다음과 같다.

2. 단군신앙단체(1992년 4월 현재)

宗團名	創立者	現代表	創立年度	所在地
大倧教	羅喆	權泰勳	1909	서울 서대문 홍은2동
矛村檀君殿		李敏杰	1913	충남 서산 운산 와우리
作山檀君殿		李進鐸	1913	충남 논산 두마 용동리
谷城檀君殿		申泰允	1916	전남 곡성 곡성읍 읍내리
始興檀君殿		鄭薰謨	1930	경기 시흥 녹동
檀君摩尼崇祖會	朴鐘干	朴鐘干	1984	서울서대문 연희동

일제치하에서도 단군숭앙정신은 계속되어 왔다.

八

북한(北韓)의 단군에 관한 시각

八. 북한(北韓)의 단군에 관한 시각

환웅(桓雄)에 관한 이야기는 신화적(神話的) 외피(外皮)를 쓰고 있다. 단군의 건국연대에 대한 기원전 2333년설은 고려 13세기 말 이승휴(李承休)의 제왕운기(帝王韻紀)에서 비롯된 것으로, 중국 요(堯)임금의 건국연대와 같은 연대인 무진년으로 보았고, 이후 역대 왕조들의 존속연대를 수록해 놓고 있다.

당시 사마천의 사기(史記) 5제본기에서와 같이 요(堯)임금보다 257년이나 앞선 헌원황제(軒轅皇帝)를 원시조로 보는 견해도 있었으나, 이승휴는 사마천의 사기(史記)보다 수백 년 앞선 상서(尙書), 서경(書經)을 더 권위 있는 역사서로 보고, 중국 한족의 원시조를 헌원황제가 아니라 요임금으로 보았던 것이다. 요임금의 건국연대인 무진설도 이승휴가 살았던 시기로 당시 중국에서는 그 이전부터 그보다 24년 앞선 상원갑자 갑진년으로 보아왔으며, 조선시대 초기 이래 요임금 건국연대를 무진년이 아니라 갑진년으로 올려보았다.

이후 중국 요임금 건국연대는 기원전 2333년+24년인 2357년으로 올려보면서도 단군의 건국연대는 2333년으로 통해왔다. 2333년 그 자체가 요임금에 비기어 실지의 역사적 사실을 무시, 제기하여 왔던 그 적용에서의 착오 여하에 관계없이 오늘날에 와서 하등의 의의도

가지지 못하고 있는 것이다. 247년 고구려가 임시수도를 평양으로 옮긴 만큼 평양은 본래 선인왕검이 살던 곳이다.

위서(魏書)에 이르기를 지난 2000년 전 단군왕검이란 이가 있어 도읍을 아사달에 정하고 나라를 세워 조선이라 하였으니 요임금과 같은 시기이다. 삼국유사(三國遺事)와 응제시주(應制詩註)의 저자들은 단군이 태어난 곳을 묘향산 또는 태백산이라 하였다. 동사찬요(東史纂要), 동국역대총목(東國歷代總目), 증보문헌비고(增補文獻備考) 등에서는 단군이 태백산에 내려왔다고 하고, 동사보유(東史補遺)에서는 태백산을 출생지로 들고 태백산을 묘향산이라 밝히고 있다. 심지어 팔역지(八域誌)에는 묘향산 박달나무 아래에서 태어난 석굴(石窟)이 있다고 하였고, 영변지(寧邊誌)에서는 묘향산 향로봉 남쪽 기슭에 단군굴이 있다고 하는데, 이를 민간에서는 단군이 태어난 곳이라 보기도 한다.

이처럼 단군출생설이 동국역사, 동사집략, 동국사략 등에 그대로 실려 있다. 태백산은 하늘 숭배에서 聖山으로 보았으며, 고구려 시조 발해 역시 태백산 밑에서 건국되었다는 것처럼 태백산을 신성시해 왔다. 삼국사기 고구려 본기 동천왕 21년 기록, 김부식(金富軾)이 전한 선인왕검에 대해 언급하기를 1325년 이숙기(李淑琦)가 쓴 사공 조연수(趙延壽)의 묘지명에는 선인왕검이 삼한 이전 사람으로 천 년 이상 오래 산 사람이라고 하면서 그를 평양군이라 표현하였다. 박달은 오래전부터 종족명으로 쓰여왔다. 해를 가리켜 불, 발, 박을 종족명으로 써왔으며, 산의 옛말인 달을 덧붙여 박달족이라 하여 해, 즉 불을 의미하였다.

이후 불, 발, 박, 박달, 배달은 우리 민족의 통치이념이 되어왔다. 사기 일주서, 한서, 좌전 등에 언급된 부루, 불, 발, 박은 우리들의 조상을 일컫는 명칭인데, 관자 경중갑에서 발조선이라 한 것은 고조선이 세운 주민이 발, 박달임을 말해주고 있다.

단군릉에 관한 역사자료는 현존하는 신증동국여지승람이다. 이 책은 1530년에 왕명으로 제작된 것으로 여기에 대총(大塚)(一在縣西三里 周四百十尺 諺傳檀君墓 一在縣北三十里 刀亇山 諺傳古皇帝墓)이라 하고 있는데, 풀이하면 커다란 무덤이 하나 있는데 둘레가 410척이나 되며 속전(俗傳)에 단군묘라 전하고 있다는 것이다.

이 무덤자리는 오늘날 강동읍에서 약 1km 떨어져 있으며 방향은 서쪽에 있다. 이 부근에는 고총(古冢)이 전혀 없다. 이에 대한 또 다른 기록으로는 1626년에 출간된 강동지(江東誌)가 있는데, 그 내용은 신증동국여지승람의 기록과 똑같다. 임진왜란이 있었던 후인 1697년 7월 임오(壬午)조에는 이인엽의 말과 관련 "숙종실록에는 강동의 단군묘와 평양의 동명왕묘에 대해 수리할 것을 청하였는데 그대로 윤허하였다고 하였다.

영조실록 역시 단군릉에 관한 기록이 세 곳이나 보이는데, 1739년 5월 무진조(戊辰條), 1763년 4월 기유(己酉), 1774년 5월 계유조(癸酉條)에 "단군묘로부터 전 왕조의 여러 능에 이르기까지 제사를 지내도록 하는 규례에 올라 있는 능들에 대해 당해 감사들로 하여금 직접 돌아보게 하여 제때에 수리하도록 하되, 역군들의 비용은 보관한 창고에서 공제하도록 지시하였다.

정조실록 1786년 8월 기유(己酉)조에 승지 서형수의 제의에 의해 단군묘를 수리하고 묘지기를 두었다 하였는데, 그가 강동원으로 있을 당시 고을 서편 3리쯤 떨어진 곳에 둘레 410척의 둘레를 가진 묘가 있는 것을 보았는데, 유형원의 여지기에도 올라있다고 하였다. 그 이후 무덤 인근에서 나무를 하거나 소 · 말을 놓아 풀을 뜯어먹는 것을 엄히 금하게 하였다.

前朝鮮, 後朝鮮, 三國(신라 · 고구려 · 백제), 고려왕조에서 도읍을 정했던 개성, 강화, 경주, 평양 등지에서 왕릉이 있는 곳을 세세히 찾아내 공덕을 남긴 임금들에게 능지기 3호를 두고 공덕이 없는 임금에게는 2호를 왕비릉에 1호씩 두어 부역을 덜어주고 땔나무를 해가지 못하도록 하였다.

동시에 능이 있는 고을에서 봄, 가을마다 돌아보고 제사를 올리도록 할 것을 제의하였다. 고려사 권58 지리지에는 강동현에는 인조 14년(1136년) 경기를 나누어 6개의 현으로 나눌 때 잉을사향 반석촌, 박달곶촌, 마탄촌을 합쳐서 현을 만들었다.

이곳에 현령을 두어 평양부에 소속현으로 하였다. 즉 평양부 소속현인 강동현의 박달곶촌, 대박산, 아달산 등 주변 산 이름들도 열거되었고, 단군 관련마을이 보였을 것으로 생각한다. 여기에서 주목되는 것은 박달곶촌이다.

신증동국여지승람의 강동현 고적조에도 올라 있으며, 1935년에 편찬된 강동지와 1936년에 나온 평양지에도 단군릉이 있는 마을이라 하여 단군동, 단군전동이라 하였고 1930년대까지 그 무덤을 단군릉으로 보존하였다는 근거가 되고 있다.

참고로 '단군과 고조선'에 관한 연구논문집은 다음과 같다.

1994년 1월 25일 발행 조선 평양 사회과학출판사 목차

이처럼 단군릉에 대한 역사적 자료를 부인 일관할 것이 아니라 역사적 사실로 봄이 어떠할지 재검토되어야 할 것이다. 이러한 자료의 문헌적 근거를 토대로 남북한이 민족통일의 밑거름이 되었으면 한다.

참고로 북한 측에서 논의된 단군관련 논문제목을 살펴보면 다음과 같다.

▸ 단행본

홍기문, 조선신화연구, 사회과학출판사, 1964.
리순진 · 장주협編, 고조선문제연구, 출판사 미상, 1973.
김용간, 조선의 구석기시대연구, 출판사 미상, 1984.
장우진, 조선사람의 기원, 사회과학출판사, 1989.

▸ 고고민속론문집(不定期 刊行物)

황기덕, 고조선국가의 기원, 고고민속론문집, 1990. 12.

▸ 정기간행물-문화유산

도유호, 조선거석문화연구, 문화유산, 1959. 2.
고조선에 관한 약간의 고찰, 문화유산, 1960. 4.
황기덕, 고조선에 관한 약간의 고찰, 1960. 4.
〈학술토론회〉 고조선연구에서 제기되는 몇 가지 문제, 1961. 1.
〈학계소식〉 고조선에 관한 과학토론회, 1961. 5.
도유호, 왕검성의 위치, 문화유산, 1962. 5.

▸ **력사과학**

정세호, 사기를 중심한 고조선의 위치에 관하여, 력사과학, 1951. 1.

도유호, 고조선문화에 대하여, 력사과학, 1961. 5.

〈학계소식〉 고조선연구에서 제기되는 몇 가지 문제에 대한 학술토론회, 1961. 5.

〈학계소식〉 고조선의 위치와 령역에 대한 학술토론회

리지린, 고조선과 삼한사람들의 해상활동, 1962. 1.

리지린, 삼국시대 신라인의 해상활동, 1962. 3.

리상호, 단군설화의 력사성(상), 1962. 3.

리상호, 단군설화의 력사성(하), 1962. 4.

리상호, 단군설화의 년대문제, 1962. 5.

학계소식 단군신화에 대한 학술토론회진행, 1962. 5.

학계소식 고조선령역에 대한 학술토론회, 1963. 2.

서평 고조선연구에 대하여, 1963. 5.

리지린, 삼국사기를 통해 본 고조선의 위치 고고만속, 1966. 3.

강인숙, 단군신화의 형성시기, 고고민속, 1987. 3.

단군신화와 력사(1), 1983. 3.

______________(2), 1988. 4.

______________(3), 1990. 1.

리지린, 고조선 국가형성에 관한 한 측면의 고찰(상), 한자사용의 시기에 대하여, 1960. 2.

홍희유 · 강석준, 기자동래설에 대한 비판, 력사과학, 1961. 4.

맺음말

천도교, 기독교, 불교의 대표이다. 신앙을 달리하는 각 종교가 3·1운동 때처럼 혼연일치된 공동생활을 한 것은 세계사상 드문 일이다. 그것은 다름이 아닌 민족사상이요, 단군정신이다. 즉 홍익사상(弘益思想)이다.

불행하게도 제2차 세계대전 이후 분단의 비극을 겪게 되었다. 우리는 남북분단이라는 민족적 지상과제(地上課題)를 안고 있어 민족적 통일이념을 어디에서 찾을 것인가에 관해 크게 진통을 겪고 있는데, 불행하게도 양 진영을 솔직히 말해 중화(中和)시킬 만한 새로운 사상은 아직 발견되지 않고 있다.

그렇다고 낙심(落心)할 수는 없다. 우리 민족 본래의 전통사상(傳統思想)으로 찾아 나서야 한다. 즉 단군정신의 환원(還元)이다. 그렇게 하려면 시간이 오래 걸릴 수 있지만 다른 곳에서 찾기는 어렵다. 영토(領土)가 가시적(可視的)인 국경선으로 나타날 수 있지만, 전통사상(傳統思想)은 비록 불가시적(不可視的)이기는 하나, 3·1운동 때처럼 어떤 교파(教派)를 떠나서, 아니 어떤 이념(理念)이거나 초월(楚越)하여 민족적(民族的) 대통합(大統合)을 향해 매진해 나가야만 한다.

그렇게 되었을 때에만 전통사상은 부활될 수 있고 전통이념을 되살릴 수 있다. 오늘날 자유와 평등이 양 진영 간(陣營間)의 목표적 이상(理想)이라면 그 어떤 이념이거나 단군정신(檀君精神)으로 되돌려 가야만 한다.

그렇게 될 때에만 민주주의니 공산주의니 하기 이전에 서로가 공존할 수 있는 광장(廣場)을 찾아 나설 수 있다. 그 길만이 이 민족을 구하는 길이요, 이 민족이 살 길이다.

저자소개

양태진

지은이는 황해도 벽성군 출신으로 한국전쟁 시 월남하여 성균관대학교에서 수학하였으며 이후 통일원 총무처 등에서 고위공무원으로 근무하였다.
『한국변경사』 등 무려 30여 권의 저서가 있으며 우리나라 영토사 분야 개척에 진력하였다.
현재는 '동아시아 영토문제연구소'를 운영하고 있으며 '북한학회 이사'로 활동하고 있다.
이번에 『史料로 본 檀君論』은 같은 맥락에서 출간한 것이다.

사료로 본 단군론

2017년 11월 10일 초판 1쇄 인쇄
2017년 11월 15일 초판 1쇄 발행

지은이 양태진
펴낸이 진욱상
펴낸곳 백산출판사
교 정 조진호
본문디자인 오행복
표지디자인 오정은

저자와의 합의하에 인지첩부 생략

등 록 1974년 1월 9일 제406-1974-000001호
주 소 경기도 파주시 회동길 370(백산빌딩 3층)
전 화 02-914-1621(代)
팩 스 031-955-9911
이메일 edit@ibaeksan.kr
홈페이지 www.ibaeksan.kr

ISBN 979-11-5763-418-7
값 20,000원